L'alliance amoureuse

Données de catalogage avant publication (Canada)

Stone, Hal

L'alliance amoureuse : aimer sans perdre son identité

Traduction de : Partnering.

1. Relations entre hommes et femmes. 2. Relations humaines. 3. Intimité. 4. Identité (Psychologie). I. Stone, Sidra. II. Titre.

HQ801.S84514 2001 306.7 C00-942028-2

DISTRIBUTEURS EXCLUSIFS :

- Pour le Canada et les États-Unis :
  MESSAGERIES ADP*
  955, rue Amherst
  Montréal, Québec
  H2L 3K4
  Tél. : (514) 523-1182
  Télécopieur : (514) 939-0406
  * Filiale de Sogides ltée

- Pour la France et les autres pays :
  INTER FORUM
  Immeuble Paryseine, 3, Allée de la Seine
  94854 Ivry Cedex
  Tél. : 01 49 59 11 89/91
  Télécopieur : 01 49 59 11 96
  Commandes : Tél. : 02 38 32 71 00
  Télécopieur : 02 38 32 71 28

- Pour la Suisse :
  DIFFUSION : HAVAS SERVICES SUISSE
  Case postale 69 - 1701 Fribourg - Suisse
  Tél. : (41-26) 460-80-60
  Télécopieur : (41-26) 460-80-68
  Internet : www.havas.ch
  Email : office@havas.ch
  DISTRIBUTION : OLF SA
  Z.I. 3, Corminbœuf
  Case postale 1061
  CH-1701 FRIBOURG
  Commandes : Tél. : (41-26) 467-53-33
  Télécopieur : (41-26) 467-54-66

- Pour la Belgique et le Luxembourg :
  PRESSES DE BELGIQUE S.A.
  Boulevard de l'Europe 117
  B-1301 Wavre
  Tél. : (010) 42-03-20
  Télécopieur : (010) 41-20-24

Pour en savoir davantage sur nos publications,
visitez notre site : **www.edjour.com**
Autres sites à visiter : www.edhomme.com • www.edtypo.com
www.edvlb.com • www.edhexagone.com • www.edutilis.com

L'Éditeur bénéficie du soutien de la Société de développement des entreprises culturelles du Québec pour son programme d'édition.

Nous reconnaissons l'aide financière du gouvernement du Canada par l'entremise du Programme d'aide au développement de l'industrie de l'édition (PADIÉ) pour nos activités d'édition.

L'ouvrage original américain a été publié
par Nataraj Publishing, division de New World Library,
sous le titre *Partnering: A New Kind of Relationship*

Dépôt légal : 1er trimestre 2001
Bibliothèque nationale du Québec

ISBN 2-8904-4689-1

HAL STONE et SIDRA L. STONE

Homme : femme : relation

L'alliance amoureuse

Aimer
sans perdre son identité

Traduit de l'américain
par Marie Perron

le jour,
éditeur

À Lisa et à Little Harry,
par qui tout a commencé

Introduction

Cet ouvrage traite des relations affectives. Les idées que nous y exposons s'appliquent à tout type de relation, mais nous nous intéressons plus spécifiquement aux relations de couple. Pour la plupart, nous avons acquis dans notre jeunesse une vision assez primaire de l'amour, une vision de conte de fées. Nous croyions qu'il suffisait de tomber amoureux et de le demeurer pour connaître une formidable vie de couple et pour être heureux jusqu'à la fin de nos jours. Puis, avec le temps, nous avons compris que, dans la vraie vie, les choses sont bien différentes. Si l'amour compte pour beaucoup dans la vie du couple, il ne suffit pas à assurer la survie de la relation. L'amour doit s'accompagner de développement personnel, pour nous-même et pour le couple que nous formons. Ce travail sur soi nous procure les aptitudes dont nous avons besoin pour affronter les innombrables défis qui mettent l'amour en péril, tandis que l'amour est la potion magique grâce à laquelle le jeu en vaut la chandelle.

Il est irréaliste de croire qu'une relation de couple durera éternellement. Mais nous avons beau admettre cette évidence, la désintégration d'une relation et les souffrances qu'entraîne cet échec sont extrêmement douloureuses, en particulier lorsque les partenaires n'ont pas percé à jour les principes fondamentaux de la relation de couple. Dans cet ouvrage, nous abordons ces principes fondamentaux dans le détail. Nous croyons sincèrement que, si nous les comprenons et les mettons en pratique, ces principes peuvent avoir une influence très positive sur la vie du couple.

Toutefois, notre but ne consiste pas à démontrer qu'une relation donnée demeurera ou non intacte. Nous aspirons plutôt à illustrer comment toute relation peut contribuer à notre croissance personnelle dès l'instant où l'on sait tirer profit des leçons qu'elle nous dispense. La « relation formatrice » est le fondement même de notre approche. Selon nous, cette notion peut se révéler extrêmement régénératrice. Une relation de couple envisagée sous cet angle peut devenir l'instrument d'une croissance affective et spirituelle extraordinairement profonde.

Depuis notre première rencontre, il y a de nombreuses années, notre relation de couple s'est avérée être notre principale source d'apprentissage. Nous avons été bouleversés de constater que chacun de nous est porteur de personnalités distinctes fort nombreuses. Cette découverte a été pour nous une sorte de raz-de-marée personnel et affectif. Comme pour tous les autres couples de notre connaissance, notre apprentissage s'est fait sur le tas : nous avons trébuché, puis nous nous sommes relevés un nombre incalculable de fois ; surtout, nous avons compris que chacun de nous enseignait à l'autre.

Pendant plusieurs années, nous avons été déchirés par le besoin de nous abandonner l'un à l'autre tout en préservant notre propre identité. Nous avons tout de même fini par comprendre qu'il ne s'agit pas de s'abandonner à un autre *individu*, mais bien à *l'évolution de notre couple*. Nous avons appris à faire confiance à notre relation et à croire sincèrement qu'elle nous conduira là même où nous devons aller. À mesure que cette confiance prenait forme et que nous réalisions, chacun de notre côté et ensemble, le travail qu'exigeait le processus d'évolution de notre relation, nous avons vu qu'un abandon de cette nature peut être très exigeant. Nous espérons que les idées que nous développons dans cet ouvrage vous rendront ce parcours un peu plus facile.

Nous sommes d'ardents défenseurs de la relation de couple. Nous ne croyons pas qu'il est inévitable que la magie amoureuse se volatilise lorsque deux personnes se marient ou fondent une famille. Malheureusement, c'est trop souvent le cas, sans doute parce que tant d'individus demeurent attachés à d'anciens principes et à des comportements aujourd'hui révolus. Ils doivent apprendre à sauvegarder leur relation dans son contexte actuel. Heureusement, ils ont à leur disposition un cercle toujours plus étendu de conseillers, de même que de très nombreux ouvrages écrits par ces derniers sur les secrets d'une relation heureuse. Nous ne saurions que nous en réjouir.

Nous proposons donc aux lecteurs une nouvelle approche de la relation de couple. Celle-ci se fonde, bien sûr, sur des méthodes éprouvées, mais elle tient compte également des nouvelles réalités. La relation de couple est une relation entre partenaires qui œuvrent en commun. Le couple d'aujourd'hui forme en quelque sorte une « coentreprise ». Il n'est plus possible d'embrasser (ou de rejeter) aveuglément nos rôles traditionnels ni les caractéristiques personnelles des individus qui assument ces rôles. La relation d'aujourd'hui doit se fonder sur la collaboration, d'égalité, de respect et d'encouragement réciproques, elle doit être une relation « sans coupable » ; cette approche, une fois maîtrisée, est fort éclairante. La relation d'aujourd'hui fait place à la profondeur et à la complexité ; elle devient l'instrument même de notre régénérescence et de notre croissance. Enfin, la relation d'aujourd'hui est plus passionnée et beaucoup plus ludique que naguère, ce qui n'est pas à dédaigner.

Nous avons travaillé au fil des ans avec un très grand nombre de couples ; nous avons beaucoup appris à leur contact. Notre propre relation de couple, de même que nos relations avec nos enfants, nos beaux-enfants et nos petits-enfants, ont été pour nous éminemment formatrices. Nous avons découvert certains principes fondamentaux qui facilitent le décryptage de la relation et nous avons développé des stratégies relativement simples pour améliorer la vie du couple. Au point où nous en sommes, nous avons une idée claire de ce qui fonctionne et de ce qui échoue. Cet ouvrage est le produit de notre expérience.

Les relations affectives présentent des aspects pratiques et des aspects magiques. Dans cet ouvrage, nous vous transmettons des données pratiques, certes, mais surtout, nous aspirons à vous faire découvrir pour la première fois le pouvoir régénérateur de la magie et de l'enthousiasme. Nous espérons en outre que l'amour partagé et une conscience vigilante seront vos compagnons de route tout au long du périple que vous entreprenez dans les territoires à la fois connus et inconnus de votre relation.

PREMIÈRE PARTIE

UNE CONCEPTION NOUVELLE DU PARTENARIAT

La relation sans coupable

CHAPITRE PREMIER

LA RELATION DE COUPLE : UNE COENTREPRISE

Chacun d'entre nous possède un coffret qui renferme notre magie personnelle et nos valeurs les plus précieuses. Lorsque nous devenons amoureux, nous percevons et ressentons l'univers intérieur de notre partenaire. Nous respirons le parfum et la magie de l'univers intime d'un autre être. Puis, les problèmes inhérents à la vie surgissent et, tôt ou tard, parfois plus tôt que tard, la magie disparaît.

Ce livre s'ouvre sur la légende de « La Fée des étoiles ». Nous avons lu cette merveilleuse fable boshiman dans l'ouvrage de Sir Laurens van der Post, *The Heart of the Hunter.* C'est l'une de nos histoires préférées. Elle fournit une introduction très évocatrice à ce livre et à notre vision de la vie de couple en tant que « coentreprise ».

Il était une fois un Boshiman qui élevait des vaches, dans le désert du Kalahari. Sa vie était sereine et simple, mais solitaire. Un beau matin, comme il s'apprêtait à traire ses vaches, il constata que quelqu'un d'autre les avait traites à sa place. Il ne pouvait deviner qui l'avait ainsi délesté de sa tâche. Le lendemain matin, même surprise : on avait trait ses vaches pendant la nuit.

Le soir suivant, le Boshiman se cacha dans une baraque à proximité de son troupeau pour découvrir l'identité du mystérieux personnage. Vers minuit, il eut une vision extraordinaire. Une multitude de Fées des étoiles descendirent du ciel par une échelle qui reliait les étoiles à la terre. Leur beauté le stupéfia. Chacune des jeunes filles était munie d'un seau. Dès qu'elles eurent mis pied à terre, elles s'appliquèrent à traire les vaches du Boshiman. Et ainsi toute la nuit. Juste avant l'aube, les jeunes filles, gravissant l'échelle l'une après l'autre, montèrent jusqu'aux étoiles. Le fermier ne supporta pas de les voir repartir. Au moment où la dernière Fée des étoiles s'apprêtait à rentrer chez elle, il sortit précipitamment de sa cachette et, prenant la jeune fille par la main, il lui demanda de l'épouser. À sa grande surprise, la Fée des étoiles se dit très heureuse d'épouser un simple fermier.

À la ferme, la Fée des étoiles s'adressa au fermier en ces termes : « Je suis très heureuse d'être ton épouse. Je ferai de toi un fermier prospère. Mais j'y mets une condition. Voici un coffret. Tu dois me promettre de ne jamais l'ouvrir. Si tu l'ouvres, je n'aurai d'autre choix que de te quitter. » Le fermier promit de faire ce qu'elle demandait. La Fée des étoiles déposa le coffret par terre, dans un angle de la pièce, et leur vie de couple commença.

Comme le lui avait promis sa nouvelle épouse, le fermier vit son entreprise et ses récoltes prospérer ; il devint l'un des plus importants fermiers de la région. Son épouse se rendait chaque jour dans les champs ; tout ce qu'elle touchait semblait béni des dieux. Le Boshiman était un homme heureux. Les années passaient, il était de plus en plus conscient de sa bonne fortune, il aimait et respectait la Fée des étoiles.

Un jour, tandis que sa femme était aux champs et qu'il fouillait la maison à la recherche d'un objet qu'il avait égaré, il découvrit le coffret que son épouse avait rangé de nombreuses années auparavant. Il se souvint de sa promesse, mais il jugea que l'interdiction de sa femme avait fait son temps. Il s'empara du coffret, le déposa sur la table et l'ouvrit. À sa grande surprise, le coffret était vide. Cette constatation l'amusa fort, et il rit un bon coup en se remémorant la gravité avec laquelle son épouse lui avait interdit de l'ouvrir.

Peu de temps après, la Fée des étoiles rentra à la maison et comprit sur-le-champ ce qui s'était passé. Elle dit ceci à son époux : « Il y a très longtemps, je t'ai demandé de ne jamais ouvrir ce coffret qui m'est cher. Je t'ai dit également que, si tu ne m'obéissais pas, je serais contrainte de te quitter. Eh bien, tu as violé ton serment. Ce soir, je vais partir. Tu dois comprendre ce qui me motive. Je ne te quitte pas parce que tu as ouvert le coffret sans ma permission ; après tant d'années de vie commune, ce n'est pas bien grave. Non. Je te quitte parce que, en l'ouvrant, tu n'y as rien trouvé. Voilà pourquoi il m'est impossible de rester auprès de toi. »

La nuit venue, la Fée des étoiles gravit l'échelle qui menait à sa demeure dans les cieux, non parce que le fermier avait trahi sa promesse, mais parce qu'*en regardant à l'intérieur du coffret au trésor, il n'y avait rien vu.* Ce coffret renfermait l'essence même de la Fée des étoiles. En ouvrant le coffret, le Boshiman avait regardé au fond de l'âme de sa femme où se tapissait la magie de sa demeure dans les cieux, la magie qui l'avait accompagnée sur Terre. Il avait regardé à l'intérieur du coffret, mais il n'y avait rien vu. Parce que le fermier boshiman était aveugle à la magie de son épouse, la Fée des étoiles dut renoncer à vivre à ses côtés.

N'est-ce pas là ce qui se passe dans la plupart des relations de couple ? Nous possédons tous un coffret spécial qui renferme la magie de notre être, notre bien le plus précieux. Lorsque nous devenons amoureux, nous percevons et ressentons l'univers intime de l'objet de notre amour. Nous respirons son parfum et sa magie. Puis, les problèmes inhérents à la vie quotidienne surgissent. Nous voulons réussir, nous enrichir, accomplir des tas des choses. Nous mettons au monde des enfants qui prennent aussitôt possession de cette magie, si bien que celle-ci s'étiole de plus en plus entre nous et notre conjoint[1]. Tôt ou tard, la magie s'évapore. Lorsque nous ouvrons le coffret, il est vide. Nous en sommes blessés, déçus, bouleversés. La relation prend fin même si nous continuons de vivre ensemble jusqu'à la fin de nos jours.

Quoi qu'on pense, la mort de la magie du couple n'est pas inévitable, mais garder cette magie vivante exige un effort. Nous devons accepter de tirer des leçons de notre vie de couple. Nous devons aussi prendre le temps d'alimenter le contact qui nous unit

1. Afin de ne pas alourdir inutilement le texte, le masculin englobe le féminin. *N.d.T.*

à notre conjoint. Rien de cela n'est impossible. Le présent ouvrage a pour but de vous aider à garder vivants la magie et l'enthousiasme de votre relation.

Croyez-le ou non, vous pouvez y parvenir. Cette certitude est le fondement même de notre vie commune : nous sommes la preuve vivante qu'une relation peut non seulement survivre au temps, mais encore s'épanouir. Il faut pour cela lui consacrer beaucoup d'attention, lui prodiguer les soins nécessaires et accepter de se dévouer à son évolution tout en reconnaissant sa nature formatrice. Les pages qui suivent abordent quelques-unes des vérités fondamentales indispensables au succès d'une relation de couple et les principes sur lesquels se fonde une relation enrichissante. Ces idées sont le produit de nombreuses années d'exploration de la vie de couple de nos clients. Nous croyons fermement qu'elles constituent le fondement d'une relation harmonieuse et enrichissante, tant affectivement que sexuellement. Ces vérités et ces principes s'entrecroisent sans cesse à des degrés divers dans notre ouvrage. Ils constituent la charpente même du livre et celle de toute relation épanouie.

L'AMOUR ET L'EXPLORATION RÉCIPROQUE DE LA CONSCIENCE

À la lecture de « La Fée des étoiles », vous aurez constaté que nous sommes d'incurables romantiques. Mais nous avons découvert que le romantisme ne suffit pas. Voilà pourquoi nous recourons plutôt à l'expression *coentreprise* pour décrire une relation nouveau genre, une relation où ce qui unit les conjoints n'est pas seulement l'amour, le romantisme et l'alchimie sexuelle, mais bien une alliance, un partage de la croissance personnelle et du développement spirituel des conjoints. *L'amour seul ne suffit pas à cimenter une relation, car les forces destructrices de l'amour sont nombreuses, tyranniques et, la plupart du temps, inconscientes.* Par ailleurs, quand l'amour est absent de la vie du couple, la quête de l'autre, l'apprentissage et la croissance personnelle sont tout aussi impossibles, car l'amour est l'élixir, le baume qui apaise tout et permet tout.

Quelle est la signification de tout ceci ? Selon le principe premier du partenariat amoureux, l'amour et l'exploration réciproque de la conscience sont indispensables à la transformation de notre relation de couple en un partenariat modèle. Combien de fois, dans les premières années de notre vie de couple, avons-nous cru que notre amour était mort ? Nous étions défaits, tristes et frustrés de constater que la fin de la relation montrait le bout du nez. Puis, nous avons travaillé de concert. Hal a peut-être découvert les réactions négatives que lui inspirait Sidra sans qu'il en soit tout à fait conscient. Sidra a sans doute compris que tous deux travaillaient trop ou qu'elle consacrait trop d'énergie au bien-être de sa famille. Ou encore, l'un d'eux a fait un rêve qui leur a permis de clarifier ce qui se passait dans leur subconscient. L'amour s'est régénéré, il s'est révélé encore plus fort qu'auparavant, car nous avions développé de nouvelles aptitudes. Nous avons pu constater ce phénomène des centaines de fois chez les couples auprès desquels nous avons travaillé, de même qu'en nous-même, et nous avons compris que le fait d'associer l'amour à la découverte de l'autre était d'une importance capitale. C'est pourquoi nous rejetons l'affirmation selon laquelle la mort de la passion et du romantisme devient inévitable après quelques années de mariage et après la naissance des enfants. Le romantisme meurt tout simplement parce que les conjoints n'ont pas appris à composer avec l'éventail de problèmes qui assaillent leur relation de couple. Voilà pourquoi il importe de ne jamais mettre fin à cette quête commune de notre nature intime.

Nous ne prétendons pas que tous les couples sont éternels. Il arrive souvent qu'en évoluant, une relation se solde par une séparation. Nous disons simplement que la grande majorité des relations de couple prennent fin parce que les conjoints ignorent comment composer avec le négativisme et avec l'impression d'être englouti que l'on ressent si aisément au sein d'une relation de couple.

PARTENARIAT OU RELATION HIÉRARCHIQUE ?

Le deuxième principe de base du partenariat amoureux est l'égalité fondamentale des conjoints. Ce type de partenariat n'a rien de hiérarchique. Les forces et les faiblesses des conjoints ne sont pas toujours identiques (par exemple, l'un développe une vue d'ensemble tandis que l'autre s'attache davantage aux détails), mais ces divergences contribuent à leur développement et à leur soutien mutuel. Une telle égalité est plus simple à décrire qu'à réaliser : pour y parvenir, nous devons analyser nos motivations et les luttes de pouvoir qui sous-tendent nos relations avec autrui. Au début de notre relation, chacun de nous était autonome, en charge de sa propre vie. Nous sommes donc parfaitement en mesure de vous assurer que l'égalité dont nous parlons n'est guère facile à mettre en œuvre. Mais ses bienfaits valent l'effort consenti pour y parvenir.

La plupart des relations humaines obéissent à une certaine hiérarchie : le plus fort domine le plus faible, ou le plus faible se soumet au plus fort. Cette relation hiérarchique typique est à l'origine des « scénarios relationnels » qui ont tant contribué à forger notre vision et notre compréhension des relations interpersonnelles. Dans son acception la plus simple, l'expression *scénarios relationnels* décrit ces interactions entre parents et enfants dont nous avons fait l'expérience dans notre enfance et qui gouvernent toutes nos relations jusqu'à ce que nous prenions conscience de l'influence que ces interactions continuent d'exercer sur nous. Ces scénarios peuvent être positifs ou négatifs. (Pour de plus amples détails, consulter le chapitre 3.)

Les relations hiérarchiques sont le produit de notre éducation et des principes familiaux et sociaux qui dictent nos comportements. (Pour une étude plus en profondeur des relations hiérarchiques, lire l'ouvrage de Sidra, *Le patriarche intérieur : êtes-vous sûre d'en être libérée ? La fin d'une servitude.*) Toutefois, cette structure hiérarchique de la relation affecte négativement un nombre croissant de couples.

Nous aspirons pour la plupart à un partenariat égalitaire, à une relation plus profonde et plus enrichissante. Mais pour atteindre ce but, nous devons nous heurter aux notions de hiérarchie que nous a léguées notre éducation traditionnelle. Il faut du temps et de la patience pour apprendre à discerner la manière dont ces idées et ces comportements nous influencent et influencent nos relations personnelles. Lorsque nous avons découvert cela, nous pouvons les accepter ou les rejeter comme bon nous semble.

Quand nous avons fait l'expérience du partenariat, en particulier dans nos relations intimes, nous rejetons tout autre type d'association. Le partenariat nous permet de faire l'expérience d'une authentique *coentreprise*, une entreprise commune qui nous ouvre les portes de la spiritualité en même temps qu'elle nous permet de composer avec les innombrables ennuis quotidiens. La relation de coentreprise peut être hétérosexuelle ou homosexuelle. Un partenariat est un partenariat : les mêmes lois psychiques s'appliquent à tout individu.

En affaires, lorsque deux personnes très différentes l'une de l'autre s'associent, elles deviennent partenaires à égalité de parts dans l'entreprise. Le succès ou l'échec de leur association dépend en grande partie de leur aptitude à fonctionner sur un pied d'égalité. Il en va de même de tout partenariat, quel qu'il soit. Nous avons beau souhaiter que ce type de partenariat colore toutes nos relations, qu'elles soient d'affaires ou personnelles, la vie s'acharne à y semer le chaos. Souvent, ce qui constituait au départ une relation d'égal à égal se transforme en un rapport morose, négatif, voire belliqueux.

Aspirer au véritable partenariat est une chose. Créer ce partenariat et le préserver en est une autre. Cette réussite exige des efforts, la volonté d'apprendre et une attitude radicalement différente de celle qui était la nôtre par le passé. Dans les chapitres qui suivent, nous vous montrerons comment et pourquoi un partenariat au départ positif peut si facilement se dégrader. Vous y découvrirez les raisons de cet échec et les solutions qui s'offrent à vous.

LES PRINCIPES D'UN PARTENARIAT RÉUSSI

Pour développer les aptitudes nécessaires à un partenariat réussi, nous devons explorer des champs de connaissance et d'expérience le plus souvent inédits. Certaines de ces connaissances sont liées à nos facultés mentales, d'autres à notre aptitude à ressentir. D'autres encore se fondent sur des aspects spirituels que réfute notre rationalité. D'autres notions sont associées à notre nature physique. Lorsque nous nous engageons dans la grande aventure du partenariat, nous explorons chacun de ces domaines, car chacun d'eux recèle des mystères qui peuvent exercer une très grande influence sur nos interactions avec autrui. Examinons maintenant les différents apprentissages qu'exige la relation de coentreprise.

Les différentes sous-personnalités et leurs interactions

De nombreux penseurs, écrivains et thérapeutes exceptionnels ont écrit sur les relations affectives. Mais pour ce qui touche la *psychologie des sous-personnalités* et les interactions de celles-ci dans la relation, notre ouvrage est fondamental.

Selon nous, rien n'est plus important, plus vital ou plus indispensable que le fait de reconnaître en tout individu la présence d'un ensemble de sous-personnalités qui orientent notre vie et gouvernent nos actes, même si nous sommes convaincus de pouvoir en tout temps faire appel à notre libre arbitre.

La connaissance de nos sous-personnalités est essentielle à une vie de couple réussie et enrichissante. Pourquoi donc ? Parce qu'une vie de couple n'est pas qu'un lien entre deux personnes. Elle est formée de cette multitude d'êtres que nous portons en nous et qui interagissent avec les êtres similaires ou différents que porte l'autre personne. Il importe donc que nous sachions *qui*, en nous, interagit avec notre conjoint et ce, en tout temps.

Moi (Hal), je suis un homme. J'ai découvert que ma vie avait longtemps été gouvernée par une sous-personnalité spécifique, ma sous-personnalité responsable, qui m'obligeait souvent à prendre des décisions qui me répugnaient. Lorsque nous nous identifions à une sous-personnalité donnée, nos comportements nous échappent. Ils deviennent des automatismes. Ces automatismes nous nuisent autant qu'ils nuisent à notre conjoint, car ils donnent lieu à du ressentiment dont nous n'avons pas toujours immédiatement conscience. Mais nous *pouvons* remédier à cette situation. Pour y parvenir, nous devons apprendre à identifier les sous-personnalités qui nous gouvernent et nous en dissocier. Ensuite, nous pouvons en toute conscience accepter ou rejeter leur bagage et leur savoir-faire. Par exemple, lorsque le père responsable en Hal consent spontanément et avec joie à renoncer à un après-midi au gymnase pour aider Sidra dans ses tâches domestiques, Hal s'attarde à découvrir ce que ses sous-personnalités plus portées à tenir compte de ses propres besoins pensent de sa décision. Ainsi, au lieu d'obéir sans réfléchir au réflexe qui lui dicte de demeurer à la maison quitte à regretter plus tard sa décision, il peut s'arrêter à la possibilité de ne pas aider Sidra. Hal est placé devant une alternative, contrairement à sa sous-personnalité paternelle et responsable, qui ne voit qu'une possibilité.

L'équilibre entre relation de couple et liberté individuelle

Se consacrer à un partenariat ne signifie pas s'abandonner à son conjoint ou à toute autre personne. On s'abandonne plutôt à *l'évolution* qui prend forme dans la relation lorsque deux individus s'engagent l'un envers l'autre. Cette évolution est le troisième partenaire dans la relation. Incidemment, un tel abandon ne signifie pas forcément que l'on opte pour la monogamie ou la non-monogamie, d'autant plus que ni l'une ni l'autre de ces options ne peut assurer la survie d'une relation de couple. L'engagement dont nous parlons consiste à admettre que le processus évolutif de la relation représente une troisième entité, une entité autonome et dotée d'une vie propre.

Si vous vous consacrez à l'évolution de votre relation de couple, vous devez apprendre à vous mettre à l'écoute de votre conjoint : il ne s'agit pas de lui obéir aveuglément ni de toujours être de son avis, mais bien de l'écouter sincèrement et de ressentir profondément sa réalité. Si vous n'écoutez pas ou n'entendez pas votre conjoint, vous devez découvrir les motifs de votre surdité. Pourquoi n'entendez-vous pas ce que votre conjoint cherche à vous dire ? Qu'est-ce qui vous empêche d'être à son écoute ? Vous devez sans cesse consacrer beaucoup d'énergie à l'évolution de votre vie de couple et faire le nécessaire pour franchir les obstacles qui se dresseront inévitablement entre vous deux.

Il n'est pas toujours facile de trouver la juste mesure entre l'abandon au processus évolutif de la relation et le besoin d'indépendance. Si votre comportement s'oppose aux besoins de votre conjoint, vous devez vous efforcer de comprendre son point de vue et sa souffrance. Vous devez tenir compte de sa réalité en même temps que de la vôtre. Vous ne pouvez pas vous laisser envahir par la révolte ou par la quête du pouvoir, ni satisfaire tous vos caprices dans le seul but de démontrer que vous êtes fort et indépendant.

Pour nous sensibiliser à la vulnérabilité de notre conjoint, nous devons d'abord accepter d'être vulnérable. Cette prise de conscience renforce l'intimité. Mais l'acceptation de la vulnérabilité est souvent perçue comme une menace à la relation, car elle est une mise à nu qui nous prive de nos moyens de défense. Apprendre à accepter notre vulnérabilité avec équilibre, c'est apprendre à ne pas être sur nos gardes dans la relation. Il ne s'agit pas de renoncer à notre autonomie ni d'assumer un rôle de victime, mais bien de ressentir pleinement notre vulnérabilité.

Le couple en tant que relation d'affaires

La complexité de la vie d'aujourd'hui nous ébahit. Était-elle plus simple autrefois? Nous l'ignorons. Mais la vie moderne semble s'être compliquée de façon exponentielle depuis la révolution industrielle. Lorsque les enfants, la famille, les amis et les exigences de la révolution technologique viennent s'ajouter à une vie de couple, il est facile de s'imaginer à la tête d'une gigantesque multinationale.

Il importe de comprendre que la vie n'est guère facile et que les détails d'une relation de couple sont tout aussi complexes. Il faut admettre au plus tôt qu'une relation de couple n'est pas seulement une aventure personnelle, mais bien une entreprise commerciale qui fourmille de petits riens. Si l'on ne prend pas cet aspect des choses au sérieux, ces petits riens finissent par éroder l'intimité entre deux êtres: la magie disparaît.

Un exemple tiré de l'informatique peut clarifier ce point de vue. Un système informatique comprend un certain nombre de réglages implicites qui visent à rendre son utilisation plus facile et plus simple. Par exemple, la police et le corps de caractère sont prédéterminés, de sorte que, dès que vous commencez votre travail, ce caractère implicite apparaît à l'écran. Vous pouvez bien sûr la modifier, mais la police prédéterminée vous permet d'économiser du temps. Sans ces réglages, votre journée de travail serait ralentie par une multitude de manœuvres à effectuer.

De même, si les conjoints ne désignent pas *consciemment* le responsable des innombrables tâches qu'ils doivent assumer tous les deux, un certain nombre de paramètres prédéterminés entrent en fonction. Ainsi, les conjoints agissent non par choix mais bien par habitude, par réflexe. Une femme qui s'est toujours montrée très responsable auparavant assumera, par défaut, de plus en plus de responsabilités jusqu'à ce que cette abondance de détails en vienne à la submerger. La femme qu'elle était au début de sa relation de couple se noie dans les obligations et les exigences et, au fond d'elle-même, elle en éprouve du ressentiment.

Imaginons que son conjoint ait eu une mère qui comblait tous ses besoins. Sa réaction prédéterminée consiste à croire que son épouse doit prendre tous ses besoins en charge comme le faisait sa mère. Le fait de transférer ainsi nos anciennes structures familiales dans la relation de couple peut engendrer des conflits sans fin et de graves problèmes.

L'un des aspects les plus séduisants de la relation de couple est l'éventail des forces et des faiblesses que se partagent les conjoints. Chacun apporte à la relation des valeurs, des sensibilités, des expériences et des connaissances différentes et souvent complémentaires. Ainsi, il peut arriver que les forces de l'un correspondent aux faiblesses de l'autre. Si l'on sait en tirer parti, ce phénomène peut être l'un des plus grands avantages du partenariat. Les partenaires peuvent se reposer l'un sur l'autre et laisser celui des deux qui manifeste le plus d'aptitudes dans tel ou tel domaine en assumer la responsabilité. En « nous reposant sur l'autre », nous profitons en toute conscience de ces différences et nous empêchons nos réglages implicites de nous imposer nos responsabilités. Il y a un gouffre entre se reposer en toute conscience sur autrui et laisser notre partenaire dominer *à notre insu* un aspect spécifique de notre vie commune.

Par exemple, Sidra assume depuis toujours la gestion de nos finances. Mais à intervalles réguliers, nous discutons ensemble de notre situation financière afin de nous assurer que Hal est tout à fait au courant. Si nous n'agissions pas ainsi, Hal deviendrait facilement irritable et, advenant une fin de mois difficile, il se mettrait en colère (nous dirions qu'une sous-personnalité irascible et colérique s'impose), parce qu'il s'en voudrait d'avoir laissé Sidra prendre nos finances en mains. D'un autre côté, Sidra pourrait avec le temps s'offusquer de devoir assumer seule une aussi lourde responsabilité.

Hal, quant à lui, est responsable de notre calendrier de cours et de tournées. Il tient Sidra au courant de tout et ne prend aucune décision sans son accord. Bref, Sidra se repose sur Hal pour tout ce qui concerne leur vie professionnelle sans toutefois renoncer à ses responsabilités, tout comme Hal se repose sur le savoir-faire de Sidra en matière de finances sans pour autant se désintéresser de celles-ci.

Pour faire face à la multitude de problèmes qui peuvent assaillir un couple, il importe de reconnaître que, dans la vie et dans la relation de couple, les « affaires » occupent une place importante, que les rôles de chaque conjoint doivent être clairement définis, que ces rôles peuvent subir des transformations chaque semaine, chaque mois ou chaque année, et qu'il est indispensable d'y voir.

Le rôle des jugements critiques et de l'autocritique dans la relation de couple

La plupart des gens tombent facilement amoureux. Malheureusement, il leur est encore plus facile de détruire cet amour. Pour créer une relation heureuse, il faut savoir ce qui peut détruire l'amour et développer un partenariat avec une autre personne afin de combattre et de vaincre ces forces destructrices d'un commun accord.

L'une des clés de la réussite du partenariat consiste à comprendre les conséquences des jugements critiques que l'on porte. Ceux-ci sont de deux types. Le premier porte sur autrui. Le second porte sur soi. L'autocritique est le fait de notre *critique intérieur,* cette sous-personnalité qui prend plaisir à nous dénigrer. Ces deux types de jugements peuvent avoir un effet dévastateur sur notre partenariat amoureux. (Pour en savoir plus sur le critique intérieur, référez-vous à notre ouvrage intitulé *Votre critique intérieur : ennemi ou allié ? Faites-en un atout créatif.)*

Nous formulons parfois nos jugements critiques, parfois nous les taisons. Si ce que dit ou fait votre conjoint vous déplaît et que vous n'en dites rien, cette réaction muette se traduit par un reproche informulé qui vous éloigne de votre partenaire. Lorsque ce phénomène se répète dix, vingt ou cent fois, votre attitude se transforme. Vous vous perdez, et votre amour s'étiole à mesure qu'une sous-personnalité plus critique occupe le devant de la scène. Lorsque cela se produit, vous vous surprenez à examiner votre conjoint d'un œil sévère et à réfréner ou à formuler votre jugement. Bientôt, votre conjoint vous assimile à un parent intransigeant. Selon nous, c'est effectivement ce que vous êtes devenu.

En général, lorsque deux individus entrent dans un partenariat amoureux, l'attitude critique est le fait de l'un des conjoints, tandis que l'autre subit ces jugements ou en devient carrément la victime. Dans un partenariat amoureux, la victime est le plus souvent autocritique. Sa nature la déçoit en tous points. Souvent, cette personne provient d'un milieu familial exagérément sévère à son endroit. En s'associant à une personne critique, elle donne un poids douloureux et presque inévitable à ses pénibles jeunes années.

L'autocritique sévère est dévastatrice pour la relation parce qu'elle oblige le conjoint à assumer un rôle auquel il ne tient pas. Le conjoint d'une personne portée à l'autocritique doit sans cesse rassurer celle-ci, ce qui devient fort ennuyeux et même détestable. Lorsque la colère monte en vous, vous portez des jugements à votre tour et, tôt ou tard, vous vous rendez compte que vous n'avez jamais désiré le rôle de juge qui vous a été imposé.

Il importe de savoir que l'esprit critique dont nous parlons n'a rien à voir avec la violence. Certaines relations sont fondamentalement violentes. Nous ne vous conseillons nullement de permettre à une relation de violence de perdurer afin de tirer des enseignements des jugements critiques de votre conjoint. Si vous vivez une relation de violence, consultez un professionnel de la santé qui vous aidera à surmonter vos difficultés.

L'apprentissage de la vulnérabilité : le tourment et l'extase

L'envers du jugement critique est la vulnérabilité. La vulnérabilité est l'enseignement le plus profitable du partenariat amoureux. Notre tourment provient de l'apprentissage de notre vulnérabilité. Notre extase naît de la relation profonde et intense que cette vulnérabilité nous procure. Pourquoi la vulnérabilité est-elle si importante ? Pourquoi affirmons-nous qu'elle est la clé de tout partenariat amoureux réussi ?

Nous sommes très vulnérables à la naissance. Notre personnalité se compose essentiellement d'idées et de comportements qui tentent d'atténuer notre vulnérabilité et de nous procurer un sentiment de sécurité. Si nous exerçons une certaine forme de pouvoir, nous nous sentons moins vulnérables. Si nous assumons de vastes responsabilités, nous nous sentons moins vulnérables. Si nous sommes complaisants et si nous nous efforçons de plaire, nous nous sentons moins vulnérables. Si nous nous rebellons contre une autorité qui nous paraît injuste, nous nous sentons moins vulnérables. L'esprit et les jugements critiques nous aident à combattre efficacement notre vulnérabilité. Chacun de nos jugements critiques masque un problème fondamental de vulnérabilité, un sentiment douloureux, une impuissance, une timidité, une insécurité. Nous avons beau être tout à fait conscients de ces sentiments, il nous est toujours difficile de les formuler au sein de la relation de couple.

Pour assumer notre vulnérabilité, nous devons franchir deux étapes. La première consiste à en reconnaître l'existence et à l'accepter. Si vous vous identifiez totalement au pouvoir, comment vous laisserez-vous aller à être vulnérable? Vous ne le pourrez pas. Voilà pourquoi l'une des premières étapes dans la constitution d'un partenariat amoureux consiste à identifier les sous-personnalités qui vous gouvernent et à vous en dissocier. *Ce n'est que lorsque vous aurez appris à vous dissocier des instruments de pouvoir qui vous dominent que vous commencerez à ressentir votre vulnérabilité et que vous reprendrez contact avec la magie de votre relation de couple.*

Quand vous aurez pris conscience de votre vulnérabilité et que vous pourrez en faire l'expérience, vous devrez apprendre à l'extérioriser dans votre vie de couple. Entendons-nous : vous ne devez pas vous identifier à votre vulnérabilité au point d'assumer un rôle de victime, ni plier jusqu'à la soumission. Vous devez plutôt apprendre à extérioriser votre vulnérabilité sans vous dissocier des aspects courageux de votre personnalité. Ce défi est le plus grand et le plus enrichissant de tous ceux que nous devons affronter dans la vie quotidienne.

Comment apprendre à communiquer et à être entendu

Le principe de base de la communication est très simple : *« Ce que vous dites à votre conjoint n'est pas le plus important. Ce qui compte est de savoir laquelle de vos sous-personnalités s'exprime ! »*

Les gens consacrent énormément de temps à l'apprentissage de la communication. Un tel apprentissage est toujours bienvenu, surtout pour les personnes qui n'ont pas développé d'aptitudes en ce sens. Elles doivent discerner ce qu'il convient d'exprimer et ce qu'il convient de taire. Elles doivent également apprendre à choisir le mot juste, à formuler convenablement leur pensée.

Mais on oublie souvent qu'une communication réussie dépend en grande partie de la sous-personnalité qui s'exprime. Pour cette raison, au cours de nos stages, nous nous intéressons assez peu au *contenu* de la communication. Nous préférons sensibiliser les gens à la qualité de leurs échanges, à l'énergie qui soustend ceux-ci. Voilà pourquoi, dans les chapitres qui suivent, nous accordons une grande importance à la façon dont votre conjoint capte vos propos.

L'importance de la collaboration dans les processus décisionnels

Pour prendre des décisions éclairées, il faut identifier et comprendre nos sous-personnalités. Par exemple, si l'un des conjoints est fort tandis que l'autre est vulnérable, toute prise de décision est difficile en dépit de son apparente simplicité. La personne forte tend à s'imposer et à prendre toutes les décisions tandis que la personne vulnérable se sent mise au rancart ; elle se replie sur elle-même et éprouve du ressentiment. Comment l'amour peut-il survivre dans un tel contexte ?

D'autres sous-personnalités, en s'associant, compliquent le processus décisionnel. Si l'un des conjoints aime aller droit au but tandis que l'autre préfère discuter et tout analyser en détail, il y aura conflit. Si l'un des conjoints est autoritaire tandis que l'autre conteste l'autorité comme un adolescent rebelle, ils n'arriveront à rien. Identifier les nombreuses sous-personnalités qui nous composent et qui composent notre conjoint, admettre que ces sous-personnalités multiples n'ont ni raison ni tort mais qu'elles sont tout simplement différentes, voilà qui peut donner lieu à une forme nouvelle, tout à fait inédite, de communication.

Le lien dynamique dans la relation de couple

Dans une relation de couple, le contact n'est pas seulement physique, affectif, mental et spirituel. Il existe également entre les conjoints un contact dynamique dont le principe fondamental est tout ce qu'il y a de plus simple : une énergie très réelle circule et agit entre soi et les autres.

La découverte de ce champ énergétique a été l'une des plus fécondes et des plus enrichissantes que nous ayons faites depuis que nous travaillons sur la psychologie des sous-personnalités. Ce travail sur le courant d'énergie qui circule entre les êtres nous a conduits à une nouvelle conception de l'intimité qui a grandement influencé notre vie de couple et nos aspirations affectives. Jusque-là, nous pensions que l'intimité consistait, pour deux personnes, à se fondre le plus possible l'une dans l'autre, à fusionner leurs réserves d'énergie. Mais une telle fusion peut déboucher sur la perte de l'individualité. Notre nouvelle conception de l'intimité est très différente. Chacun peut utiliser à son gré l'énergie qui circule entre les conjoints. Plutôt que de toujours rechercher un rapprochement ou une fusion, chacun est libre de décider en tout temps par lui-même de l'intensité ou de la durée de cette fusion. Nous avons donné le nom de *lien dynamique* à cet échange de nos énergies respectives. La maîtrise du courant d'énergie qui circule dans une relation peut avoir des conséquences extraordinairement positives. (Pour de plus amples détails sur cette question, consulter le chapitre 5.)

La sensualité et la sexualité

Chez de nombreux couples, les problèmes sexuels signalent que quelque chose ne va pas dans leur relation. Nous avons pu le constater très souvent : les couples qui connaissent des problèmes dans leur vie sexuelle connaissent des problèmes dans leur vie tout court. Lorsque s'aplanissent les difficultés du couple, la vie sexuelle redevient harmonieuse. Lorsqu'on échoue à établir une intimité affective dans la relation de couple, la vie sexuelle s'en ressent. Voilà pourquoi l'identification des sous-personnalités qui nous gouvernent a une telle influence sur notre aptitude à communiquer avec autrui, et voilà pourquoi notre vie sexuelle s'améliore quand nous travaillons sur notre psyché.

Dans la communication, l'important n'est pas tant le *contenu* du message que l'identité de la *sous-personnalité* qui le transmet. Dans la vie sexuelle, l'important n'est pas tant *la nature de l'acte* que l'identité de la *sous-personnalité* qui établit le contact sexuel. Cet apprentissage est important, car il nous permet de choisir la sous-personnalité la plus apte à la tâche ! (Pour une étude plus approfondie de la sensualité et de la sexualité, consulter le chapitre 6.)

Il importe d'établir une distinction entre sensualité et sexualité. Nous avons baptisé « énergie d'Aphrodite » l'énergie sensuelle.

Elle se retrouve autant chez les hommes que chez les femmes, mais notre expérience nous permet de penser qu'elle se manifeste plus spontanément, plus naturellement chez ces dernières. Cette énergie est très importante. Elle est une affirmation de soi et de la vie, et elle contribue à intensifier le contact entre conjoints. Il est très facile d'être sexuel tout en étant fort peu sensuel. Lorsque la sensualité est absente d'une relation de couple, le contact sexuel, si actif soit-il, ne suffit pas à apaiser notre faim de sensualité.

La sexualité est l'expression directe de nos instincts sexuels. Elle est circonscrite aux zones génitales, elle peut exister par elle-même sans l'apport de la sensualité ou accompagner celle-ci. La sexualité est très différente de la sensualité, ainsi que nous le démontrons dans notre exploration plus approfondie de ces concepts.

Comment faire une place aux enfants dans votre vie sans nuire à votre relation de couple

« Quand votre vie de couple s'est-elle dégradée ? » Nous avons souvent posé cette question aux individus qui nous consultent. Très souvent, on nous a fait la même réponse : « Notre mariage a pris fin, ou a commencé à se détériorer, à la naissance de notre premier enfant. »

Est-ce le destin de toute vie de couple que de prendre fin lorsque l'enfant paraît ? Oui, *très souvent,* si les conjoints n'apprennent pas leurs leçons. Il importe de prendre conscience des transformations qui se produisent à la naissance d'un enfant et qui affectent tout le réseau d'énergie et de lien dynamique des conjoints. *Mais voici une bonne nouvelle : le mariage peut survivre et même se régénérer si les conjoints continuent de favoriser l'évolution de leur relation, et si les enfants n'envahissent pas l'espace nécessaire à un partenariat amoureux vivant et romantique.* Le lien dynamique doit avoir la priorité même après l'arrivée d'un enfant, sans quoi le processus de détérioration s'enclenchera, et les enfants, à qui le lien dynamique primaire n'est pas destiné, en deviendront les premiers bénéficiaires.

Nous accordons autant d'importance aux enfants qu'à la relation de couple. C'est pourquoi vous découvrirez dans les chapitres qui suivent plusieurs idées pour vous aider à associer parentage et partenariat dans un bel équilibre, en procurant à chaque membre de la famille toute l'énergie dont il pourrait avoir besoin.

Les écueils qui pourraient affecter votre vie de couple

Nous avons très envie d'écrire un livre sur « L'art de détruire une relation de couple », car si nous vous indiquons ce qu'il *ne faut pas* faire, nous aurons toute votre attention. En attendant, nous nous contenterons d'énumérer les dix principaux écueils que vous pourriez affronter dans votre vie de couple. Vous trouverez cette liste au chapitre 9.

L'ordinateur est un excellent exemple des écueils auxquels nous faisons allusion. Posséder un ordinateur qui facilite notre travail est une chose. En être obsédé, en faire l'objet premier – et irrésistible – de notre affection en est une autre. Le réseau Internet et l'échange instantané qu'il permet avec des individus disséminés partout dans le monde sont extrêmement séduisants.

Tous les « joujoux » dont nous disposons maintenant grâce à la révolution technologique peuvent aisément éroder la communication dans le couple. Nous sommes très vulnérables à la fascination qu'exercent sur nous les voitures, les appareils électroniques et tant d'autres gadgets. C'est un appât géant qui n'attend que le moment de nous prendre au piège. À ces joujoux viennent s'ajouter les marchés boursiers, la possibilité d'effectuer des transactions électroniques et de gagner beaucoup d'argent. Ces progrès peuvent contribuer à améliorer nos vies, voire à enrichir nos relations personnelles, du moment que nous savons leur résister. Le secret ? Mordre à l'hameçon et prendre aussitôt la fuite !

Vos rêves sont le miroir de votre vie de couple

Les rêves sont des éléments très importants de notre recherche, et nous désirons vous enseigner à vous en servir pour améliorer votre vie de couple. Ils nous indiquent comment l'intelligence de notre subconscient se comporte face à nous en tant qu'individus et en tant que couple. Tous ne se souviennent pas de leurs rêves. N'allez pas croire que cela soit un problème insurmontable : vous avez d'autres moyens à votre disposition pour faciliter votre développement personnel. Mais si vous vous souvenez de vos rêves, ceux-ci vous procureront de merveilleuses occasions d'enrichir votre partenariat amoureux.

Un rêve peut être très objectif et limpide. Supposons qu'une femme rêve trois fois de suite que son mari a une liaison avec une autre femme. Elle lui confie son rêve et exige qu'il lui dise la vérité : il lui confesse son adultère. Les rêves peuvent être une remarquable source de renseignements.

Une autre femme qui s'applique à développer sa vie de couple de concert avec son conjoint rêve qu'elle se regarde dans une glace. Elle constate alors qu'elle porte un masque souriant. Elle l'enlève. Le masque n'est plus dans ses mains qu'une boule de glaise. Son vrai visage émerge. Cette femme comprend qu'elle s'efforce de toujours plaire à son mari, à ses enfants et à son entourage en dépit du ressentiment qu'elle en éprouve. Son rêve la met en face du masque qu'elle a porté, du comportement qui a été le sien depuis sa jeunesse. C'est lorsqu'elle prend conscience du masque qu'elle porte que se révèle son vrai visage.

Le chapitre 10 vous aidera à comprendre le symbolisme de vos rêves, vous rassurera sur leur simplicité réelle et éclairera certains principes de base du travail onirique. Le rêve est un univers tout à fait magique.

La spiritualité et la vie de couple

Dans toute relation de partenariat se trouve une troisième entité que décrivent magnifiquement Jack Zimmerman, Ph.D., et Jaquelyn McCandless, M.D., dans leur ouvrage intitulé *Flesh and Spirit*. Cette « troisième entité » n'est autre que l'esprit, le divin. On perçoit cet esprit le plus souvent en rêve, là où l'intelligence de l'inconscient s'exprime avec le plus de régularité. L'esprit se manifeste pendant la méditation, lors d'un exercice physique prolongé, dans la sexualité, dans l'amour que l'on éprouve envers quelqu'un ou quelque chose, et, lors de circonstances particulières, dans le recours à l'intellect. L'engagement dans la relation suppose également que l'on s'abandonne à cette réalité spirituelle et que l'on aspire à se laisser guider par le divin.

Cet abandon à la dimension spirituelle de la relation s'accompagne de l'élaboration de certains rituels qui nous permettent d'accueillir la présence du divin dans notre partenariat amoureux.

La création de ces rituels a été très importante dans notre vie de couple : nous sommes heureux d'en partager l'expérience avec vous.

Voilà donc certaines des considérations qui nous paraissent essentielles dans le développement d'un partenariat amoureux. Où que vous en soyez dans votre vie de couple, nous sommes persuadés que, si vous accueillez ces principes et si vous les mettez en pratique, la qualité de toutes vos relations personnelles s'en trouvera transformée. Les relations en général et la relation de couple en particulier sont toujours « en devenir ». Quand la relation est heureuse, la vie est belle. Quand rien ne va plus dans la relation, nous en sommes affligés. Qu'y a-t-il de plus important, de nos jours, que de travailler sur soi et sur nos relations affectives afin de transmettre le secret d'un partenariat amoureux réussi à la prochaine génération et de conférer à notre propre vie ce sentiment de plénitude et de bonheur qui naît d'une vie de couple fondée sur une conscience en éveil ?

Dans le chapitre qui suit, nous entreprenons ce périple en entrant dans l'univers de nos multiples sous-personnalités et en découvrant comment elles gouvernent le couple.

CHAPITRE 2

ET MOI QUI CROYAIS AVOIR ÉPOUSÉ UNE SEULE PERSONNE ! LES SOUS-PERSONNALITÉS DANS LA RELATION DE COUPLE

Si vous voulez redécouvrir la magie des premiers temps de votre vie de couple, si vous souhaitez retrouver le conjoint que vous aimiez naguère si tendrement, vous devez vous engager dans une toute nouvelle quête intérieure qui vous révélera vos multiples sous-personnalités. En interagissant avec celles de votre conjoint, ces sous-personnalités vous jouent des tours. Quand vous aurez percé à jour la nature de ces sous-personnalités et compris leurs interactions, les confusions et les problèmes qui affectent votre relation deviendront parfaitement clairs.

Les relations de couple ne sont pas des phénomènes statiques, mais bien vivants. Elles se transforment, elles évoluent. L'une des plus importantes leçons que nous ayons apprises au fil des ans est la suivante : dans ces occasions où nous avons interrompu notre développement personnel et fixé la structure de notre partenariat, notre relation a connu une petite mort.

Nous avons découvert que les relations de couple ressemblent à des plantes que l'on doit transplanter dans un pot légèrement plus grand au fur et à mesure de leur croissance. Si on les laisse dans le pot qui leur convenait lorsqu'elles étaient plus jeunes, elles s'étiolent faute de nourriture ou encore, en poursuivant leur croissance, elles fracassent les jardinières qui les contenaient. Au fil des ans, nous avons constaté ces deux phénomènes. Nous avons fait la douloureuse expérience de relations qui perdurent en apparence seulement, privées de tout sentiment, et nous avons connu les angoissantes ruptures.

Nous avons eu le privilège d'analyser la vie de milliers de couples et constaté que ce qui convient à des jeunes de dix-sept ans leur devient néfaste à trente ou à quarante ans, quand ils s'efforcent de maîtriser en même temps leur vie amoureuse, leur vie professionnelle et leur vie familiale. La vie et les relations affectives tendent à se compliquer avec l'âge. Chaque nouvelle étape de l'existence apporte son lot de problèmes.

Heureusement, nous en avons également conclu que la dégradation de la passion du début n'a rien d'inévitable. Mais vivre exige des mises à jour, des ajustements à nos comportements et à nos interactions. C'est tout un défi à relever !

Ce besoin de transformation et d'évolution signifie-t-il que vous avez (ou que nous avons) erré jusque-là ? Pas du tout ! Cela signifie qu'il est toujours possible de construire sur la base de l'expérience et d'évoluer vers une vie de couple plus accomplie et plus enrichissante.

Trop de gens croient que tout individu connaît d'instinct les secrets d'une relation positive, qu'il naît avec la science infuse. C'est faux. Si nous savons certaines choses, nous en ignorons d'autres, et ce que nous ignorons, nous devons l'apprendre. Cet apprentissage dure toute la vie, mais il est très enrichissant. Quel phénomène fascinant !

Vous vous demandez sans doute où trouver l'information qui vous fait défaut. Observez autour de vous : les occasions d'apprentissage et les sources d'information ne manquent pas ; vous avez une abondante documentation à portée de la main. Les livres, les revues, le cinéma, même la musique et les arts plastiques regorgent de secrets sur les relations affectives. Vous pouvez apprendre au contact de thérapeutes et d'enseignants, ou en participant à des ateliers de formation en relations humaines. Vos amis et les membres de votre famille peuvent également contribuer à votre formation. Mais votre meilleur maître est encore votre vie de couple. Sachez donc que les occasions de vous renseigner sur les processus relationnels ne vous feront jamais défaut et que vous pourrez profiter de vos découvertes pour comprendre et améliorer votre partenariat.

Notre vision du partenariat et des leçons que nous pouvons en tirer est tout à fait particulière. Elle se fonde sur un concept psychologique que nous avons baptisé « la psychologie du moi conscient et des sous-personnalités ». Puisque ce point de vue est le fondement même de notre ouvrage, nous y examinerons en détail les entités qui participent à la relation de couple. (Pour une étude plus en profondeur, procurez-vous notre livre intitulé *Le dialogue intérieur : connaître et intégrer nos subpersonnalités.*)

LES NOMBREUSES SOUS-PERSONNALITÉS DANS LA RELATION DE COUPLE

Nous ne sommes pas faits d'une entité unique, mais de plusieurs. Ces sous-personnalités, qui sont des facettes, des voix indépendantes les unes des autres, constituent le fondement de la psyché. Chacune de ces sous-personnalités est en quelque sorte une personne *réelle* en nous. Chacune a un passé, une vision très personnelle de la vie et un comportement qui lui est propre. En toutes circonstances, votre comportement dépend de celui de la sous-personnalité qui s'impose à ce moment. C'est là un phénomène normal qui n'a rien de surprenant. Voyons en quoi il consiste.

N'est-il pas vrai qu'au travail ou à la maison il y a des jours (ou des moments) où vous maîtrisez la situation, où tout se passe bien, où vous trouvez facilement les solutions à vos problèmes ? En d'autres temps, vous vous sentez inapte. Tout va de travers, comme si quelqu'un d'autre avait pris le dessus. Vous ne parvenez pas à prendre des décisions, l'insécurité vous mine, vous remettez tout en question, tout vous semble déphasé. La vérité est que, oui, quelqu'un d'autre mène la barque. Des entités autonomes agissent dans chacune de ces circonstances différentes. La première se domine et exerce son pouvoir de décision. La seconde est un juge intérieur qui critique vos paroles et vos actes et s'amuse à vous rendre malhabile et à douter de vous.

Voici un autre exemple des différentes sous-personnalités qui se manifestent selon les circonstances. Hélène est une jeune avocate spécialisée dans la médiation dans les causes de divorce. Âgée de trente-cinq ans, elle est intelligente, jolie et élégante. C'est une personne indépendante qui ne se plaint jamais et qui s'est beaucoup consacrée à sa carrière. Elle a dû faire preuve d'une grande discipline pour terminer ses études avec succès et réussir tous ses examens, mais elle a persisté, si bien que la voici partenaire associée dans une importante étude d'avocats. Mais en dépit de ses réussites professionnelles, sa carrière lui importe somme toute assez peu. Hélène est très amoureuse de son conjoint, dévouée à sa famille et à ses amis. Elle s'efforce autant que possible d'équilibrer sa vie personnelle et sa vie professionnelle.

Hélène est une personne très différente au travail de la personne qu'elle est à la maison, car des sous-personnalités distinctes se manifestent dans ces deux contextes. Si vous observiez Hélène à son travail, vous seriez très impressionné par son objectivité et son aptitude à affronter des problèmes complexes et des clients agressifs. Elle est réceptive aux besoins de ses clients, mais elle ne perd jamais de vue les aspects concrets d'une situation et elle se comporte en conséquence. Au travail, Hélène est très sûre d'elle-même comme de son aptitude à analyser clairement les faits et à prendre les décisions qui s'imposent. Elle ne se laisse pas dominer par ses émotions, et celles des autres n'affectent pas son jugement. Mais à la maison, c'est une autre histoire. Hélène devient hypersensible ; les émotions et les besoins des personnes de son entourage l'affectent beaucoup plus. Elle est très attentive aux réactions et aux sentiments de son conjoint, de sa famille, de ses amis. Elle veut être aimée de tous. Ses décisions et ses comportements dépendent beaucoup de ses êtres chers. Le quant-à-soi et l'objectivité qui la caractérisent au travail sont absents de sa vie personnelle. Hélène porte en elle deux sous-personnalités distinctes qui se manifestent selon les contextes. La première est « objective et impersonnelle » ; la seconde est « personnelle et émotive ».

Que se passe-t-il lorsque deux sous-personnalités distinctes se manifestent dans un seul contexte et une seule relation ? Observons Angèle. Elle a trente-cinq ans, elle est jolie, très intelligente, mais elle est très différente d'Hélène. Contrairement à celle-ci, Angèle a abandonné ses études après deux ans d'université pour se marier et pour fonder une famille. Elle aime rester à la maison. Elle compte bien s'intégrer au marché du travail dans quelques années, mais, pour le moment, les revenus de son mari suffisent à assurer à sa famille une vie confortable. Elle n'a pas très envie de se lancer dans une carrière. Sa mère n'était pas une femme très maternelle, mais une femme de carrière qui voyageait beaucoup. Angèle a pratiquement été élevée par une gouvernante, si bien que, même toute petite, elle se promettait déjà de se consacrer avant tout à sa famille quand elle serait grande. Elle aimait beaucoup jouer à la poupée, et, encore très jeune, elle gardait les enfants du voisinage. On la félicitait pour ses aptitudes maternelles et pour sa compétence avec les enfants.

À la fête de l'Action de grâce[1], Angèle consacre des heures à la préparation d'un véritable festin. Elle chante en faisant la cuisine et s'amuse énormément. Elle fait preuve d'une grande créativité et déborde de vie et d'énergie. Puis, quand le repas est terminé, elle devient tout à coup irascible et amère. Elle est épuisée, elle a l'impression qu'on n'apprécie pas ses efforts, elle est irritable. Elle se dit que ses invités n'ont pas de cœur, que personne ne lui donne jamais un coup de main et qu'on abuse de sa générosité.

Cela signifie-t-il qu'Angèle assume son rôle à contrecœur ? Qu'au fond d'elle-même, elle est persuadée qu'on la martyrise ? Pas du tout ! Ses deux sous-personnalités distinctes prennent le dessus tour à tour avec grand art. La première aime s'occuper des autres. Cette entité maternelle adore préparer de bons petits plats et ne se plaint pas de devoir consacrer du temps et des efforts à cette activité. Par contraste, la seconde sous-personnalité ne manifeste aucune disposition de ce genre et se préoccupe assez peu des autres. En fait, pour cette seconde entité, la préparation des repas est une perte de temps. Cette sous-personnalité est plus égocentrique et aussi plus critique et sévère à l'égard des autres ; elle n'est consciente que de leur égoïsme et de leurs faiblesses.

Comme dans le cas d'Hélène, deux entités opposées cohabitent en Angèle indépendamment l'une de l'autre, mais contrairement à Hélène dont les sous-personnalités se manifestent dans des contextes distincts, les sous-personnalités d'Angèle agissent au sein de sa famille, si bien que les personnes de son entourage doivent composer non pas avec une entité unique, mais avec deux.

1. En France, Thanksgiving. *N.d.T.*

Cet état de choses confond les membres de sa famille. Ils ne savent que penser. Angèle est-elle heureuse de préparer le repas de l'Action de grâce ou non ? Ne perdez pas de vue qu'un tel processus relationnel est normal. Il n'a rien d'étrange.

Une relation de couple n'a pas lieu entre deux individus mais entre deux groupes de sous-personnalités qui interagissent constamment. Toute personne qui entre en contact avec Angèle interagit avec sa sous-personnalité « maternelle » ou avec sa sous-personnalité « critique ». Nul ne peut deviner laquelle de ces deux entités dominera la situation. Quel défi ! (C'est aussi fascinant : comment s'ennuyer au sein d'une telle activité ?)

Réfléchissez. Songez combien il peut être difficile d'interagir avec une autre personne lorsque la sous-personnalité dominante cède la place à une autre sous-personnalité. Les sous-personnalités d'un individu peuvent être protectrices ou agressives, responsables ou irresponsables, maternelles ou dépendantes, altruistes ou égoïstes, dominatrices ou passives, sûres d'elles ou vulnérables, compatissantes ou critiques, présentes ou absentes, aimantes ou glaciales. Toutes ces attitudes sont possibles et toutes font partie de nous. Même lorsqu'une de ces sous-personnalités (par exemple, la sous-personnalité compatissante) domine la vie de votre conjoint, vous demeurez sensible à son pôle opposé (par exemple, la sous-personnalité critique) sans même que votre partenaire soupçonne son existence.

Quand nous connaissons l'existence de ces multiples sous-personnalités, notre vie de couple s'éclaire. Dans le cas contraire, notre conjoint parvient beaucoup plus facilement à nous blesser, à nous confondre ou à nous mettre en colère. Nous avons souvent l'impression qu'il nous trahit. Nous lui reprochons son inconstance, nous doutons de sa sincérité et nous lui prêtons des arrière-pensées. Nous nous posons toutes sortes de questions : « Où est passée la personne extraordinaire que j'ai épousée ? » « Qu'est-il arrivé à notre vie sexuelle ? » « Pourquoi s'est-il donné la peine de m'aider la semaine dernière si cela l'embêtait ? » « Pourquoi refuse-t-il de passer une soirée tranquille avec moi ces temps-ci, alors que naguère il me disait toujours à quel point il appréciait ces moments d'intimité ? » « Me cachait-elle sa véritable personnalité ? »

Lorsque nous ignorons tout de nos sous-personnalités, nous mettons notre conjoint sur la sellette : « Tous les hommes (toutes les femmes) sont comme ça. » « On ne peut se fier à personne.

Tout le monde a une idée dernière la tête. » « Il (elle) met des conditions à sa générosité. » Nous généralisons. Nous critiquons ouvertement la personne qui partage notre vie. Nous nous replions sur nous-même et nous devenons dépressif. Parfois, notre sévérité envers nous-même nous porte à nous demander pourquoi toutes nos relations affectives échouent. Existe-t-il un secret que nous ignorons ? Pourquoi les autres semblent-ils avoir une vie de couple si harmonieuse et si simple ? Qu'avons-nous fait pour que l'être si merveilleux que nous avons épousé devienne un tel monstre ? Certaines personnes se désespèrent au point d'en conclure que la vie à deux n'en vaut vraiment pas la peine et qu'elles seraient plus heureuses seules. Eh bien, nous croyons sincèrement que la vie à deux en vaut vraiment la peine. Pour vous faciliter les choses, nous vous aiderons à identifier les sous-personnalités qui vous composent et qui composent votre conjoint. Ainsi, vous saurez réellement ce qui se passe dans votre relation de couple.

Lorsqu'on connaît bien ses différentes sous-personnalités, les transformations et les incohérences de la vie à deux n'ont rien de mystérieux. Nous constatons que notre compagnon d'existence n'a pas changé du tout. Ce qui a changé, c'est la sous-personnalité ou les sous-personnalités qui orchestrent ses interactions avec autrui.

COMMENT AVONS-NOUS DÉCOUVERT L'EXISTENCE DE CES MULTIPLES SOUS-PERSONNALITÉS ?

Nous avons découvert l'existence des multiples sous-personnalités de l'être au début des années 1970. Nous nous étions engagés dans une exploration réciproque qui mettait l'accent sur les rêves et l'imagination active. Puis, quelque chose d'extraordinaire s'est produit. Moi, Sidra, je n'oublierai jamais le jour où Hal a exprimé le souhait de converser avec la petite fille que je portais en moi. À cette époque, je ne me serais jamais douté que j'étais porteuse d'une petite fille. À supposer qu'une petite fille ait vécu en moi, il me semblait encore plus improbable qu'elle puisse être sensible ou vulnérable. Aujourd'hui, je souris à la pensée de m'être crue si forte, si raisonnable, et mûre au point de ne pas laisser mes émotions gouverner ma vie, embrouiller mes relations ou faire obstacle à mes ambitions. Si quelqu'un m'avait dit que j'étais une femme sensible, j'en aurais été horrifiée. Pour moi, la sensibilité était synonyme d'irrationalité et de faiblesse. Après tout, je vivais à New York!

Mais j'avais confiance en Hal, et notre quête psycho-spirituelle m'avait jusque-là beaucoup fascinée. Je me suis donc assise par terre et j'ai posé ma tête sur la table à café en m'efforçant de redevenir une petite fille. Ça a marché! À ma grande surprise, j'ai senti qu'une transformation s'opérait en moi et dans tout ce qui m'entourait. Je me suis sentie rapetisser, la pièce s'est agrandie et ma perception des choses a acquis une incroyable acuité. Des émotions et des souvenirs m'ont submergée; je ne voulais ni ne pouvais parler. J'étais une petite fille blottie depuis toujours dans la sécurité d'une grotte. Je ne tenais pas à ce que Hal me parle trop, mais j'aimais qu'il soit là, à mes côtés. C'est ce qu'il a fait, ne s'exprimant que de loin en loin pendant que je demeurais assise, silencieuse la plupart du temps. Des images se bousculaient dans ma tête. J'étais redevenue une petite fille. C'était extraordinaire.

Plus tard, assise dans mon fauteuil, je réintégrai ma peau de femme rationnelle, mais à une différence près: je savais maintenant que la petite fille en moi était indiscutablement réelle, et que j'étais beaucoup plus que la femme mûre et raisonnable que j'avais cru être.

L'importance de l'événement qui venait de se produire nous a frappés. Nous avons reconnu l'existence des sous-personnalités et compris que celles-ci ne sont pas que des concepts théoriques, des «complexes» ou des «schémas de comportement». Ces sous-personnalités, identiques à de vraies personnes, vivent à l'intérieur de nous. Nous avons ensuite fait la connaissance du petit garçon qui vivait en Hal. À compter de ce jour, nous avons conversé avec plusieurs de nos sous-personnalités respectives. Nous avons donné le nom de *dialogue intérieur* à cet échange entre nous et nos sous-personnalités. Cette période de notre vie, pendant laquelle notre quête réciproque nous a permis de nous connaître l'un l'autre en profondeur et d'explorer nos sous-personnalités, a été extrêmement enrichissante.

Les sous-personnalités primaires

Nous avons subdivisé les sous-personnalités en d'autres sous-personnalités primaires et sous-personnalités reniées. Ainsi que vous avez pu le constater, la sous-personnalité primaire de Sidra à cette époque était une New-Yorkaise tout ce qu'il y a de plus correct, raisonnable et rationnelle. Jusqu'à ce qu'elle fasse la connaissance de la petite fille qu'elle portait en elle, elle s'était enorgueillie de renier ses sous-personnalités plus fragiles. La sous-personnalité primaire de Hal dans sa vie de tous les jours était une entité paternelle, sage et responsable. Hal s'était, lui aussi, enorgueilli de renier ses sous-personnalités plus irresponsables et un peu sottes.

Cette distinction est très importante, car tant nos sous-personnalités primaires que nos sous-personnalités reniées exercent une très grande influence sur l'ensemble de nos relations. En fait, les interactions de ces sous-personnalités primaires et reniées sont, dans une large mesure, la cause directe des souffrances et des malentendus qui affectent nos relations avec autrui. Que représentent donc ces sous-personnalités ?

Les sous-personnalités primaires sont les sous-personnalités qui ont pris forme dans le but de nous protéger. Elles sont l'essence même de notre nature, notre manière d'être. Elles sont littéralement la personne que nous croyons être. Leur fonction est d'assurer la survie de notre sensibilité et de notre vulnérabilité innées, et de nous garder des souffrances et de l'échec. Elles se débrouillent pour qu'on nous aime et pour que nous réussissions dans la vie.

Chacun de vous a développé des sous-personnalités distinctes ; celles-ci ont pris forme pour vous aider à composer avec votre propre vie. Ce n'est pas sans motif que vos sous-personnalités primaires sont telles qu'elles sont : elles ont composé du mieux possible avec les circonstances particulières de votre vie. Elles ont subi l'influence de votre code génétique, de vos antécédents familiaux, de votre entourage, de votre rang dans la fratrie, de votre éducation, de votre religion, de votre milieu scolaire et de l'époque à laquelle vous êtes né. Pour ceux que cela intéresse, l'astrologie et le karma ont sans doute aussi contribué au développement de vos sous-personnalités primaires.

Vos sous-personnalités primaires sont ce que vous croyez être. Par exemple, Robert croit être un homme sensé, rationnel et responsable. C'est un comptable âgé de cinquante-huit ans, marié depuis trente-trois ans à Nathalie, son amour de jeunesse, et père de deux fils adultes qui ont réussi. Robert est modéré en tout et planifie rigoureusement toutes ses activités. Il a prévu avec soin l'âge de sa retraite et amassé une pension adéquate. Robert est peu loquace et de tempérament égal. Il réfléchit avant de parler et n'élève jamais la voix. Il est fier de sa rigueur et du fait qu'il ne se laisse pas dominer facilement par ses émotions. Il examine une situation sous toutes ses coutures avant de prendre une décision. Parce que ses parents étaient tous deux émotifs et irresponsables, Robert a pris conscience très jeune de l'imprévisibilité des émotions et des dangers qu'elles comportent. Les disputes violentes et les sautes d'humeur de ses parents lui ont fait éprouver un fort sentiment d'insécurité. Il a donc développé des sous-personnalités primaires qui le rassurent : une sous-personnalité « responsable » et une sous-personnalité « rationnelle (ou sensée) ».

La plupart du temps, les sous-personnalités primaires émergent tôt dans la vie, mais ce n'est pas toujours le cas. Les sous-personnalités primaires de Robert se sont développées très tôt. Il a commencé à « comprendre ce qu'il en était » quand il n'était encore qu'un petit garçon. Mais il se peut bien que *vos* sous-personnalités primaires aient pris forme plus tardivement. Dans votre plus tendre enfance, l'une de vos sous-personnalités primaires était peut-être rêveuse, si bien que vous avez connu de nombreuses heures de bonheur à rêvasser ou à vous amuser seul. Mais les choses ont changé à l'âge scolaire, quand vous avez développé une nouvelle sous-personnalité primaire, ambitieuse celle-là, et que vous avez mis le rêveur au rancart.

Vos sous-personnalités primaires *peuvent* changer au fil du temps, passer, par exemple, de rêveuse à ambitieuse, de « fillette obéissante » à « rebelle », ou encore de dépendante à indépendante. Parfois, elles effectuent des allers et retours, par exemple, de « fillette obéissante » à « rebelle » à « fillette obéissante ».

Un autre aspect intéressant de nos sous-personnalités primaires peut grandement influencer nos relations. *Chez un grand nombre d'individus, des sous-personnalités distinctes se manifestent selon les circonstances.* Vous êtes sans doute au travail une femme d'affaires flegmatique, qui sait ce qu'elle veut, puis vous devenez une petite fille inapte en compagnie de votre mari. De même, votre mari est peut-être un type responsable, serviable et adulte en compagnie de ses voisins, mais à la maison il devient un petit garçon têtu. Il a le temps et la force d'aider votre voisin à réparer sa toiture, mais, chez vous, il ne trouve pas cinq minutes pour changer la rondelle du robinet qui fuit. Ces différentes sous-personnalités se manifestent dans des contextes distincts.

Bien évidemment, de telles transformations déroutent et agacent. « Pourquoi, dites-vous, mon mari ne trouve-t-il jamais le temps de réparer le robinet ? » De son côté, il se demande peut-être pourquoi vous ne parvenez pas à équilibrer le budget à la maison quand cela vous est si facile au bureau. En deux mots : bien qu'il s'agisse d'un seul et même individu, vous avez affaire à différentes sous-personnalités.

Chacune de ces sous-personnalités primaires distinctes domine dans un contexte spécifique. Elles n'en ont pas le choix. Le transfert s'effectue automatiquement. Une première sous-personnalité primaire est au volant de notre voiture psychologique puis, dans un contexte différent, une autre sous-personnalité la remplace. Les changements qui affectent notre comportement deviennent tout à fait compréhensibles dès que nous reconnaissons l'existence de nos sous-personnalités et que nous comprenons leur fonctionnement.

Les sous-personnalités reniées

Revenons à Robert qui, tôt dans la vie, est devenu très raisonnable et sûr de lui. Qu'est-il advenu de ses émotions ? Qu'est-il advenu de ses élans naturels, de ses instincts ? Jugeant ceux-ci trop menaçants, il s'en est débarrassé.

Les sous-personnalités primaires qui dominent notre existence trouvent leur pôle opposé dans les sous-personnalités que nous rejetons ou que nous renions. Dans ses jeunes années, Robert a renié ses émotions et ses instincts naturels, qu'il jugeait menaçants. Ces sous-personnalités appartenaient à ses parents, et il ne souhaitait pas leur ressembler.

La vie nous met en face des côtés de nous-même dont nous cherchons à nous débarrasser : ce sont les personnes qui ressemblent à s'y méprendre à nos sous-personnalités reniées. Il est certain que Robert fera la connaissance d'individus chez qui se manifestent ses sous-personnalités reniées. Chacun de ces individus représentera pour lui un défi. Ou bien Robert se sentira très attiré par eux, ou bien il les fuira, ou encore il éprouvera à leur endroit un mélange égal d'attirance et de répulsion. Il est fort probable que la femme qu'il épousera sera très émotive. Dans le cas contraire, il aura un enfant hypersensible ou un chien nerveux. Si rien de cela ne se produit dans sa vie familiale, il devra affronter au travail un collègue très émotif. *Hal dit depuis toujours que ces sous-personnalités reniées ressemblent à des missiles que l'intelligence universelle lance sur nous : ils ne ratent jamais leur cible.* Nous ne pouvons pas leur échapper. Mais nous nous devons d'apprendre nos leçons et d'intégrer ces sous-personnalités en faisant en sorte qu'elles ne nous affectent pas négativement.

COMMENT PUIS-JE DÉCOUVRIR MES SOUS-PERSONNALITÉS PRIMAIRES ET MES SOUS-PERSONNALITÉS RENIÉES ?

Bizarrement, il n'est pas difficile du tout de découvrir vos sous-personnalités primaires et vos sous-personnalités reniées. Vos sous-personnalités reniées se reflètent dans les caractéristiques que vous dénigrez chez les autres, dans celles que vous portez aux nues, ou dans celles que vous admirez et dénigrez tout à la fois. Ainsi, lorsque vous faites la connaissance d'une personne irritante, il est certain qu'elle est porteuse de votre sous-personnalité reniée. Quand vous aurez su identifier avec précision en quoi elle vous déplaît, vous aurez par le fait même identifié votre sous-personnalité reniée. Trouvez son pôle opposé, et vous aurez trouvé votre sous-personnalité primaire.

Pour voir cela de plus près, nous vous proposons ici de faire un exercice très facile. Avant tout, voici quelques indications utiles. Pour réaliser chacun des exercices décrits dans cet ouvrage, accordez-vous quelques minutes de solitude sans interruption afin de bien peser vos réponses. Dix ou quinze minutes suffisent. Détendez-vous et recentrez-vous en inspirant profondément à quelques reprises. Notez vos pensées par écrit comme elles vous viennent, sans les censurer. Il n'y a pas de bonnes et de mauvaises réponses. Pour plus de facilité, rassemblez tous vos exercices dans un même cahier, une même chemise ou un même dossier d'ordinateur. Vous pourriez aussi entreprendre la rédaction d'un journal consacré à vos relations personnelles et ajouter à vos exercices toute autre remarque pouvant s'appliquer à vos relations présentes ou passées et même les rêves que vous ferez au cours de la lecture de ce livre et pendant que vous réfléchirez à vos relations affectives. Gardez ces documents à l'abri des regards indiscrets afin de penser et d'écrire en toute liberté.

LES SOUS-PERSONNALITÉS RENIÉES – EXERCICE Nº 1

Blâmer la sous-personnalité reniée

Identifiez une personne qui vous irrite – un membre de votre famille, un conjoint présent ou passé, et ainsi de suite –, bref, une personne qui vous inspire des jugements critiques. (Ceci ne devrait pas être trop difficile. Choisissez quelqu'un qui vous agace souverainement, de préférence depuis plusieurs années.) Qu'est-ce qui vous déplaît tant chez cette personne ? En quoi croyez-vous lui être supérieur ? Notez par écrit avec le plus de précision possible l'aspect le plus irritant ou répréhensible de cet individu. Quand vous aurez découvert de quoi il s'agit, vous aurez identifié l'une de vos sous-personnalités reniées. Les reproches que vous adressez à cette personne correspondent à l'une de vos sous-personnalités reniées.

Recherchez maintenant en vous-même la qualité opposée au défaut que vous reprochez à cette personne. Quel genre d'individu êtes-vous ? Quelles qualités possédez-vous dont vous êtes fier ? Notez-les par écrit.

Vous venez d'identifier l'une de vos sous-personnalités primaires et l'une de vos sous-personnalités reniées.

(Vous pouvez refaire cet exercice aussi souvent que vous le souhaitez, afin de découvrir plusieurs autres sous-personnalités primaires et sous-personnalités reniées.)

Supposons que, pour les besoins de cet exercice, vous ayez choisi votre conjoint. Que lui reprochez-vous ? Est-il trop égoïste, trop centré sur lui-même, alors que vous êtes toujours disponible ? La compassion et l'altruisme occupent dans votre vie une place très importante.

Nous pouvons dire que votre sous-personnalité primaire fait de vous une personne responsable et que vous reniez votre côté égoïste et autocomplaisant. Cette sous-personnalité primaire compatissante réagit très négativement aux personnes qui se préoccupent fort peu d'autrui. C'est elle qui blâme votre conjoint et lui reproche son comportement.

Une telle opposition se retrouve fréquemment dans les relations de couple. L'un des partenaires se préoccupe avant tout des besoins de son entourage, tandis que l'autre songe d'abord à ses propres besoins. Qui a raison ? Ni l'un ni l'autre. Aucune sous-personnalité n'est foncièrement bonne ou mauvaise. Chacune apporte sa contribution au scénario relationnel et chaque conjoint peut dispenser à l'autre des leçons valables. L'important est d'apprendre à occuper un juste milieu entre ces deux sous-personnalités opposées et de composer avec chacune différemment.

S'occuper des autres n'est ni bon ni mauvais : cela équivaut tout simplement à s'occuper des autres. Veiller sur soi d'abord et tenir compte avant tout de ses propres besoins n'est ni bon ni mauvais : cela équivaut tout simplement à savoir veiller sur soi.

LES SOUS-PERSONNALITÉS RENIÉES – EXERCICE N° 2

Surestimer autrui

Choisissez maintenant une personne que vous surestimez, quelqu'un qui vous attire, que vous jugez admirable au point de croire que vous êtes une nullité quand vous vous comparez à elle. Cette personne porte aussi en elle l'une de vos sous-personnalités reniées. Soyez précis dans votre description de ses qualités. Par exemple, vous pourriez avoir choisi un ex-amant au sens de l'organisation très poussé, un homme pondéré, calme, en pleine possession de ses moyens. Quand vous avez identifié ces vertus, décrivez-les en détail. Vous avez découvert une autre de vos sous-personnalités reniées, la sous-personnalité « organisée, pondérée, calme, en pleine possession de ses moyens ».

Pour découvrir votre sous-personnalité primaire, cherchez en vous-même le contraire de ces vertus. Quel genre de personne êtes-vous ? En réfléchissant bien, vous constatez que, contrairement à votre ex-amant, vous êtes totalement désorganisée, toujours débordée. Vous venez d'identifier l'une de vos sous-personnalités primaires, qui est désorganisée et toujours débordée.

Ces sous-personnalités reniées que nous surestimons exercent souvent sur nous un pouvoir d'attraction irrésistible ; vivre sans les personnes qui en sont porteuses nous paraît impossible. Pourquoi ? D'un point de vue strictement pratique, nous nous attachons aux personnes qui comblent nos lacunes, qui portent en elles nos sous-personnalités reniées. Supposons, par exemple, que vous rencontriez toujours les attentes de votre entourage en obéissant aux diktats de la société. Vous êtes circonspect, vous vous inquiétez de savoir comment l'on accueillera vos paroles et vos actes. Cela signifie que votre sous-personnalité primaire est stricte et exige de vous un comportement correct et juste. Elle se préoccupe constamment de l'opinion des autres.

Pour cette raison, vous admirez les personnes sûres d'elles-mêmes, les esprits libres qui font fi des qu'en-dira-t-on, notamment la femme avec laquelle vous avez choisi de vivre. Elle se fiche de l'opinion des autres, elle est autonome, elle mène sa barque à sa guise. Elle n'est ni sotte ni antisociale, mais elle est très indépendante. Vous vous sentez en sécurité auprès d'elle. Elle vous rassure ; elle vous aide à moins tenir compte de l'opinion d'autrui et vous pousse à enfreindre les lois sociales. Elle est votre « attraction fatale ». Vous éprouvez un immense besoin d'elle. En son absence, votre vie est bancale.

Quelle devrait être votre attitude ? Devriez-vous être respectueux des règles de la société ou vous en ficher éperdument ? Qui a raison ? Encore une fois, personne n'a raison ou tort. Chacun de vous apporte quelque chose de valable à son conjoint.

LE FONDEMENT DE LA RELATION DE COUPLE : APPRENDRE À COMPOSER AVEC NOS SOUS-PERSONNALITÉS

Nous attirons tout ce que nous renions. Ceci est le fondement même de la relation. On dirait qu'une volonté autonome nous pousse dans une direction précise. Pour certains, ce phénomène est « l'entéléchie », soit le principe psychique qui incite l'être à s'accomplir, à définir tout ce qu'il est en mesure de définir. Cette force résolue devine ce qui nous fait défaut et nous pousse à combler nos lacunes. Bien entendu, nos manques sont ce que nous avons renié. *Si nous envisageons la relation de couple comme le véhicule de notre achèvement, toute personne porteuse de nos sous-personnalités reniées devient pour nous un maître.*

Cet apprentissage a été fascinant pour nous, mais aussi un grand défi, souvent très difficile à relever. Chacun de nous était porteur d'un si grand nombre des sous-personnalités reniées de l'autre que, souvent, nous avons craint pour la survie de notre couple. Hal était un intuitif possédant une vie spirituelle intense ; Sidra était rationnelle et pragmatique. Hal s'intéressait au processus et Sidra à la solution. Hal était un Californien paisible, Sidra une New-Yorkaise typique. Hal était un produit de UCLA et Sidra de Barnard. Hal était dépensier ; Sidra, économe. Hal se vouait à sa mission sur terre et Sidra se dévouait à ses enfants. Hal était introverti et Sidra extravertie. Cette liste n'est pas exhaustive, mais elle couvre déjà un vaste territoire.

Au fil des ans, si nous avons parfois surestimé ces sous-personnalités reniées que nous portions en nous l'un pour l'autre, nous avons plus souvent été enclins à les critiquer et à vouloir les transformer. Tant que nous n'avons pas compris ce principe fondamental de la psyché, nos sous-personnalités reniées ont été nos ennemies et la cause de très grandes souffrances. Le plus souvent, dans une relation de couple, chaque conjoint souffre parce qu'il n'est pas conscient d'héberger les sous-personnalités reniées de l'autre.

Aucune relation de couple n'est à l'abri de ce phénomène. Au début, la sous-personnalité reniée que nous découvrons en notre conjoint est irrésistible, puis, bientôt, elle devient insupportable. Parfois, elle est tout à la fois séduisante et détestable. C'est bouleversant et déroutant, n'est-ce pas ? Mais ainsi va la vie. Nous pensons avoir trouvé une explication à ceci, et nous vous l'offrons sous l'aspect d'une fable intitulée « Le grand ordinateur du ciel ».

Selon nous, l'intelligence universelle a des représentants au paradis. Ces derniers ont pour tâche de nous aider à embrasser les différents aspects qui nous composent pour que nous puissions devenir l'être que nous sommes censés devenir. Ces employés du ciel ont à leur disposition un immense ordinateur qui contient des données sur chaque être humain. Cette base de données comporte une catégorie très spéciale : la liste de toutes les sous-personnalités primaires et de toutes les sous-personnalités reniées de chaque individu. Lorsque les représentants de l'intelligence universelle souhaitent évaluer un individu, ils examinent ses sous-personnalités primaires et lui choisissent un compagnon ou une compagne qui lui permettra de faire la rencontre de ses sous-personnalités reniées.

Par exemple, leur évaluation de Hal a révélé un homme très responsable, porté à la réflexion et à la spiritualité, mais fort peu doué pour les affaires et les questions d'argent. Ses périples étaient avant tout intérieurs et le monde extérieur l'effrayait. L'ordinateur a procédé à ses calculs et à ses analyses habituels, puis il s'est arrêté à Sidra. Hal l'aimera beaucoup, a-t-il conclu, et cet amour lui apportera l'équilibre qui lui manque. Sidra aime voyager ; par conséquent, elle lui fera découvrir des mondes nouveaux, loin de la Californie. Elle a besoin d'une grande sécurité matérielle, si bien qu'elle l'initiera aux mystères de l'argent, de l'épargne et de la planification. Bien entendu, Hal lui sera également très bénéfique. Il lui ouvrira la porte de la spiritualité et de l'interprétation des rêves. Il lui apprendra à respecter le processus au lieu de courir tout de suite à la solution. Ils s'accableront de reproches, ou, au contraire, ils découvriront le sens profond de toute relation, y compris la leur. En quoi consiste ce sens profond ? Il consiste à admettre que toute relation, si on la comprend et si on en fait correctement l'expérience, peut devenir notre maître, notre guérisseur, notre guide.

VOTRE CONJOINT EST VOTRE MAÎTRE

Les personnes qui partagent notre vie et qui portent en elles nos sous-personnalités reniées sont nos maîtres. Quand nous avons pris conscience de ce fait, nous posons sur la vie et sur nos relations un regard différent. Ceci vaut non seulement pour notre vie de couple mais pour toutes nos relations, bien que la relation d'intimité que nous avons avec notre conjoint porte le plus lourd fardeau. Examinons un peu ce phénomène en nous référant à certaines des sous-personnalités auxquelles s'est arrêté le grand ordinateur du ciel dans les paragraphes qui précèdent.

Au début de notre mariage, Hal avait quelques dettes à régler. Depuis plusieurs années, il accordait généreusement son soutien au Center for the Healing Arts, car il était convaincu de la très grande importance d'une approche holiste dans le processus de guérison. Pour ce faire, il avait dû emprunter de l'argent. Contrairement à lui, Sidra s'était toujours montrée très circonspecte et économe, n'achetant rien à crédit (pas même une voiture). Elle vivait en deçà de ses moyens et possédait une maison d'une certaine valeur.

Un soir, au dîner, Hal suggéra à Sidra de prendre une deuxième hypothèque sur sa maison afin de l'aider à rembourser ses dettes. Deux martinis lui ayant délié la langue, Sidra (qui, d'habitude, fait preuve d'un peu plus de tact) répliqua : « Jamais de la vie ! Te donner de l'argent, c'est le jeter par les fenêtres ! » Elle éclata de rire. Voilà à quoi ressemble une sous-personnalité primaire lorsqu'elle se sent menacée. Le « dépensier » Hal venait de terroriser la « parcimonieuse » Sidra ; cette dernière ne voulait pas se séparer de son argent, même au risque de détruire sa vie de couple.

Nous étions placés devant une alternative. Nous pouvions devenir des ennemis : Hal aurait reproché à Sidra d'être sans cœur, avaricieuse et égoïste, et Sidra aurait reproché à Hal d'être dépensier, dépourvu de jugement et de discipline. Chacun de nous aurait trouvé des alliés parmi nos amis et les membres de nos familles ; chaque clan aurait entériné notre point de vue respectif. Nous nous serions déclaré la guerre.

Au lieu de cela, nous avons vu les leçons qu'il y avait à tirer de cette situation. Hal se mit à mieux gérer ses finances personnelles. Il trouva un maître en Sidra. Il ne perdit jamais sa générosité naturelle, mais il apprit à réfléchir avant de dépenser. Pour sa part, Sidra apprit à être moins grippe-sou. Nous nous amusions beaucoup à la décrire, ouvrant un minuscule porte-monnaie pour distribuer quelques piécettes... Sans pour autant se dissocier de sa sous-personnalité primaire – la parcimonieuse femme au foyer –, Sidra apprit à dépenser de l'argent non seulement pour l'essentiel, mais aussi pour un peu du superflu. Elle intégra la générosité et l'aisance de Hal, et sa vie fut beaucoup plus agréable.

Chacun de nous a donc appris à occuper le juste milieu entre deux personnalités opposées. Nous étions conscients de la sous-personnalité dépensière mais aussi de la sous-personnalité économe. Cet exemple, tiré de notre propre expérience, est clair et typique de l'apprentissage que la vie nous impose par le biais de notre relation de couple.

Ces différences en apparence irréconciliables, ces obstacles que nous présentent nos sous-personnalités reniées lorsqu'elles nous renvoient notre propre image, sont d'importantes occasions de développement personnel. Nos sous-personnalités primaires n'aiment pas le reflet qu'elles voient dans la glace ; mais lorsque nous prenons du recul vis-à-vis d'elles, un univers nouveau s'ouvre à nous. Nous reconnaissons l'importance des sous-personnalités qu'héberge notre conjoint ; nous prenons conscience de nos lacunes et nous sommes capables d'y remédier.

En reprenant possession de nos sous-personnalités reniées sans pour autant renoncer à nos sous-personnalités primaires, nous reprenons possession de notre vie de couple. Le conjoint qui nous était devenu insupportable il y a peu (trop frugal, trop irresponsable, etc.) reprend du lustre, et sa présence à nos côtés nous ravit.

COMMENT ASSIMILER LES LEÇONS QUE PEUT M'APPRENDRE MA VIE DE COUPLE ?

Ce n'est pas aussi difficile qu'il n'y paraît. D'abord, apprenez à vous voir et à voir votre relation de couple d'un autre œil. *Songez aux multiples sous-personnalités que vous et votre conjoint portez en vous-mêmes, et observez leur comportement. Cela seul pourrait suffire à vous faire envisager différemment votre relation de couple et à vous aider à la transformer en partenariat de coentreprise.*

Aujourd'hui, par exemple, votre partenaire vous agace au plus haut point. Hier soir, quand vous étiez tous les deux détendus, vous l'aimiez beaucoup, mais ce matin il vous enrage avec sa façon de siroter lentement son café. Il est oisif, tandis que vous avez un million de choses à faire et que vous manquez de temps pour en venir à bout. Vous feuilletez votre agenda : que des rendez-vous et des listes. Vous posez sur votre conjoint un regard rageur et vous souhaitez secrètement qu'il se lève et qu'il cesse de se tourner les pouces.

Vous avez le choix : travailler très fort et enrager de plus en plus à force de voir votre conjoint perdre son temps, ou encore prendre du recul et vous dire : « Est-ce cela dont il est question dans le livre que je suis en train de lire ? Suis-je en train de critiquer mon mari et de me fâcher avec lui ? Se pourrait-il que j'aie sous les yeux ma sous-personnalité reniée ? Quelle leçon puis-je tirer de tout ceci ? »

Nous vous conseillons la seconde option. Après tout, pourquoi courir après le malheur ? Pourquoi vous débarrasser d'un conjoint idéal parce qu'il sait goûter pleinement le plaisir matinal d'une bonne tasse de café ? Et puis, ne serait-ce pas bien si vous appreniez vous aussi à ralentir votre rythme ?

Si votre conjoint porte en lui votre sous-personnalité reniée – ce qui est le cas, soyez-en sûr –, vous disposez d'un indice pour découvrir quelle sous-personnalité domine votre existence. Nous avons qualifié cette sous-personnalité de « fonceuse ». La sous-personnalité fonceuse est très en vogue, surtout chez les personnes prospères. Le fonceur sait remplir son agenda, préparer des listes de choses à faire et venir à bout de tout. C'est du reste tout ce qu'il sait faire, et il le fait bien. L'ennui est que le fonceur ne sait pas s'arrêter ; il pousse toujours de l'avant ; il accélère, au contraire de votre conjoint qui est plus détendu et dont la sous-personnalité obéit à cette loi fondamentale : « Jouis de la vie, il est plus tard que tu ne penses. »

Quand vous aurez assimilé ce principe, vous aurez fait beaucoup de progrès. Vous disposerez d'une image précise de votre propre fonceur intérieur (qui est beaucoup plus exigeant que les bourreaux de travail de la vie courante) et vous vous en dissocierez. La vie vous semblera aussitôt plus facile, vous vous sentirez moins harcelé et moins irritable.

Vous pouvez maintenant choisir quel comportement adopter. Vous pouvez même vous offrir une bonne tasse de café en compagnie de votre conjoint avant d'entreprendre votre journée de travail. En d'autres termes, vous vous êtes réellement dissocié de votre sous-personnalité primaire fonceuse et vous avez commencé à vous identifier à la sous-personnalité détendue que porte votre conjoint. Cela signifie qu'en entreprenant vos tâches de la journée, *vous* vous mettrez à l'œuvre, en lieu et place de votre fonceur intérieur.

Quel changement ! En vous dissociant de votre sous-personnalité primaire fonceuse, vous envisagez la vie d'une façon qui vous est propre. L'existence n'est plus une suite ininterrompue de tâches pressantes et de responsabilités. Votre conjoint ne vous agace plus comme auparavant, quand votre fonceur intérieur évaluait son comportement. Ce conjoint qui, tout à l'heure, était pour vous l'être le plus fainéant de la terre ressemble de plus en plus à un être humain équilibré et… attirant.

Vous venez de voir comment il est possible de recourir aux reproches que nous adressons à notre conjoint et aux reproches que notre conjoint nous adresse pour nous aider à mettre au jour nos sous-personnalités reniées, c'est-à-dire les pièces manquantes de notre personnalité totale. *Ce que nous reprochons à autrui, ce sont nos sous-personnalités reniées. Quand nous prenons conscience de ce fait, nous nous évitons à tous deux beaucoup de souffrance.* Malheureusement (pour ceux d'entre nous qui aiment dominer), nous cessons d'éprouver un agréable sentiment de supériorité morale.

Il n'est pas dans nos intentions de minimiser le malaise que ces jugements critiques peuvent créer. Critiquer notre conjoint, être critiqué par lui n'a rien de bien agréable et peut parfois devenir extrêmement douloureux et dévastateur. Certains jours, ces jugements critiques peuvent nuire irrémédiablement à une relation de couple.

Toutefois, les reproches que nous adressons à autrui contiennent aussi une mine de renseignements utiles. Lorsque votre conjoint vous semble paresseux et que vous vous en irritez, sachez que vous êtes la proie de votre fonceur intérieur. Quand votre conjoint vous semble distant, vous êtes sous le joug de votre protecteur et vous manifestez sans doute beaucoup trop d'affection. De la même façon, les reproches que votre conjoint vous adresse comportent des leçons et des messages. Quand vous cédez à l'influence de votre protecteur, votre conjoint vous reproche de trop vous dépenser pour les autres. Quand domine votre fonceur, il vous reproche de trop travailler ou d'avoir trop d'ambition.

EN MARCHANT À CLOCHE-PIED, ON RISQUE LA CHUTE – FAITES LA CONNAISSANCE DE VOTRE MOI CONSCIENT

Vivre dans la peau d'une sous-personnalité, c'est vivre à cloche-pied, sans béquille. Imaginez : votre équilibre est précaire ; vous pourriez tomber facilement. Cet état de choses complique les relations de couple. En revanche, si vous occupez le juste milieu entre deux sous-personnalités opposées, par exemple, le dépensier et l'économe, vous avez les deux pieds bien chevillés au sol et vous ne risquez pas de trébucher. Voyons comment.

Bernard, l'aîné d'une famille de trois enfants, est responsable, attentionné et très gentil. Il est aussi très beau garçon, intelligent et il excelle au football, mais cela n'a rien à voir avec ses sous-personnalités primaires. Bien qu'âgé de vingt-neuf ans à peine, Bernard jouit du respect de ses collègues et on lui a offert de devenir associé dans la firme de comptables qui l'emploie. Tous se reposent sur lui, y compris ses parents. Bernard est un type très habile de ses mains. Il peut réparer n'importe quoi en plus d'être un crack de l'informatique.

Bernard a épousé Anne, une délicieuse jeune femme de vingt-cinq ans. Elle est illustratrice d'albums pour enfants. Fille unique, elle a été gâtée par ses parents. Ceux-ci l'ont fortement encouragée à s'exprimer dans la vie et ils ont tout fait pour développer sa créativité. Ils ont été peu exigeants envers elle et la déchargeaient volontiers des besognes les moins agréables, si bien qu'Anne se soucie peu de ses responsabilités, de ses finances ou de son avenir. Elle est créatrice, spontanée et souvent très amusante. Puisqu'elle s'inquiète peu des conséquences de ses actes, elle n'hésite pas à prendre des risques. La sous-personnalité primaire d'Anne est un esprit libre qui ne se préoccupe guère de l'avenir et qui se soucie assez peu des besoins ou des attentes des personnes de son entourage.

La sous-personnalité primaire de Bernard est, au contraire, éminemment responsable et très altruiste. Si on a besoin de lui, il se dévoue sans hésiter. Il est toujours disponible et généreux de ses conseils, de son temps et même de son argent si nécessaire. Il est l'épaule sur laquelle tous s'appuient. Même si Bernard semble courageux et fort, il traverse la vie à cloche-pied, le pied du père responsable, et, pour cette raison, il est au fond plutôt instable. Pour le déséquilibrer, il suffit à Anne de le taxer d'égoïsme. Elle dira, par exemple : « Tu ne penses jamais aux autres, seulement à toi. » Ceci le bouleverse, car sa sous-personnalité primaire lui commande de prendre les autres sous son aile, y compris les membres de sa famille, et il est persuadé d'y parvenir très bien.

Bernard ne serait pas plus solide sur ses pattes s'il devenait plus égoïste et autocomplaisant, comme il arrive souvent lorsqu'un individu se rebelle contre sa nature. Il sautillerait d'un pied sur l'autre. Au lieu d'être toujours disponible, sa nouvelle sous-personnalité primaire serait égoïste, elle passerait en premier et opposerait sans cesse des refus à autrui.

Si Bernard ne vivait ni comme un père responsable ni comme un homme égoïste, il occuperait le juste milieu entre ces deux pôles opposés. Il serait en mesure de choisir d'aider ou non ceux qui ont besoin de lui, et d'assumer son rôle de père responsable en même temps que de voir à ses propres besoins. Il saurait doser son altruisme et sa générosité. Il aurait les deux pieds bien ancrés au sol et il assumerait pleinement les deux pôles opposés de sa personnalité.

Qui, exactement, est le Bernard capable d'atteindre cet équilibre ? Ce n'est pas le Bernard responsable à l'excès, car celui-ci s'identifiait totalement à sa sous-personnalité primaire qui prenait *automatiquement* toutes ses décisions à sa place. Le nouveau Bernard est motivé par son *moi conscient*. Ce moi conscient a appris à occuper le juste milieu entre deux oppositions. En développant son moi conscient, Bernard est parvenu à occuper le juste milieu entre sa nature responsable et sa nature égoïste, il peut choisir librement ce qui lui convient et ce qui ne lui convient pas. (Pour de plus amples détails sur le moi conscient, voir la bibliographie en fin de volume.)

Le moi conscient est extrêmement important. Vivre en fonction du moi conscient signifie que l'on s'est dissocié d'une sous-personnalité primaire et que l'on a élargi ses horizons en accédant à ses sous-personnalités reniées. La sous-personnalité primaire ne nous impose plus sa loi, mais nous permet encore d'avoir accès à ses idées et à ses points de vue. On dispose ainsi d'une vaste somme d'information et l'on est libre de prendre des décisions plus créatrices et productives. Comme Bernard, on peut exercer son libre arbitre et on est moins facilement déstabilisé par les reproches qui nous sont adressés ou par notre propre autocritique. En conclusion, nos interactions avec autrui sont tout à fait renouvelées.

Le libre arbitre n'existe pas tant qu'on n'a pas appris à développer un moi conscient apte à se situer fermement entre deux pôles opposés. Il s'agit d'un processus, car le moi conscient n'est pas statique ; il évolue et se transforme sans cesse. C'est lorsqu'on a développé ce moi conscient qu'on devient apte à choisir entre deux pôles opposés, quels qu'ils soient. Maintenant que Bernard occupe ce juste milieu, il a le choix d'être ou de ne pas être généreux selon les circonstances. En tant que père responsable, il doit se montrer altruiste quelles que soient les conséquences de sa générosité sur son bien-être psychique, physique ou financier. En tant qu'être égoïste, il est insensible aux besoins d'autrui et pense à lui avant tout. Chaque sous-personnalité transmet des informations à Bernard, qui peut ensuite les analyser et effectuer des choix éclairés.

Les jugements qu'Anne porte sur un Bernard bien ancré au sol ne peuvent pas facilement le déséquilibrer. Maintenant, lorsqu'elle affirme : « Tu ne penses jamais aux autres, tu ne penses qu'à toi », il sait que c'est faux. Certes, il lui arrive de penser d'abord à lui-même, comme maintenant, mais en d'autres occasions, il place les besoins de son entourage avant les siens. Tout dépend des circonstances. Il peut prêter une oreille attentive aux propos d'Anne sans pour autant perdre l'équilibre, car aucune loi intérieure ne lui impose un comportement spécifique. Il est stable et rien ne le bouleverse. Une dispute majeure vient d'être évitée. La relation d'Anne et de Bernard a subi une importante transformation ; elle est plus équilibrée et plus confiante.

Comment le déséquilibre peut miner une relation de couple

Lorsqu'on se tient sur un seul pied, celui de notre sous-personnalité primaire, on perd facilement l'équilibre. Quand on perd l'équilibre – et le sens de l'humour –, c'est que l'on est tiraillé entre une sous-personnalité primaire et une sous-personnalité reniée qui dominent notre relation de couple. Ceci ne signifie nullement que notre relation est un échec, mais qu'un indice attend qu'on remarque sa présence. À quoi ressemble cet indice ?

Marc et Suzanne sont mariés depuis quinze ans. Ils se sont beaucoup dépensés depuis dix ans pour assurer la réussite de leur restaurant où Marc est un chef inspiré et créateur et Suzanne une hôtesse attentive et charmante. Puisqu'ils n'ont pas d'enfants, leur restaurant est leur principale création commune. Ils sont d'excellents associés, mais depuis peu, ils ont commencé à investir leur argent dans les marchés boursiers. Le déséquilibre menace leur vie de couple, car dès qu'ils discutent de stratégies d'investissement, leurs sous-personnalités primaires respectives occupent le premier plan.

Suzanne est craintive et n'aime pas prendre des risques. Marc est, au contraire, un homme impulsif. Il prend des décisions rapides et il n'est pas réfractaire au risque. Dans la poursuite de leurs carrières de restaurateurs, ces styles opposés se complétaient : Marc développait de nouvelles idées que Suzanne mettait lentement et méthodiquement en œuvre. Mais la Bourse, c'est une autre paire de manches. Marc a entendu parler d'une nouvelle émission d'actions fort prometteuses, et il est disposé à agir tout de suite afin de profiter de cette occasion. Suzanne, au contraire, appréhende de voir ainsi se volatiliser leurs ressources rudement gagnées ; elle veut prendre son temps et bien analyser la situation avant de prendre une décision.

Lorsqu'elle chancelle ainsi, Suzanne blâme Marc pour son impulsivité. Si le jugement de Suzanne a pour effet de déstabiliser Marc à son tour, il peut réagir de deux façons : il se fâche et multiplie les reproches, ou bien il se replie sur lui-même en se prenant pour une victime. Quelle que soit son attitude, elle lui attirera des ennuis. Supposons un moment que Marc a fait son travail et qu'il est conscient tout autant de son côté impulsif que de son côté circonspect. Il occupe fermement le juste milieu entre deux pôles opposés et son comportement lui est dicté par son nouveau moi conscient. Que se passe-t-il ensuite ? Il ne trébuche pas. Il peut accueillir les reproches de Suzanne et y réagir d'une tout autre façon. Rien ne l'oblige à attaquer ou à se retirer la mine basse. Les reproches de Suzanne sont pour lui davantage un commentaire, une opinion, qu'une attaque en règle, si bien qu'il est en mesure d'y réagir d'une manière plus appropriée et plus déterminée.

Ici, personne n'a raison ou tort. Suzanne chancelle et exprime son déséquilibre en portant un jugement critique. Elle doit apprendre à formuler ses appréhensions tout en acceptant la présence, en elle, d'un côté impulsif et d'un côté circonspect. Si elle y parvient, elle sera moins encline à blâmer Marc et elle tolérera plus facilement son comportement.

Chacun des deux conjoints fait face à un écueil. Marc doit apprendre à se dissocier de son côté impulsif et à faire preuve d'un peu plus de prudence. Suzanne doit apprendre à se dissocier de son côté prudent et à accroître sa tolérance au risque. Dans les deux cas, ils se servent de leur sens critique pour identifier leurs lacunes et les combler. Chacun d'eux possède le remède aux maux de l'autre. *Lorsqu'ils admettent que leurs différences sont inhérentes à leur coentreprise, la nature même de leur relation de couple en est transformée. D'adversaires, ils deviennent des associés.* Est-ce que cela ne marque pas un important progrès ?

Qu'est-ce que la polarisation ?

Que se passera-t-il s'ils ne prennent pas de telles mesures et qu'ils permettent à leur déséquilibre de se perpétuer ? Si Marc et Suzanne n'envisagent pas leurs différences comme un défi à relever et un apprentissage, leurs sous-personnalités primaires et reniées en viendront à occuper beaucoup trop de place et elles s'enliseront dans leurs comportements routiniers. Le processus s'intensifiera, un peu comme une voiture dont les freins ont flanché et qui dévale une pente à toute vitesse. Les conjoints, maintenant ennemis, défendront leurs positions respectives et multiplieront les reproches. Voilà en quoi consiste la *polarisation.* Suzanne devient de plus en plus prudente, et Marc de plus en plus impulsif. Chacun d'eux accumule les reproches et, pour finir, ils ne se tolèrent plus.

Dans une relation de couple, plusieurs appariements des sous-personnalités primaires et reniées subissent les effets de cette polarisation. Les plus connus sont ceux qu'a décrits John Gray dans son ouvrage *Les hommes viennent de Mars, les femmes de Vénus.* Gray examine plusieurs paires de sous-personnalités primaires fondées sur le sexe : les hommes sont impersonnels, rationnels et introvertis, les femmes sont personnelles, émotives et extraverties. Bien que ces différences méritent d'être accueillies avec respect, nous croyons chaque membre d'un couple apte à renseigner l'autre sur les sous-personnalités reniées que ses sous-personnalités primaires mettent au jour chez son conjoint.

Certaines des autres particularités qui tendent vers la polarisation dans un couple sont les suivantes : responsable/irresponsable ; fonceur/détendu ; organisé/désorganisé ; actif/passif ; capable de tracer des limites/incapable de tracer des limites ; extraverti/introverti ; dépensier/économe ; soucieux des qu'en-dira-t-on/indifférent à l'opinion des autres ; respectueux des règles/rebelle. N'importe quel ensemble de sous-personnalités opposées peut se polariser dans une relation. Voyons-en quelques autres exemples.

Vous avez sûrement constaté que certaines personnes vous poussent à les prendre sous votre aile. Plus vous êtes responsable, moins elles le sont. Les enfants sont passés maîtres dans cet art. Vous vous chargez de leurs travaux scolaires, de leur santé, de leur aptitude à la réussite. Plus vous assumez leurs responsabilités, plus ils vous en confient. Plus vous êtes responsable, moins ils ressentent le besoin de l'être. Votre sous-personnalité primaire est « responsable », la leur est « irresponsable ».

Ce phénomène se produit également en milieu de travail dès l'instant où une tâche doit être accomplie. À l'occasion d'un de nos ateliers, nous avons fait la connaissance d'Édouard, un chirurgien célibataire et dur à la tâche que de nombreuses femmes ont tenté de conquérir sans qu'aucune rencontre ses critères de perfection. L'attitude primaire d'Édouard en était une de compétence compulsive et d'autorité. Selon lui, la meilleure façon pour que les choses soient faites correctement était de les faire lui-même. Il mettait ce principe en pratique.

Édouard avait beau vouloir tout diriger par lui-même, il ne pouvait pas gérer seul son bureau. Sur une période de six mois, il avait engagé puis congédié pas moins de six infirmières en accusant chacune d'incompétence. La sous-personnalité autoritaire d'Édouard dirigeait son bureau et reprochait aux infirmières qui venaient travailler pour lui de mal faire leur travail. Plus il se montrait compétent et autoritaire, plus ses employées étaient maladroites et difficiles à dominer. Les différences de tempérament entre le patron et ses employées s'intensifiaient chaque jour et leur polarisation s'accentuait.

Ces polarités se retrouvent partout, mais elles sont particulièrement notables (et embêtantes) dans les relations parents-enfants. Un parent soigné aura au moins un enfant négligent. La négligence de ce dernier aura tendance à s'accentuer à mesure que le parent soigné s'en formalisera. Bizarrement, lorsque cet enfant volera de ses propres ailes, il développera un sens de l'ordre tout à fait inédit, car personne ne sera plus là pour susciter son antagonisme.

Voyons comment les choses se passent au sein d'une fratrie. On dit souvent que frères et sœurs se partagent le gâteau des sous-personnalités primaires. Chacun en prend un morceau, se persuade d'avoir choisi la meilleure part et dénigre les portions de ses frères et sœurs. Par exemple, le frère aîné est ambitieux dans ses études et il remporte tous les honneurs, tandis que les résultats scolaires du frère cadet laissent à désirer. Plus l'aîné réussit, plus le cadet échoue, au point qu'il est difficile de croire que les deux frères font partie de la même famille et qu'ils ont été dotés à la naissance d'une intelligence égale. Deux sœurs se polarisent en raison de leur apparence physique : l'aînée se préoccupe beaucoup de son apparence, tandis que la cadette s'en fiche complètement. Plus l'aînée devient pointilleuse, plus sa cadette la jugera superficielle et moins elle se préoccupera de son apparence extérieure.

Aucune relation personnelle ou professionnelle n'est à l'abri de ces polarisations, et les jugements critiques auxquels elles donnent lieu sont causes de malaises et de déséquilibres profonds. Toutefois, ainsi que nous l'avons démontré, nos jugements critiques et les déséquilibres qu'ils entraînent ont beaucoup de leçons à nous transmettre. Ils mettent en lumière nos sous-personnalités reniées.

Quelles leçons pouvons-nous tirer de l'autocritique ?

L'autocritique peut nous déstabiliser tout autant que les reproches qui nous sont adressés et ceux que nous adressons à autrui. Lorsque vous vous identifiez à une sous-personnalité primaire, vous vous sentez obligé d'obéir aux lois de cette sous-personnalité. Si vous enfreignez ces lois, votre critique intérieur les fait valoir et il vous attaque. Dès qu'il a la main haute, il tend à investir les territoires adjacents en ne ménageant jamais ses reproches. Il vous faut du temps pour échapper à ses commentaires dérogatoires sur votre nature, votre apparence et votre comportement.

Sachez ceci une fois pour toutes : votre déséquilibre commence dès la première victoire du critique intérieur. (Pour de plus amples informations sur le critique intérieur, procurez-vous notre ouvrage intitulé *Votre critique intérieur : ennemi ou allié ? Faites-en un atout créatif.*) Votre meilleure arme consiste à vous distancer des lois de la sous-personnalité primaire et à occuper le juste milieu entre ces deux pôles opposés. Que voulons-nous dire ?

Examinons le cas de Sophie. Sophie est une femme de soixante ans qui vit avec Anne, sa conjointe depuis plus de trente ans. Avec leurs cinq chats et leurs deux lamas, elles habitent une magnifique ferme rénovée du Vermont. Anne et Sophie sont toutes deux des écrivains pigistes qui ont réussi. De par son éducation familiale, Sophie accorde une grande importance à la perfection ; par conséquent, sa sous-personnalité primaire est perfectionniste. (Après tout, ce perfectionnisme a permis à Sophie de s'intégrer tout naturellement à sa famille.) Elle adhère au principe fondamental suivant : « Si cela mérite d'être fait, cela mérite d'être fait à la perfection. » Nous n'avons rien contre le souci de bien faire les choses. Mais il est évident qu'un tel principe ouvre la porte à l'autocritique. Car, au fond, qui est parfait ? Notre critique intérieur a la réputation de souligner nos « erreurs » et nos « échecs ». Puisque Sophie possède une sous-personnalité primaire perfectionniste, celle-ci la pousse à se comporter à la perfection dans toutes ses relations. Elle n'a jamais le droit de provoquer des problèmes et elle ne doit jamais, au grand jamais, « se tromper ».

Si, en faisant les courses, Sophie achète par erreur de la nourriture pour chiens au lieu de nourriture pour chats, elle pourrait tout simplement retourner le sac de nourriture pour chiens au magasin et le remplacer par un sac de nourriture pour chats. Mais lorsque la perfectionniste domine (en précédant de peu le critique intérieur), ce qui n'était qu'une distraction devient une erreur monumentale. Sophie en est déstabilisée et elle s'accuse : « Comment ai-je pu être aussi stupide ? »

Lorsque Sophie s'aperçoit que sa sous-personnalité perfectionniste la domine et qu'elle prend ses distances, elle a plusieurs options à sa disposition ; mais lorsque sa sous-personnalité perfectionniste prend le volant de sa voiture psychologique, Sophie n'a aucun choix ; elle doit tout faire à la perfection et s'assurer qu'aucun remous ne vient perturber ses relations. Si Sophie se prenait en main, elle réévaluerait ses priorités. Elle aurait le droit de se tromper. Elle pourrait acheter de la nourriture pour chiens au lieu d'acheter de la nourriture pour chats, sans que cela devienne une catastrophe nationale.

Sophie pourrait en outre ne plus se sentir contrainte de tout faire à la perfection. Elle ferait de son mieux en sachant que cela suffit. Elle pourrait même communiquer avec celles de ses sous-personnalités reniées qui se moquent de la perfection et qui préfèrent travailler vite plutôt que bien. Ces dernières se fichent de l'opinion des autres, elles n'appréhendent pas les critiques, elles aiment se détendre, paresser au soleil et se tourner les pouces.

Sophie vivrait ainsi sa vie en embrassant du même coup la perfectionniste et l'esprit libre qui aime se dorer au soleil et qui n'a rien à faire de la perfection. Elle pourrait choisir les moments où être perfectionniste. Sa vie serait beaucoup plus agréable.

Que se passerait-il si aucune loi n'obligeait Sophie à tout accomplir à la perfection ? Son critique intérieur la blâmerait beaucoup moins souvent !

En quoi tout ceci concerne-t-il Sophie et sa conjointe ? Dans le passé, lorsque Anne reprochait à Sophie de « s'être trompée », Sophie en était bouleversée, car son critique intérieur entérinait le reproche d'Anne. Elle essuyait donc les blâmes de deux personnes. Mais aussitôt que Sophie s'affranchit de la règle qui lui interdit toute erreur, les reproches de sa conjointe ne la troublent plus. Elle ne ressent plus le besoin de se défendre et elle ne se fustige plus d'avoir été « aussi stupide ». Elle peut prêter une oreille attentive aux reproches qu'on lui adresse et y réfléchir, mais elle n'en est plus blessée. La conjointe de Sophie ne peut plus la manipuler. Elle peut maintenant acheter de la nourriture pour canaris au lieu de nourriture pour chats, et c'est sans importance. C'est à cause de son perfectionnisme que Sophie se sentait fréquemment si troublée.

Cet exemple montre bien comment la déstabilisation de Sophie lui a permis de développer une tout autre attitude devant la vie en lui permettant de découvrir les lois sous-jacentes qui gouvernaient son existence et, par la suite, de mettre au jour la sous-personnalité qui les avait formulées. Elle a ainsi été en mesure de se distancer de son perfectionnisme et d'opter pour un comportement nouveau et très stimulant.

Vous avez maintenant une idée claire de la façon dont les sous-personnalités opposées s'attirent et se repoussent, et des leçons que vous pouvez en tirer. Si vous reconnaissez la nature des bienfaits que vos sous-personnalités vous procurent et procurent à vos relations, votre partenaire dans la vie cesse d'être un adversaire pour devenir un maître. Il importe de ne pas perdre de vue que toute sous-personnalité reniée est un missile que Dieu (ou l'univers) lance sur nous. Sachant cela, si nous apprenons à nous en amuser au lieu de le maudire, nous danserons au lieu de souffrir sous la torture. Passons maintenant à la prochaine étape, et examinons de plus près les interactions de nos sous-personnalités dans nos relations personnelles.

CHAPITRE 3

LA CARTOGRAPHIE DU COUPLE : LES STRUCTURES DE NOS RELATIONS PERSONNELLES

L'important n'est pas ce qui est dit, mais qui le dit.

Peu après notre mariage, nous avons fait une importante découverte. Nous avons constaté qu'en dépit de notre dévotion l'un pour l'autre, et en dépit d'une expérience de plusieurs années dans le domaine de la psychologie, nous retombions dans les vieux schémas de comportement qui avaient affecté nos mariages précédents. Il fallait que cela cesse. Nous étions bien décidés à mettre le doigt sur la plaie, bien décidés à ce que les rapports que nous avions avant de nous marier ne se détériorent pas.

Nous avons analysé chacune de nos interactions. Nous connaissions déjà l'existence des sous-personnalités multiples. Nous connaissions aussi l'existence des sous-personnalités primaires et reniées et le processus de polarisation toujours plus accentué qui les affectait. Le moment était venu pour nous d'examiner de près les interactions des différentes sous-personnalités dans la vie du couple.

Nous avons constaté que le « nous » qui nous unissait commençait à nous échapper, qu'une autre entité s'était fait jour et avait pris le dessus. Nous savions également que c'était là un phénomène normal. Nous en avions été témoins dans nos relations précédentes et chez bon nombre d'autres couples.

Nous désirions savoir si le chaos apparent et le malaise dont nous faisions l'expérience obéissaient à un schéma récurrent. À l'examen, nous avons constaté qu'un scénario élémentaire sous-tendait toutes nos interactions. Ce scénario était en fait si simple que nous avons tout d'abord douté de son universalité. Mais chaque fois que nous nous penchions sur nos interactions, il se manifestait.

Les leçons que nous avons puisées dans ce « scénario relationnel », ainsi que nous l'appelons, figurent parmi les plus importantes et les plus libératrices de toutes. Elles ont toujours été d'un grand poids pour nous et pour tous les individus qui nous ont accordé le privilège d'accéder à leur vie personnelle. (Pour un examen plus en profondeur des scénarios relationnels, procurez-vous notre ouvrage intitulé *Les relations, source de croissance.*)

Les personnes qui parviennent à connaître leurs scénarios relationnels apprennent à s'en distancer au lieu de s'éloigner de leur compagnon d'existence. En fait, ces scénarios contribuent à enrichir la vie du couple, car ils facilitent notre évolution. Quand nous ignorons tout de nos scénarios relationnels négatifs, nous supposons que d'irrémédiables imperfections entachent (1) notre conjoint, (2) nous-même, (3) les hommes et les femmes en général et, enfin, (4) toutes nos relations affectives.

LES SCÉNARIOS RELATIONNELS

L'expression « scénario relationnel » nous a été inspirée par l'attachement entre parent et enfant, qui est un réflexe nourricier naturel : nous nous attachons l'un à l'autre comme le parent s'attache à l'enfant et l'enfant au parent. Lorsque cette union ne se concrétise pas à la naissance, le nourrisson risque tout simplement de mourir de faim. C'est fondamental !

Tout au long de leur vie, les individus s'appuient sur ces scénarios relationnels pour structurer leurs interactions avec autrui lorsque leurs *sous-personnalités*, et non pas leur *personnalité totale,* gouvernent ces interactions. Si les individus étaient des ordinateurs, nous dirions que leurs relations humaines dépendent de leurs réglages de départ. *Les scénarios relationnels n'ont rien d'anormal, et nous leur serons toujours subordonnés.* Cependant, nous pouvons puiser dans les différentes structures de ces scénarios un enseignement aussi important que celui que nous dispensent les interactions de nos sous-personnalités primaires et de nos sous-personnalités reniées.

Le scénario relationnel est le développement, entre deux individus, d'une relation de type parent/enfant. Différentes sous-personnalités s'emparent de la psyché et s'expriment en son nom. Dans l'exemple qui suit, l'interaction a lieu entre le côté enfant d'Anne et le côté parental de Bernard. Pour tout dire, Anne et Bernard eux-mêmes cessent d'exister, leurs interactions étant dorénavant assumées par ces deux sous-personnalités. Voyons comment se structure le scénario relationnel chez ces deux êtres.

Parce que ses illustrations ont contribué au succès commercial d'un livre, Anne a bénéficié d'une petite augmentation de salaire. En route vers la maison, elle songe à ce qu'elle souhaite faire de cet argent et s'imagine au volant d'une nouvelle voiture. À son arrivée chez elle, elle a déjà décidé de se procurer un Jeep Cherokee flambant neuf.

Anne n'ayant jamais eu la bosse des finances, Bernard s'occupe depuis toujours de budgéter leurs acquisitions. Mais cette fois, l'enthousiasme d'Anne à l'idée d'acheter un véhicule neuf déteint sur Bernard. Il pose sur sa femme un regard tendrement affectueux : elle ressemble à une petite fille le matin de Noël.

Bernard s'inquiète tout de même un peu : ont-ils les moyens de procéder à un tel achat ? Mais il est généreux et amoureux, et il surmonte bientôt ses appréhensions. Oui, acheter un Jeep Cherokee est une idée fabuleuse. Il se sent heureux de jouer au Père Noël. Anne est ravie et aimante. Elle lui dit qu'il est adorable. Ils passent une soirée merveilleuse à célébrer leur bonne fortune.

Pendant la nuit, Bernard se réveille en proie à l'anxiété. Il prend tout à coup conscience de la réalité de leur situation financière : ils n'ont pas assez d'argent pour assumer une telle dépense. Il a l'impression qu'Anne l'a trahi, sans trop savoir comment. Puis, il s'irrite du fait que sa femme est décidément trop exigeante et irréaliste, et il constate qu'elle le manipule la plupart du temps. Il oublie tout à fait la délicieuse soirée qu'ils ont passée ensemble et, jusqu'au matin, il est agité et incapable de se rendormir.

À son réveil, Anne trouve à ses côtés un homme froid et distant. Elle est mal à l'aise, elle se sent trahie à son tour et, pour des raisons mystérieuses, elle se culpabilise. En réfléchissant à sa culpabilité, elle repasse mentalement les événements de la veille et en conclut qu'elle n'a rien fait de mal. Ainsi, c'est avec un brin d'impatience qu'elle demande à Bernard : « Qu'est-ce qui ne va pas ? » Et Bernard lui réplique froidement : « Rien. Seulement, j'ai une journée extrêmement chargée. » Anne s'efforce de le faire parler, mais rien n'y fait. Bernard se hâte de quitter la maison, convaincu de la mesquinerie d'Anne à son endroit. Anne, pour sa part, se demande ce qui a bien pu se passer pour qu'elle se sente aussi seule et abandonnée. En songeant aux événements de la veille, elle se met de plus en plus en colère contre Bernard dont l'attitude lui paraît résolument injuste.

Si l'on se penche sur cet épisode, ni Anne ni Bernard ne s'est mal comporté. Aucun des deux n'est coupable. Ces interactions se produisent constamment, elles font partie de la vie courante et de toute relation normale. Mais si vous analysez les scénarios relationnels d'Anne et de Bernard, vous constatez qu'ils n'ont pas participé eux-mêmes à cette interaction, que leurs sous-personnalités parentale et enfantine occupaient tout l'espace. Ces sous-personnalités interagissent positivement dans un scénario relationnel positif, et négativement dans un scénario relationnel négatif.

Ce n'est pas Bernard qui a approuvé la décision d'Anne de se procurer un Jeep. C'est le « bon papa » en Bernard, sa sous-personnalité aimante et généreuse. Si Bernard avait réfléchi tant soit peu, il aurait pris conscience des conséquences néfastes de cette acquisition pour leur situation financière bien avant d'y consentir. Les sous-personnalités « bon papa » se hâtent toujours de dire oui avant de s'arrêter aux aspects pratiques de leur décision. D'autre part, Anne était également absente de cette interaction. Sa sous-personnalité de petite fille charmante, enthousiaste et séduisante a, la première, abordé la question du véhicule neuf et séduit le bon papa en Bernard, puis sa sous-personnalité maternelle et conciliante a qualifié d'adorable la sous-personnalité « petit garçon » de Bernard. *Nous sommes donc en présence non pas d'une relation entre conjoints, mais d'un scénario relationnel positif.*

À son réveil, Bernard était froid et distant : le « mauvais père », cet homme réprobateur, irritable et distant, avait pris le dessus.

Les pères réprobateurs et distants formulent rarement leurs reproches. Ils se cantonnent dans leur silence bougon et rendent leur entourage malheureux. Tout comme Bernard n'avait pas lui-même approuvé la décision d'Anne, ce n'est pas Bernard qui désapprouve le comportement de sa femme. Anne est, elle aussi, absente de cette interaction. À sa place se manifestent une petite fille rebelle et irresponsable et une mère furieuse qui taxe Bernard d'égoïsme. Les sous-personnalités dominent nos interactions lorsque les réglages implicites d'une relation entrent en fonction. Bien que les deux conjoints en viennent à se demander si leur vie de couple vaut qu'on se rende si malheureux, sachez que nous n'assistons pas ici *à l'échec de leur relation, mais bien à un scénario relationnel négatif.*

Étant donné l'importance du concept des scénarios relationnels, nous nous proposons d'examiner ces interactions sous différents angles. En premier lieu, nous analyserons les scénarios relationnels positifs et les scénarios relationnels négatifs. Efforcez-vous d'y identifier les schémas qui vous sont familiers. Chaque scénario relationnel sera accompagné d'un diagramme illustrant le comportement et les sentiments des individus aux prises avec ce scénario spécifique. Ensuite, nous vous apprendrons à en tracer le plan afin que vous puissiez considérer ce scénario rationnellement et objectivement.

LE SCÉNARIO RELATIONNEL POSITIF

L'interaction entre un « parent aimant » et un « enfant sage » représente un *scénario relationnel positif.* Le scénario relationnel positif n'est ni bon ni mauvais en soi. Il est « positif », car il procure une sensation de bien-être à la plupart des gens, une sensation de chaleur humaine, de sécurité, de prévisibilité. Le scénario relationnel positif entre Anne et Bernard est très rassurant pour eux : il équivaut en quelque sorte à deux photos dans un même cadre.

La photo de gauche montre un Bernard paternel et aimant, en costume de Père Noël, assis devant un sapin décoré. Comme une petite fille, Anne est assise sur ses genoux ; il lui sourit avec adoration en lui offrant un présent. Bernard est pour elle tout ce que la vie a de meilleur. Pour Bernard, Anne est sa petite fille adorée. Cette photo représente la sous-personnalité

« paternelle » de Bernard unie à la sous-personnalité « petite fille » d'Anne.

Tous les scénarios relationnels forment des paires parfaitement opposées, si bien qu'à cette photo s'en oppose une autre, dans la deuxième moitié du cadre : la sous-personnalité « maternelle » d'Anne s'unit à la sous-personnalité « petit garçon » de Bernard. Elle s'extasie devant une version rajeunie de Bernard qui tient dans sa main une feuille d'examen sur laquelle a été tracé un immense A. Aux yeux du petit garçon, elle représente la mère aimante, encourageante et tolérante. Pour elle, il est un merveilleux petit homme qui a tout ce qu'il faut pour réussir dans la vie.

Ces photos montrent comment Bernard a disparu et cédé la place à un père affectueux et généreux, un véritable « Père Noël ». Bernard joue ce rôle à la perfection, et c'est pourquoi ce personnage paternel représente une *sous-personnalité primaire*. Ce père généreux interagit avec un aspect d'Anne qui représente la petite fille enthousiaste et séduisante. Dans l'autre moitié du scénario relationnel, Anne a cédé la place à une mère aimante et tolérante ; celle-ci interagit avec la sous-personnalité de Bernard représentée par un jeune homme ambitieux qui a besoin de l'approbation de sa mère.

Lorsque Anne, en voulant se procurer un Jeep Cherokee, active ce scénario relationnel positif, Bernard, en sa qualité de père généreux, affectueux et responsable, est forcé d'acquiescer à son désir, car celui-ci n'est pas formulé par la femme adulte, mais par la petite fille qui veut un nouveau joujou. Par ailleurs, devant la sous-personnalité maternelle et approbatrice d'Anne qui lui sourit avec gratitude et admiration, le petit garçon Bernard est heureux et fier de lui-même. Anne et Bernard s'aiment vraiment et leurs sous-personnalités parentales sont généreuses l'une envers l'autre. Elles ne retiennent rien. Et outre, chacune de leurs sous-personnalités enfantines se sent aimée et en sécurité dans les « bras » du parent intérieur du conjoint.

Vos scénarios relationnels positifs sont très similaires à ceux d'Anne et de Bernard. Ils présentent bien sûr des particularités qui vous sont personnelles, mais leur motif de base est le même. Traçons maintenant le plan de deux scénarios relationnels positifs : d'abord celui d'Anne et de Bernard, ensuite le vôtre.

Le plan d'un scénario relationnel positif

Pour tracer le plan de nos scénarios relationnels positifs, il convient d'identifier les sous-personnalités qui sont aux commandes de notre vie et de nos décisions. *Nous devons nous poser les questions suivantes: « Qui est au volant de ma voiture psychologique ? » « Quelle mère aimante, quel père aimant agit ? » « Quelle bonne petite fille, quel bon petit garçon réagit ? »* Voici à quoi ressemble le plan du scénario relationnel positif d'Anne et de Bernard :

Plan du scénario relationnel positif d'Anne et de Bernard

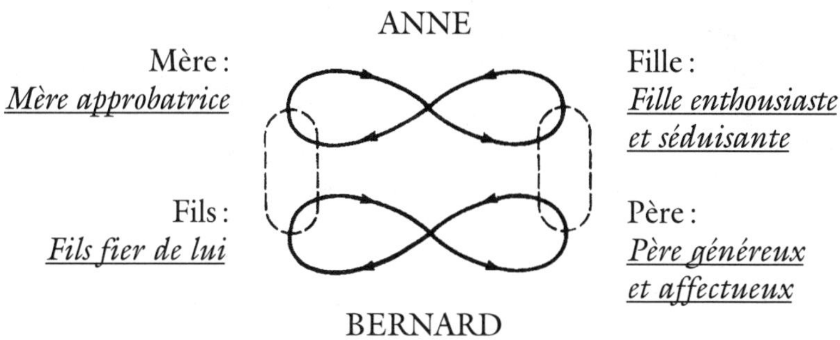

Nous dirions donc que la mère approbatrice d'Anne est liée au fils fier de lui de Bernard, et que le père généreux et affectueux en Bernard est lié à la fille séduisante et enthousiaste d'Anne.

Tous les appariements de nos sous-personnalités parent aimant/enfant aimant sont possibles. Vos scénarios relationnels positifs dépendent de vos propres sous-personnalités et de celles de votre conjoint. Nous pourrions voir, par exemple, les appariements suivants : le parent rationnel qui contrôle tout et l'enfant craintif que terrorise le chaos ; le parent aimant et tolérant et l'enfant timide, solitaire ou peu sûr de lui ; le parent sensé et responsable et l'enfant confus et désorganisé. *En apprenant à identifier les personnages de ces scénarios relationnels, vous apprenez à vous connaître, à connaître votre conjoint et la nature de votre relation.* Voyons maintenant à quoi ressemble le plan de votre propre scénario relationnel positif.

SCÉNARIO RELATIONNEL

EXERCICE N° 1

Le plan de votre propre scénario relationnel positif

Dans le cadre de cet exercice, vous devez examiner vos relations affectives et vous efforcer d'identifier l'un de vos scénarios relationnels positifs. Ce scénario peut se rapporter à votre vie de couple ou à toute autre relation affective importante, par exemple votre relation avec vos parents ou avec l'un de vos enfants. Comme pour l'exercice du chapitre 2, qui concernait les sous-personnalités reniées, ménagez-vous suffisamment de temps pour ce travail. Inspirez profondément et recentrez-vous avant de commencer. Vous pouvez annoter le diagramme ci-après, ou encore copier celui-ci dans un cahier ou sur une feuille de papier. En complétant le diagramme, reportez-vous au plan du scénario relationnel d'Anne et de Bernard.

En premier lieu, pouvez-vous deviner (ou imaginer) la sous-personnalité en vous qui aime votre partenaire, qui se sent responsable de lui ou d'elle, qui veille sur lui ou elle, qui désire lui venir en aide, qui l'estime, l'admire ou l'adore ? C'est le parent en vous qui est affectueux et responsable, et qui prend soin d'autrui. Identifiez-le, ou notez ce qu'il a l'habitude de dire ou de faire. Inscrivez cette réponse dans le premier espace.

Ensuite, demandez-vous quelle caractéristique de votre partenaire vous procure un sentiment de sécurité et de chaleur humaine. Pouvez-vous visualiser cette sous-personnalité de votre conjoint ? Elle est son parent positif. Identifiez-le, ou notez dans le quatrième espace ce qu'il a l'habitude de dire ou de faire.

Maintenant, imaginez l'enfant en vous qui aime la compagnie de votre conjoint. Est-ce un enfant craintif qui se sent en sécurité auprès de votre conjoint ? Un enfant irresponsable ou incompétent qui sait que l'on veille à tous ses besoins ? Un enfant naïf ou dépendant qui se sent entouré ? Un enfant admiratif qui reconnaît la bonté de son partenaire ? Voilà l'enfant en vous qui participe à ce scénario relationnel. Identifiez-le et complétez le deuxième espace.

Enfin, pouvez-vous décrire le petit garçon ou la petite fille que vous voyez dans votre conjoint (et que vous êtes sans doute seul à voir) ? Cet enfant est peut-être doux ou dépendant, craintif, naïf ou faible. Quel qu'il soit, il vous émeut. Identifiez-le et complétez le troisième espace.

Votre scénario relationnel positif

VOUS

Mère (ou père) :________

Fils (ou fille) :________

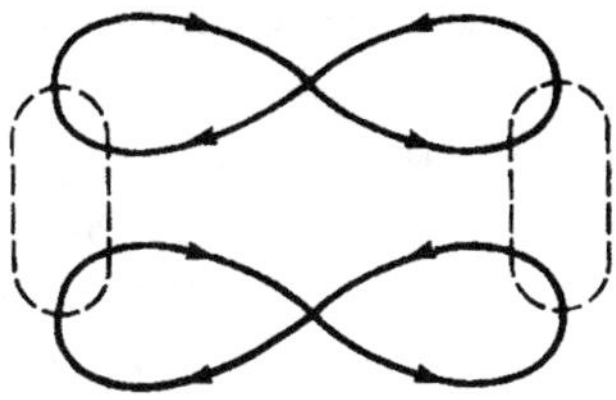

Fille (ou fils) :________

Père (ou mère) :______

VOTRE CONJOINT

Comment un scénario relationnel positif vous empêche de participer intégralement à votre relation de couple

Nous sommes nombreux à avoir appris à modeler notre idéal de vie de couple sur ce scénario relationnel positif, car il exclut la mésentente et le stress. Chaque conjoint accorde la préséance à l'autre. Qui n'a pas entendu dire : « Si chacun de vous se donne à l'autre 90 pour 100 du temps, vous vous donnez sans doute l'un à l'autre en parts égales. » Ne nous a-t-on pas dit aussi que : « La vie de couple est affaire de compromis. Pour recevoir, il faut donner » ?

Il y a du vrai dans cette croyance populaire. L'approche du « moi d'abord » n'est guère efficace quand les besoins et les émotions de deux personnes doivent être pris en considération. Si Anne et Bernard décidaient de renoncer à leur altruisme, leur vie de couple en souffrirait. Mais le scénario relationnel positif, quoique spontané et agréable en apparence, présente des inconvénients.

Il manque quelque chose au scénario relationnel positif. Deux sous-personnalités dominent la relation et ce réglage implicite, ce scénario relationnel, en tenant les rênes de leur couple, prive Anne et Bernard de leur liberté de choix. Leur partenariat n'est plus fonctionnel. Tout partenariat est une coentreprise dont l'efficacité dépend de la participation active des deux associés. L'association parent/enfant seule ne suffit pas à faire rouler la machine. Voyons comment nous nous perdons littéralement lorsque nous faisons partie d'un scénario relationnel positif.

Dans le scénario relationnel positif, chacun des partenaires perd ses limites de vue. Aucun des deux ne parvient à refuser quoi que ce soit à l'autre, aucun ne peut combler ses propres besoins. Les conjoints se fondent l'un dans l'autre et adoptent un comportement strictement altruiste. Ils sont l'un pour l'autre des parents affectueux. Ils n'ont pas d'autre choix.

Lorsque notre vie de couple est dominée par un scénario relationnel positif, chacun de nous se sacrifie pour le bien de la relation. *Nous renions ces parties de nous-même (les sous-personnalités) qui ne s'intègrent pas facilement et spontanément dans notre relation.* Une image de *Cendrillon* illustre magnifiquement cette réalité. Dans ce conte de fées, les belles-sœurs de Cendrillon sont disposées à se couper les orteils et les talons pour pouvoir chausser la pantoufle de vair et gagner le cœur du Prince charmant.

Dans le même esprit – le sang en moins –, Bernard renonce à faire de la voile parce qu'Anne se sent mal dès qu'elle met les pieds dans un bateau, et Anne renonce au tennis parce que Bernard déteste ce sport. Ils optent pour la randonnée, qui leur plaît à tous deux. Ce sacrifice leur paraît bien anodin puisqu'il leur permet de jouir ensemble d'une délicieuse intimité.

Lorsque leur vie de couple obéit à un scénario relationnel positif, les conjoints renoncent aussi à autre chose de beaucoup plus subtil. *Ils renoncent à la possibilité de réagir spontanément l'un envers l'autre. Aucun des deux n'a la possibilité d'exprimer à son partenaire quoi que ce soit qui puisse le blesser.* Ils obéissent à une loi tacite mais inviolable. Ainsi, Bernard se voit forcé de ne pas tenir compte de ses inquiétudes financières quand Anne s'enthousiasme pour une nouvelle voiture. S'il lui disait : « Je ne crois pas que nous ayons les moyens d'acquérir une voiture neuve, même en tenant compte de ton augmentation de salaire », elle se fâcherait sans doute. Ainsi, au lieu de réagir en toute liberté, il nie ses propres sentiments pour mieux acquiescer à ceux de sa femme. Le père généreux, affectueux et responsable de Bernard est ravi d'offrir à Anne tout ce qui pourra la rendre heureuse et ce, à n'importe quel prix.

Toute réaction négative est strictement interdite. On ignore systématiquement les petits ennuis quotidiens qui surgissent inévitablement dans la relation. Rien ne peut la déstabiliser. « Ce n'est pas très important », se dit Anne lorsqu'elle constate que Bernard n'a pas replacé le bouchon du tube de dentifrice ou baissé le siège des toilettes. « C'est sans importance », se dit Bernard quand Anne n'a pas très envie de faire l'amour. « Après tant d'années, c'est normal. »

Aucun des deux conjoints ne veut entamer une discussion. Les besoins et les agacements de chacun leur paraissent déraisonnables, si bien que toute réaction négative est « balayée sous le tapis ». Tôt ou tard, le tapis a des bosses !

Le paradoxe est le suivant : quand nous donnons trop de nous-même, nous mettons en péril la relation même que nous nous efforçons de préserver. Nous mettons en péril le partenariat auquel nous pouvons tous deux apporter une contribution. Certes, nous vivons une relation, mais cette relation est celle des quelques sous-personnalités qui parviennent à évoluer dans un espace aussi restreint.

Encore une fois, la liberté de choix et le partenariat sont les buts que nous devons nous fixer. Là où existent la liberté de choix et le partenariat, chacun des conjoints doit tenir compte des pôles opposés et de leur dynamique contraire. Bernard doit se sentir écartelé entre le « marin » amoureux de la mer et le « mari attentionné et responsable » qui apprécie la compagnie d'Anne et ne supporte pas de la laisser seule à la maison pour faire de la voile. Seul Bernard peut décider pour lui-même. Anne doit également sentir la tension qui tiraille ses sous-personnalités contraires : la « joueuse de tennis » qui aime se retrouver sur le court au soleil en compagnie de ses amis, et la « petite fille docile » qui ne désire rien qu'être aux côtés de Bernard et le rendre heureux.

Dans un partenariat entier, il est possible de se tenir à mi-chemin de la sous-personnalité irritable qui voudrait réagir négativement et de la sous-personnalité conciliante qui désire à tout prix éviter les querelles. Nous apprenons peu à peu à ne pas toujours être du même avis et à exprimer notre désaccord sans accuser personne. Ainsi, une plus grande part de nous-même et de notre complexité peut contribuer à l'équilibre de notre vie de couple.

Ce n'est pas simple. Le partenariat n'est pas toujours aisé. Il est souvent plus facile de persister dans un scénario relationnel positif et de vivre à cloche-pied. Lorsque nous obéissons à nos sous-personnalités primaires, il n'y a aucune possibilité de conflit. Si Bernard n'écoute que son père aimant et responsable, il renoncera à son amour de la voile sans le plus petit regret. Si, au contraire, il n'écoute que sa sous-personnalité de marin, il mettra le cap sur le large sans se poser de questions. Aucune de ces décisions n'est le résultat d'un libre choix ; aucune ne respecte à la fois le partenariat du couple et l'individualité de Bernard.

Lorsqu'on parvient à se dégager d'un scénario relationnel positif, on en récolte d'immenses bienfaits. On assiste alors à un partenariat d'égal à égal, où chacun contribue à la relation. Par-dessus tout, on évite de se laisser entraîner dans le scénario relationnel négatif qui remplace le scénario relationnel positif aussi inévitablement que la nuit remplace le jour.

Comment identifier les scénarios relationnels positifs dans votre vie de couple

Le moyen le plus sûr de découvrir l'existence, dans votre vie de couple, d'un scénario relationnel positif est de vous laisser entraîner dans un scénario négatif. Ce transfert se produit parce que le scénario relationnel positif n'est jamais éternel. Il est impossible de fermer les yeux sur un scénario relationnel négatif. Nous examinerons cette question en détail un peu plus loin. Entre-temps, voici comment, par des moyens beaucoup moins dramatiques, il est possible de reconnaître l'existence d'un scénario relationnel positif.

Lorsque l'attachement est le résultat d'un scénario positif, tout semble marcher comme sur des roulettes. Si l'on s'enquiert de votre bonheur, vous répondez que tout est parfait, que votre vie de couple est heureuse et agréable. Vous n'avez pas conscience de ce qui cloche, car vous appréciez le bien-être que vous ressentez. Les personnes qui vous rendent visite réagissent de deux façons, en fonction de leur perspicacité : elles vous envient votre bonheur ou elles étouffent. *Il ne faut pas perdre de vue que, dans un scénario relationnel positif, même si l'on n'extériorise pas les sentiments négatifs, ceux-ci ne se volatilisent pas.* Ils s'accumulent sous la surface où ils engrangent une énergie explosive étonnante.

Vous constatez sans doute que vous perdez peu à peu la conscience de l'être que vous êtes en réalité et de ce qui compte à vos yeux. Vous ne savez plus ni ce que vous aimez ni ce que vous détestez. (Anne pourrait « oublier » de jouer au tennis jusqu'à ce que ses adversaires oublient son existence, et Bernard pourrait ne jamais trouver le temps de s'évader sur son voilier.) Vous donnez amoureusement la priorité aux besoins de votre conjoint, et vous ne formulez jamais d'opinion, de sentiment ou d'idée qui mette fin au *statu quo*. Vous fuyez de plus en plus tout changement. Votre devise pourrait être : « Si ce n'est pas brisé, pourquoi le réparer ? »

Le plus souvent, vous constatez que la passion, surtout la passion sexuelle, s'est attiédie. Si vous vivez un scénario relationnel positif, vous vous dites que c'est là le parcours normal d'une relation de couple. *Oui*, c'est normal : c'est un scénario relationnel positif normal. Mais vous n'êtes plus tout à fait aussi heureux. Il se pourrait même que vous soyez carrément malheureux et que vous rêviez de rencontrer quelqu'un de nouveau, ou, du moins, d'apporter un peu de piquant à votre vie. Dans un scénario relationnel positif, fantasmes et rêveries tendent à s'emballer. Puisque vous jugez de telles pensées répréhensibles, vous vous efforcez de les ignorer et vous vous culpabilisez de leur avoir permis de vous dominer.

Dans un scénario relationnel positif, il est facile de fermer les yeux sur ce qui nous déplaît. Dans certains cas, l'un des conjoints aura une liaison ou nouera des liens importants avec une ou plusieurs autres personnes. Parfois, ce comportement fait exploser la vie du couple. Parfois, c'est le contraire qui se produit. La qualité de la relation semble s'améliorer, puisque les deux conjoints « se comprennent » et « s'acceptent ». Il peut même arriver que la vie sexuelle du couple soit ainsi régénérée quand les deux partenaires refusent de voir ce qui ne va pas. Souvent, dans ce type de relation, l'un des conjoints quitte l'autre après plusieurs années de « bonheur conjugal » et la personne qui reste se retrouve en état de choc, car elle ne comprend pas ce qui se passe. C'est seulement après, avec le recul, qu'elle se souvient de tous les petits indices auxquels elle n'avait pas accordé d'importance sur le moment.

Pour les générations précédentes, ce scénario relationnel positif était un idéal à atteindre. La plupart d'entre nous avons eu des parents, des grands-parents qui se sont satisfaits toute leur vie d'un tel scénario relationnel positif parce qu'il leur convenait. Mais leur univers était alors très différent du nôtre. Plus prévisible, il n'exigeait pas d'eux la flexibilité qui est aujourd'hui nécessaire. La plupart des couples ne pouvaient aspirer à une relation de partenariat, car les relations de couple étaient alors fondées sur un rapport hiérarchique et patriarcal. (Pour une meilleure vue d'ensemble des règles patriarcales traditionnelles dans la vie de couple, consulter l'ouvrage de Sidra intitulé *Le patriarche intérieur. Êtes-vous sûre d'en être libérée?*)

Aujourd'hui, notre défi consiste à préserver le souci du conjoint et la dévotion au couple que favorise le scénario relationnel positif tout en ne freinant ni l'évolution de notre relation ni notre croissance personnelle. N'enfermez pas votre vie dans l'enclos de deux sous-personnalités qui ne correspondent plus à votre vraie nature ni à celle de votre conjoint.

LE SCÉNARIO RELATIONNEL NÉGATIF

Quand tout le reste échoue, sachez que le scénario relationnel négatif met fin au scénario relationnel positif. « Négatif » n'est pas ici synonyme de « mauvais », comme « positif » n'était pas synonyme de « bon ». Cela signifie simplement que le scénario relationnel négatif est très, très lourd à supporter. Pas plus que le scénario relationnel positif ne nous autorise à extérioriser le moindre sentiment négatif, le scénario relationnel négatif ne permet pas l'expression d'un quelconque sentiment positif. Parfois, il ne permet même pas la moindre pensée positive à l'égard du conjoint. Dans les cas extrêmes, ce scénario négatif conduit à la séparation ou au divorce. Mais nous ne préconisons pas cette solution. Nous sommes sincèrement d'avis qu'il est préférable de se dissocier d'un scénario relationnel négatif plutôt que de quitter son conjoint. Comment y parvenir ? En sachant identifier les scénarios relationnels qui vous gouvernent et en apprenant à y faire face.

Il importe en premier lieu de comprendre que le scénario relationnel négatif est tout aussi normal que le scénario relationnel positif. *Les scénarios relationnels négatifs ne sont ni foncièrement mauvais ni dysfonctionnels. Tous en font l'expérience, bien qu'ils n'en retirent aucun sentiment de bien-être.* En fait, le scénario relationnel négatif est parfois si pénible à supporter que vous en venez à douter de votre aptitude à fonctionner normalement. Vous préféreriez mettre fin à votre relation de couple plutôt que de continuer dans la voie qui vous inflige de telles souffrances psychologiques.

Le scénario relationnel négatif est souvent vu comme une catastrophe irrémédiable. Il vous répète que toute relation est vouée à l'échec. Cela vous dit quelque chose ? On apprend à faire confiance à quelqu'un puis, comme d'habitude, cette personne nous déçoit. De telles relations peuvent devenir si douloureuses que l'on se demande si elles en valent la peine. C'est ce qui s'est produit entre Anne et Bernard.

Anne s'éveille et constate que son Bernard adoré a disparu. L'homme qui l'a remplacé est froid, réservé, indifférent. Maintenant qu'elle y songe, il ressemble à son père ! « Voilà, se dit-elle, il est comme tous les autres hommes que j'ai connus. Les hommes sont tous les mêmes. Au début, ils sont merveilleux et ils vous donnent tout ce que vous voulez tant que vous ne vous êtes pas mise à leur faire confiance et à ne pas vous méfier. Mais dès qu'ils constatent que vous leur appartenez, ils se métamorphosent. Vous les voyez tels qu'ils sont : froids et égoïstes. Au fond, les hommes ne pensent jamais qu'à eux. »

Quant à lui, Bernard songe : « Ah, les femmes… Elles finissent toujours par obtenir ce qu'elles veulent. Elles minaudent et vous bernent et vous prennent tout ce que vous avez. Anne se fiche bien du prix des choses ou du fait qu'il me faudra travailler deux fois plus pour assumer les paiements de sa voiture ! Quand elle veut obtenir quelque chose, elle fait l'amour avec moi ! Les femmes… toutes les mêmes. »

Que s'est-il passé ? Bernard est très inquiet à l'idée d'acheter une voiture neuve. Hier soir, le scénario relationnel positif qui le gouvernait lui permettait de ne pas se soucier de sa réaction, mais sa nature paternelle l'empêchait d'exprimer son anxiété, car une telle extériorisation ne s'intégrait pas au rôle qu'il s'était assigné. Quand nous sommes incapables de ressentir ou d'exprimer notre vulnérabilité au sein d'une relation, notre attitude se transforme radicalement : nous devenons distants, nous formulons des reproches, nous fustigeons notre conjoint. C'est précisément ce qu'a fait Bernard.

De son côté, Anne se sent maintenant complètement abandonnée et elle souffre de la tournure des événements. Lorsqu'elle évolue dans un scénario relationnel positif, elle ne peut pas non plus extérioriser sa blessure et sa déception ; par conséquent, son attitude se transforme. Elle devient une mère intransigeante, tout à fait disposée à affronter Bernard. Cette mère intransigeante désire que Bernard, le fils blessé, ressente à son tour l'injustice de tous ces reproches, voire de ceux qui les ont précédés.

Revenons aux photos imaginaires de tout à l'heure pour mieux comprendre la nature du scénario relationnel négatif. Dans la photo de gauche, nous voyons Bernard : ses cheveux noirs sont lissés vers l'arrière, ses yeux verts ont des lueurs froides et cruelles tandis qu'il tourne le dos à Anne et s'en va. On jurerait un mauvais garçon du temps passé. Anne est une petite fille aux yeux bleus et aux cheveux blonds bouclés. Elle s'accroche à la jambe de pantalon de Bernard et, en pleurant, elle supplie celui-ci de ne pas l'abandonner.

Dans la photo de droite, Anne est plus grande que nature. Elle se présente comme une mère furieuse, main levée, regard colérique et omniprésent. Bernard est un petit garçon terrifié qui lève le bras pour se protéger des coups, physiques et psychologiques, qu'elle s'apprête à lui assener.

Pour comprendre l'émotion qui chavire Anne dans ce scénario relationnel, voyez combien Bernard semble autoritaire et cruel aux yeux de la petite fille abandonnée. Pour comprendre maintenant ce que vit Bernard, imaginez que ce petit garçon aux prises avec une mère gigantesque et toute-puissante, c'est vous-même.

Il est intéressant de noter que chacun des conjoints domine son partenaire en même temps qu'il souffre d'avoir été blessé. Mais d'habitude, *chaque membre du couple est beaucoup plus conscient de sa souffrance que de son pouvoir sur l'autre conjoint.* Lorsqu'on fait l'expérience d'un tel scénario relationnel négatif, on s'étonne de découvrir que notre conjoint ne perçoit pas notre douleur ou notre impuissance. Au contraire, à ses yeux nous sommes une personne très autoritaire, critique, sévère ou glaciale.

Ainsi donc, Anne éprouve une vive douleur et un vif sentiment d'abandon, et elle ne devine pas que Bernard réagit à l'intolérance et à la colère implicite ou explicite de sa sous-personnalité maternelle. Bernard, quant à lui, souffre des attaques d'Anne et ne se rend sans doute pas compte de l'effet qu'a sur Anne sa sous-personnalité froide et renfermée.

À qui la faute ?

Instinctivement, en réaction à cette souffrance, nous nous demandons qui a commencé et qui est le responsable. Le scénario relationnel négatif nous permet d'adopter une attitude moralisatrice et de découvrir les erreurs ou les lacunes d'autrui. Qui a eu tort ? Anne ou Bernard ? Lequel des deux a donné le coup d'envoi à cette situation ? *De notre point de vue, nul n'est responsable. Ni Anne ni Bernard n'a commis d'erreur. Aucun d'eux n'a créé cette situation.* Ils ont agi humainement, un point c'est tout.

Tout comme les scénarios relationnels positifs, nous avons qualifié ces scénarios négatifs de « danse des sous-personnalités ».

Le scénario relationnel est une forme de danse; il requiert la participation de deux partenaires. Le scénario relationnel négatif est impossible sans l'apport d'une autre personne. Les scénarios relationnels ont du bon et du mauvais. Le bon est que vous n'en êtes nullement responsable. Le mauvais est qu'ils ne sont pas non plus la faute de votre conjoint.

Au lieu de se blâmer l'un l'autre, Anne et Bernard devraient reconnaître que ces circonstances font partie du processus normal d'évolution de leur vie de couple et tracer le plan de chacun de leurs scénarios relationnels au moment où ceux-ci se manifestent. Ils constateraient que ce phénomène n'a rien de mystérieux, d'irrémédiable ou d'insoluble. Le scénario relationnel positif a tout simplement été suivi d'un scénario relationnel négatif. Vous-même gagneriez à faire cet exercice.

Le plan d'un scénario relationnel négatif sans coupable

Il convient tout d'abord d'identifier celle de vos sous-personnalités qui participe au scénario relationnel. Ci-dessous, le plan du scénario relationnel négatif d'Anne et de Bernard.

Plan du scénario relationnel négatif d'Anne et de Bernard

ANNE

Mère :
Mère en colère et intransigeante

Fille :
Fille abandonnée

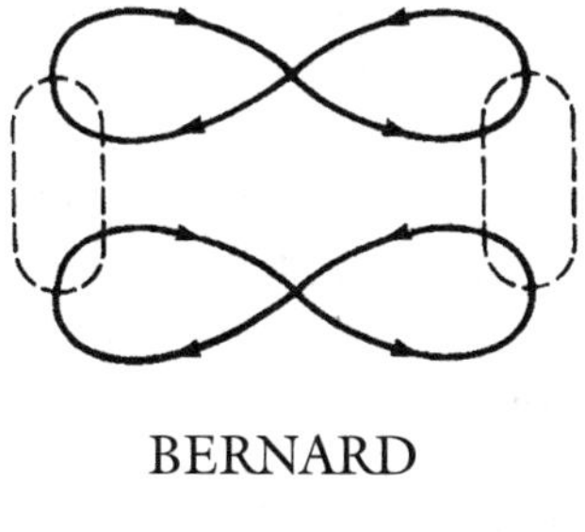

Fils :
Fils craintif et blessé

Père :
Père froid et distant

BERNARD

Nous pourrions dire que la mère en colère et intransigeante d'Anne s'est associée au fils craintif et blessé de Bernard, et que le père froid et distant de Bernard s'est associé à la fillette abandonnée d'Anne.

Comme dans le cas des scénarios relationnels positifs, tous les appariements parent/enfant sont possibles, les plus courants étant :

mère autoritaire et fils rebelle ; père froid et distant et fille abandonnée ; père rationnel et fille dépendante ; mère ou père intolérant et fille ou fils coupable ; mère omnisciente et fils entêté ; mère ou père intransigeant et fille ou fils sur la défensive. Vos scénarios relationnels négatifs dépendent de vos sous-personnalités et de celles de votre conjoint. Voyons comment se présentent vos scénarios relationnels négatifs en traçant le plan de l'un d'eux.

SCÉNARIOS RELATIONNELS

EXERCICE N° 2

Le plan de votre propre scénario relationnel négatif

Comme pour tous les exercices de ce livre, ménagez-vous suffisamment de temps. Inspirez profondément et recentrez-vous avant de commencer. Vous pouvez annoter le diagramme ci-après, ou encore copier celui-ci dans un cahier ou sur une feuille de papier.

Réfléchissez à vos relations et efforcez-vous d'identifier l'un de vos scénarios relationnels négatifs. Vous pouvez, encore cette fois, vous inspirer du plan du scénario relationnel d'Anne et de Bernard. En complétant le diagramme ci-dessous, vous saurez qui devient qui (ou quelles sous-personnalités s'imposent) quand s'enclenche la structuration négative de votre scénario relationnel.

Identifiez une occurrence au cours de laquelle votre conjoint vous a déçu. Pouvez-vous imaginer les sentiments ou la réaction de votre sous-personnalité adulte ? Votre conjoint vous a-t-il paru silencieux et distant ? Vous êtes-vous querellés ? Avez-vous formulé des reproches à son intention ? Avez-vous tenté d'analyser votre conjoint, de comprendre ses lacunes et ses problèmes pour ensuite en discuter et lui indiquer la voie à suivre pour améliorer la situation ? Avez-vous eu envie de le punir ? De le dominer ? De le transformer ? Vos réactions ont-elles été autres que celles que nous venons d'énumérer ? Chacune offre le portrait d'une sous-personnalité différente. Vous voyez que les choix qui s'offrent à vous sont nombreux. Donnez un nom à cette sous-personnalité parentale ou notez sa façon habituelle de s'exprimer ou d'agir, et inscrivez votre réponse dans le premier espace.

Maintenant, qu'est-ce qui, chez votre conjoint, vous rend malheureux ou vulnérable à l'excès ? Pouvez-vous visualiser la sous-personnalité du conjoint qui occasionne cet inconfort ?

Votre conjoint est-il intolérant, froid, distant, omniscient, envahissant ? Les possibilités sont nombreuses. Cette sous-personnalité est le parent négatif de votre conjoint. Nommez-le ou notez sa façon habituelle de s'exprimer ou d'agir et inscrivez cette réponse dans le quatrième espace.

Visualisez ensuite l'enfant en vous qui se sent malheureux en compagnie de votre conjoint. Cet enfant se sent-il abandonné ou incompris ? Est-il craintif ou inapte ? Se culpabilise-t-il ? Est-il sur la défensive ? Est-il révolté ? Cet enfant en vous s'inscrit dans votre scénario relationnel négatif. Nommez-le et complétez le deuxième espace.

Enfin, pouvez-vous identifier l'enfant complexe que vous percevez chez votre conjoint ? Cet enfant peut, lui aussi, être une victime, un enfant révolté ou entêté qui se tait mais n'écoute pas ce que vous lui dites. Il est peut-être sur la défensive ou provocant et il réplique du tac au tac quand vous vous adressez à lui. Il est peut-être muet, dépendant, craintif, torturé par un sentiment de culpabilité, impuissant ou inapte. Nommez-le ou notez ce qu'il dit ou fait dans le troisième espace.

Votre propre scénario relationnel négatif

VOUS

Mère (ou père) :________

Fils (ou fille) :________

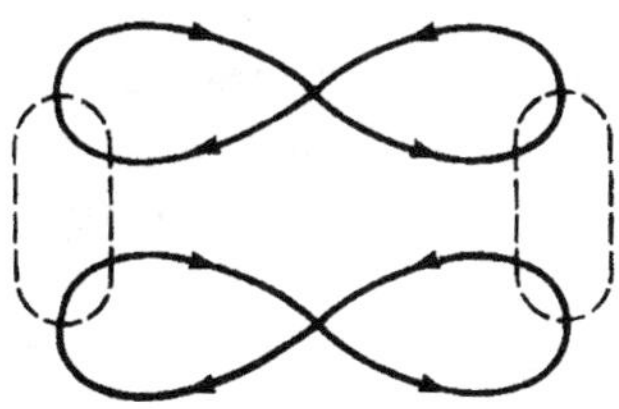

Fille (ou fils) :________

Père (ou mère) :______

VOTRE CONJOINT

Vous avez maintenant en mains un plan de l'un de vos scénarios relationnels négatifs. Félicitations ! Nous avons consacré plusieurs heures stimulantes et enrichissantes (nous ne dirons pas « heureuses ») à tracer ainsi le plan de nos propres scénarios relationnels. Dans notre couple, Hal était enclin à devenir le père psychologique ou le père distant et fâché. Quand il perdait tout contact avec sa vulnérabilité, nous étions certains qu'il se montrerait distant et sévère. Sidra prenait la direction opposée : elle était soudain très occupée, très active et tout à fait désireuse de trouver des solutions. Cela durait jusqu'à ce qu'un événement renverse la situation et que Sidra devienne à son tour excessivement critique. Nous nous sommes bien amusés... et nous avons beaucoup appris!

Les scénarios relationnels négatifs et la vulnérabilité refoulée

Les scénarios relationnels négatifs présentent une autre caractéristique importante: un sentiment sous-jacent de vulnérabilité. Anne et Bernard ne parvenaient pas à extérioriser leur vulnérabilité. Lorsque Anne a eu le coup de foudre pour un véhicule neuf, elle s'est sentie très vulnérable. Leur situation financière l'inquiétait, bien qu'elle ait été plus dépensière que Bernard. Elle savait que leurs finances étaient précaires, mais elle refoulait son anxiété et ne s'en ouvrait pas à Bernard. Résultat: elle est devenue une petite fille et Bernard est devenu son père.

Bernard était très angoissé à l'idée de dépenser une aussi forte somme, mais il a refoulé ses inquiétudes dès que sa sous-personnalité paternelle s'est manifestée en gommant systématiquement son anxiété et sa vulnérabilité. Ainsi, ni l'un ni l'autre n'a été en mesure d'aborder le sujet: Anne et Bernard étaient en vacances; leur absence était due au fait que leurs sous-personnalités paternelle et filiale s'étaient emparées d'eux. Ce type d'interaction est tout à fait courant dans une relation de couple. Elle n'est la faute de personne. Mais nous pouvons apprendre à nous dissocier de ces schémas. *L'expression de la vulnérabilité est un élément clé de tout partenariat. La majorité des scénarios relationnels négatifs ne prendraient jamais forme si nous savions extérioriser notre vulnérabilité.* Toutefois, nous devons avant tout apprendre à ressentir cette vulnérabilité et, dans une société qui valorise le pouvoir avant tout, ce n'est certes pas chose facile.

LES ACTEURS DU SCÉNARIO RELATIONNEL: LES SOUS-PERSONNALITÉS RENIÉES

Jusqu'ici, nous avons examiné attentivement deux caractéristiques des scénarios relationnels. En premier lieu, nous vous avons proposé un aperçu de la « forme » que prend cet attachement. Nous avons tracé des diagrammes, ou plans, des scénarios positifs et négatifs afin de vous indiquer quelles sous-personnalités y exercent leur pouvoir. Ensuite, nous avons tenu compte de la vulnérabilité sous-jacente qui déclenche le processus de structuration du scénario relationnel. Le moment est venu de vous indiquer l'élément qui confère son dynamisme au scénario relationnel.

Les sous-personnalités primaires et reniées sont les principales responsables de ce dynamisme ; elles nous procurent les munitions dont nous avons besoin dans nos conflits. L'opposition des sous-personnalités primaires et des sous-personnalités reniées fournit des « justifications » à notre colère lorsque nous évoluons dans un scénario relationnel négatif. Ce sur quoi nous portons un jugement, les accusations que nous formulons proviennent de l'une de nos sous-personnalités. Plus les sous-personnalités reniées du conjoint sont nombreuses et profondément enracinées, plus violente sera notre agressivité. Chez Anne et Bernard, à quoi ressemblerait ce conflit ?

Anne est un esprit libre, contrairement à Bernard qui est plus responsable. Bernard supervise leur situation financière, tandis qu'Anne s'occupe des tâches domestiques et de leur vie sociale. Anne est une artiste à faible revenu, et le travail de Bernard consiste à veiller au bien-être financier de ses clients. Si nous comparions leurs sous-personnalités primaires, elles nous révéleraient ce qui suit :

Sous-personnalités primaires de Bernard (Elles sont en même temps les sous-personnalités reniées d'Anne)	***Sous-personnalités primaires d'Anne*** (Elles sont aussi les sous-personnalités reniées de Bernard)
Sens des responsabilités Sens des affaires Ambition professionnelle Prudence Sens des responsabilités en matière d'argent Rationalité	Liberté d'esprit Créativité Sociabilité Goût du risque Irresponsabilité financière Émotivité

Cette liste met en lumière un détail très intéressant. Les sous-personnalités primaires de Bernard incarnent les sous-personnalités reniées d'Anne, et les sous-personnalités primaires d'Anne incarnent les sous-personnalités reniées de Bernard. Ces différences les ont attirés l'un vers l'autre dans les premiers temps de leur relation amoureuse. Mais après quelques années de cohabitation, elles sont devenues leur principale source de conflit. N'est-il pas paradoxal que ce qui nous attire au départ, soit nos différences, devienne l'ennemi de notre vie de couple au point de mettre celle-ci en péril et même de la détruire ?

En ce qui concerne Anne et Bernard, dans le conflit qui entoure l'achat d'un véhicule neuf, l'esprit libre d'Anne et sa sous-personnalité émotive ont désiré cette voiture, et la sous-personnalité généreuse et responsable de Bernard a acquiescé à ce désir dans le cadre de leur scénario relationnel positif. Lorsque l'interaction des conjoints est devenue négative, leurs sous-personnalités reniées sont entrées en conflit. Bernard a accusé Anne d'être irresponsable et de ne jamais se soucier des questions d'argent. Anne a accusé Bernard d'être compulsivement obsédé par l'argent et de ne jamais oser prendre de risques. Ce type de scénario relationnel se retrouve dans toutes nos relations ; seuls les détails et les acteurs — soit les sous-personnalités primaires et reniées — varient.

Nous avons une idée très claire du travail à faire. Anne doit apprendre à accueillir non seulement sa sous-personnalité libre et sa sous-personnalité émotive, mais aussi sa sous-personnalité financièrement responsable et sa sous-personnalité conservatrice. Bernard doit apprendre à enrichir ses sous-personnalités responsable et ambitieuse de ses sous-personnalités sociable, libre, artiste et créatrice. Ce n'est qu'ensuite qu'ils pourront cesser de se blâmer l'un l'autre pour leurs propres lacunes et puiser dans leurs conflits des enseignements et des occasions d'évoluer.

Imaginez ce qui se passerait si nous agissions tous de la sorte, si, soudainement, partout dans le monde, les gens s'arrêtaient avant de porter un jugement critique ou de formuler une accusation, et s'ils se posaient les questions suivantes : « Pourquoi suis-je si fâché et si critique ? Quelle vertu me manque tant pour que j'enrage de la voir chez les autres ? » L'humanité serait bien différente et nos relations également. Notre prochain refléterait nos lacunes, il cesserait d'être un adversaire pour devenir un maître.

En assumant les sous-personnalités reniées des autres, les sociétés et les peuples s'enrichiraient mutuellement au lieu de se faire la guerre. Si nous pouvions adopter cette attitude avec tous ceux qui ne sont pas comme nous, la paix sur terre ne serait plus une utopie, mais une réalité.

Vous vous êtes familiarisés avec vos scénarios relationnels positifs et négatifs. Mettez ces connaissances à profit pour découvrir ce qui nourrit leur dynamisme. Vous saurez ainsi de quelle façon votre conjoint peut vous enseigner.

SOUS-PERSONNALITÉ PRIMAIRE – EXERCICE

Dans cet exercice, puisez dans ce que vous avez appris dans le chapitre 2 sur les sous-personnalités primaires pour énumérer vos sous-personnalités primaires et celles de votre conjoint. Celles d'Anne et de Bernard pourront vous servir de guide. Pourquoi ne pas faire cet exercice en compagnie de votre conjoint ? Ainsi, vous pourrez vous aider l'un l'autre à identifier vos sous-personnalités primaires.

Vos sous-personnalités primaires	*Les sous-personnalités primaires de votre conjoint*
________________	________________
________________	________________
________________	________________
________________	________________
________________	________________
________________	________________
________________	________________
________________	________________
________________	________________
________________	________________
________________	________________
________________	________________

Si vous étudiez cette liste, vous constaterez que même si certaines de vos sous-personnalités primaires ressemblent à celles de votre conjoint, elles leur sont souvent opposées. Ces oppositions marquent les occurrences où vos sous-personnalités primaires sont les sous-personnalités reniées de votre conjoint, et vice versa. Ce sont ces oppositions qui dynamisent vos scénarios relationnels et qui vous rendent malheureux. Elles sont aussi pour vous des moyens de faire évoluer votre vie de couple.

L'IMPORTANT N'EST PAS CE QU'ON DIT, MAIS QUI LE DIT

Cette étude des scénarios relationnels et des sous-personnalités vous aura appris que vous n'êtes pas la personne que vous croyez être. Lorsque vous vous penchez sur les scénarios relationnels qui surgissent encore et encore dans votre vie, vous en venez à identifier leurs sous-personnalités agissantes. *Vous découvrez que ce que vous dites importe moins que la sous-personnalité qui le dit.* Cela fait, vous pouvez vous extirper du cercle vicieux de reproches qui caractérise un tel nombre de vos interactions négatives. Si vous vous arrêtez un instant pour réfléchir aux scénarios relationnels dans leur ensemble et à ceux qui vous gouvernent dans des contextes précis, toutes vos relations humaines vous deviendront limpides. Vous pourrez décider de permettre à la sous-personnalité de votre choix de s'exprimer. Ce faisant, vous saurez mieux orienter votre vie et l'avenir de vos relations affectives.

Puisez dans vos connaissances sur le sujet pour repasser mentalement les interactions d'Anne et de Bernard. Lorsque Anne demande à Bernard si quelque chose ne va pas, sa remarque semble tout à fait anodine. Mais vous savez maintenant que, lorsque la mère intransigeante s'exprime au nom d'Anne, la réaction de Bernard est radicalement différente. Il reconnaît le ton de voix particulier de cette sous-personnalité, et il réagit comme si on l'avait attaqué – ce qui est précisément le cas.

Vous constatez également que ce n'est pas Bernard qui répond à Anne, mais son père distant et critique : « Rien. Je suis seulement très occupé. » Cette réponse semble anodine, mais celui qui la formule déclenche chez Anne un sentiment d'être abandonnée. Les deux conjoints éprouvent un sentiment de rejet, ce qui se traduit par un conflit accru. Si Anne et Bernard savaient que la personne qui s'adresse à eux n'est qu'une *partie* de cette personne, ils pourraient aller au fond des besoins qu'exprime ce fragment d'être et résoudre leur conflit dans un esprit de partenariat, c'est-à-dire comme des associés qui se sont fixé un objectif commun.

QUEL ENSEIGNEMENT POUVONS-NOUS TIRER D'UNE RELATION SANS COUPABLE ?

Les scénarios relationnels nous enseignent trois leçons. Vous avez déjà appris les deux premières. Nous vous parlerons de la troisième dans le prochain chapitre.

En premier lieu, les sous-personnalités primaires et reniées qui sont le combustible de nos scénarios relationnels servent à justifier notre colère. Savoir cela équivaut à s'extirper du sommeil enchanteur qui était le nôtre quand nous étions dans la peau d'une sous-personnalité primaire afin de découvrir la multitude de possibilités qui nous sont offertes hors de cette (ou de ces) sous-personnalité(s).

Nous avons vu que nos sous-personnalités reniées se reflètent dans les sous-personnalités primaires de notre conjoint, ou dans les personnalités de nombreuses personnes de notre entourage. Nous savons que ces sous-personnalités sont dites « reniées » parce que nous les jugeons négativement ou que nous les surestimons. Elles nous indiquent tout ce que nous avons renié et tout ce qui manque à notre vie. Elles sont les sous-personnalités que notre psyché s'efforce d'intégrer. Quand nous tentons d'identifier ce qui s'oppose à ces sous-personnalités, nous découvrons nos propres sous-personnalités primaires et les lois qui ont régi notre existence.

Nous sommes maintenant en mesure de nous dissocier de nos sous-personnalités primaires et d'entamer le processus d'intégration de nos sous-personnalités reniées. Ceci ne signifie nullement que nous fermerons dorénavant les yeux sur nos sous-personnalités primaires pour *devenir* nos sous-personnalités reniées. Cela signifie plutôt que nous pourrons dorénavant évoluer et enrichir notre existence en puisant aux enseignements que nous transmettent ces sous-personnalités reniées.

La deuxième de nos trois leçons nous est donnée par la forme même des scénarios relationnels : celle-ci nous indique qui prend le volant de notre véhicule psychologique lorsque nous vivons une relation. Quelle sous-personnalité s'exprime dans le scénario relationnel ?

Le fait d'identifier les sous-personnalités qui gouvernent un scénario relationnel et de nous en dissocier nous permet de dominer la situation dans nos relations et dans notre vie de couple plutôt que de nous soumettre aux scénarios relationnels récurrents et automatiques qui nous relient aux autres. Nous avons la possibilité de panser nos vieilles blessures. C'est là une chance inouïe.

Le troisième enseignement concerne la «vulnérabilité», c'est-à-dire cette réalité émotionnelle qui regroupe à la fois nos besoins et notre altruisme. Nous avons déjà dit que la vulnérabilité refoulée ou reniée déclenche la structuration d'un scénario relationnel négatif. Nous avons décidé de consacrer tout un chapitre à cet aspect de la question, car nous sommes certains que la clé d'une relation de couple équilibrée, dynamique et riche en intimité réside dans la conscience de notre vulnérabilité et dans notre aptitude à extérioriser celle-ci.

CHAPITRE 4

LA VULNÉRABILITÉ : LA CLÉ DE L'INTIMITÉ – ET MÊME DAVANTAGE

Dès l'instant où nous nous sommes mutuellement donné la permission d'accéder à l'enfant « vulnérable » que nous portons en nous, nous avons découvert une façon tout à fait inédite de vivre notre relation. Quand nos sous-personnalités autoritaires ont cédé la place à ces enfants vulnérables en les laissant libres d'extérioriser leurs secrets, nous avons connu une intimité profonde que nous n'avions encore jamais crue possible. Jusque-là, un gardien se tenait à nos portes et s'assurait que tout ce qui nous était précieux ou sacré resterait sous clé, en sécurité, à l'abri, comme le trésor de la Fée des étoiles était à l'abri dans un coffret.

Nous avons beaucoup parlé des sous-personnalités primaires. Mais pourquoi existent-elles, et qu'est-ce qui les sous-tend ? Sous toutes ces sous-personnalités primaires impressionnantes, habiles et puissantes que nous avons développées au cours de notre vie se tapit notre vulnérabilité. Nos sous-personnalités ont été créées pour veiller sur cette vulnérabilité. Elles la contrebalancent et la protègent. Imaginez que nos sous-personnalités sont les guerriers qui gardent le trésor du royaume. Nous consacrons le présent chapitre à ce trésor – la vulnérabilité –, qui est la clé d'une relation intime et équilibrée.

Notre vulnérabilité et l'enfant intérieur qui en est le dépositaire, voilà ce qui, en nous, se rapproche le plus de notre essence même. Dans le premier chapitre, nous avons parlé de notre aptitude merveilleuse à respirer le parfum de cette essence dans les moments d'intimité profonde que nous partageons. Pour ce faire, nous devons nous dissocier des interactions prédéterminées qui nous relient à nos sous-personnalités et reprendre possession de notre vulnérabilité. C'est de cela qu'il sera question dans le présent chapitre.

L'enfant vulnérable est le dépositaire de notre vulnérabilité. Cet enfant intérieur est extrêmement sensible à son environnement. Il sait qui nous sommes. S'il est sans défense, il est aussi très perspicace. Il agit avec son cœur, non pas avec sa tête. Le fait d'être sans défense lui permet de percevoir clairement tout ce qui l'entoure et d'interagir en profondeur. Il réagit au moindre changement dans la dynamique des interactions entre les êtres. Vous connaissez peut-être l'auteur John Bradshaw : l'essentiel de son travail exceptionnel sur l'enfant en soi porte sur l'enfant vulnérable. Penchons-nous de plus près sur cet enfant et sur son rôle dans la relation de couple.

L'ENFANT VULNÉRABLE

L'enfant vulnérable est sensible et le plus souvent silencieux. Il est timide ; il n'observe les autres et n'interagit avec eux que lorsqu'il éprouve un sentiment de relative sécurité. L'enfant vulnérable se démarque beaucoup des autres enfants intérieurs dont vous avez sans doute entendu parler ou sur lesquels vous vous êtes penchés. Il n'est ni ludique ni spontané ; il n'est pas davantage l'enfant émerveillé et sensible à la magie de l'existence, car ce dernier est la plupart du temps plus solitaire que l'enfant vulnérable, et il fuit la compagnie des autres. L'enfant vulnérable n'est pas non plus curieux, débridé ou exubérant.

En grandissant, nous nous éloignons tout naturellement de cet enfant vulnérable. Nos sous-personnalités primaires nous protègent en l'enfouissant. Si nous nous laissions dominer par notre vulnérabilité, si notre enfant vulnérable devenait notre sous-personnalité primaire, nous serions victime de la vie. En revanche, quand nous n'avons pas accès à notre vulnérabilité, nous ignorons *qui* nous sommes, ce que nous *aimons* et ce que nous *détestons* ; nous ne savons rien de ce qui nous rend *heureux* ou *malheureux*. Nos sous-personnalités primaires et les lois qu'elles formulent dictent nos choix et dirigent notre vie. Ces choix peuvent ne pas s'accorder ou s'accorder fort peu à nos désirs ou à nos besoins réels. Ils sont déconnectés de notre âme.

L'enfant vulnérable, pour sa part, nous transmet de précieuses informations. Il nous dit quelle est notre véritable nourriture et il nous indique ce qui nous rend malade. Pour accéder à ces connaissances, nous devons emprunter un sentier peu familier. Nous devons commencer par deviner que quelque chose ne tourne pas rond, porter attention à ces indices et ne pas les ignorer comme tant de nos sous-personnalités souhaiteraient que nous le fassions. Lorsque nous fermons les yeux sur ces indices, nous enclenchons nos réglages implicites.

Qu'est-ce que la vulnérabilité ?

Que voulons-nous dire lorsque nous disons de la vulnérabilité qu'elle est un état et une manière d'être et de vivre dans l'univers ? *La vulnérabilité, dans le sens où nous l'entendons, n'est pas synonyme de faiblesse ; ce serait plutôt une disponibilité, une sensibilité, une absence de défenses.* Quand nous parvenons à ressentir notre vulnérabilité, nous sommes totalement en contact avec tout l'éventail de nos réactions à l'univers qui nous entoure, ces réactions que nous cachent nos sous-personnalités primaires : notre disponibilité, notre intense réactivité à notre entourage, nos sensibilités, nos besoins physiques, notre soif d'intimité et toutes nos émotions, notamment l'amour, le désir, la peur, la timidité, l'insécurité et l'inconfort.

Lorsque nous n'avons pas accès à notre vulnérabilité, nous n'avons pas accès à ces parties de nous qui sont capables de créer un climat d'intimité. Au contraire, nous abordons les autres du point de vue de nos sous-personnalités primaires, celles qui appréhendent la vulnérabilité et ne se sentent en sécurité que lorsqu'elles assument une position dominante. Lorsque nos sous-personnalités primaires interagissent avec autrui, une armure nous protège. Nos rapports avec les autres sont des rapports de concurrence. Nous favorisons la domination et le pouvoir au détriment de l'intimité et du partenariat. Une telle attitude convient à la guerre, mais elle n'a rien de romantique.

Lorsque, au contraire, notre engagement avec une autre personne a lieu dans un état de vulnérabilité, nos sensibilités et nos émotions nous accompagnent, et nous pouvons interagir franchement, sans la protection d'un bouclier. La conscience de soi et la conscience de l'autre favorisent l'intimité, la profondeur, la chaleur, le partage et le partenariat.

Certes, nous chantons les louanges de la vulnérabilité, mais cela ne veut pas dire que vous deviez être sans défense. Notre monde est cruel. Par conséquent, prenez garde : ne vous jetez pas tout de suite dans la vie vêtu de votre seule vulnérabilité. Plus avant dans ce chapitre, nous vous indiquerons comment préserver votre sécurité en associant la vulnérabilité à la force. Pour le moment, nous tracerons le portrait de votre vulnérabilité, nous vous indiquerons comment votre enfant vulnérable en est le dépositaire, et nous vous dirons comment cette vulnérabilité se manifeste dans vos relations.

SAVOIR ACCUEILLIR L'ENFANT VULNÉRABLE EN SOI

Dès l'instant où nous nous sommes mutuellement donné la permission d'accéder à l'enfant « vulnérable » que nous portons en nous, nous avons découvert une façon tout à fait inédite de vivre notre relation. Quand nos sous-personnalités autoritaires ont cédé la place à ces enfants vulnérables en les laissant libres d'extérioriser leurs secrets, nous avons connu une intimité profonde que nous n'avions encore jamais crue possible. Jusque-là, un gardien se tenait à nos portes et s'assurait que tout ce qui nous était précieux ou sacré resterait sous clé, en sécurité, à l'abri, comme, au chapitre premier, le trésor de la Fée des étoiles était à l'abri dans un coffret.

Nous avons constaté qu'il nous était possible de pénétrer la surface des choses pour entrer dans un univers sacré et intemporel. Lorsque cette vulnérabilité faisait partie de notre relation, ou même de n'importe quelle relation, tout se passait bien. Lorsque nous la perdions, nous perdions en même temps une portion indispensable de notre union. Nous allions seuls à la dérive. Mais quand, grâce à des efforts persistants, nous parvenions à reprendre possession de notre vulnérabilité, la magie revenait et nous avions l'impression de tomber amoureux à nouveau.

Il en allait de même lorsque nous travaillions avec l'enfant vulnérable des autres. Nous avons constaté que pratiquement tous les individus – même les inconnus – qui ont la chance de voir et d'entendre l'enfant vulnérable de quelqu'un d'autre en sont profondément touchés. La voix de cet enfant vulnérable ressemble à un diapason dont les vibrations se répercutent autour de lui. L'enfant noue avec les personnes de son entourage un lien immédiat, intime et riche qui outrepasse les différences et rejoint notre nature humaine profonde.

Bien entendu, cette vulnérabilité est un grand bienfait pour toute relation. Nous avons vu, dans nos travaux, que les conjoints capables d'accéder à leur vulnérabilité et d'extérioriser celle-ci connaissaient une intimité peu ordinaire. Lorsque chacun est sensible aux vulnérabilités de l'autre, il s'ensuit une compréhension profonde, une tendresse et une compassion qui nous aident à traverser les moments difficiles inhérents à toute vie de couple.

LA VULNÉRABILITÉ ET LES SCÉNARIOS RELATIONNELS

Souvenez-vous des scénarios relationnels dont nous avons parlé dans le chapitre précédent. *Si vous n'accédez pas à votre vulnérabilité, vous vous confinez à ces scénarios. La vulnérabilité reniée – ou l'inaccessibilité à votre vulnérabilité et la disparition de votre enfant vulnérable – déclenche la formation de sous-personnalités autoritaires dans tout scénario relationnel positif ou négatif.*

Comment cela a-t-il lieu ? C'est très simple. Si vous ne faites pas l'expérience de votre vulnérabilité, vous ne pouvez prendre correctement soin de vous-même parce que vous ignorez vos besoins réels. Si vous ne vous sentez jamais vulnérable, vous ne ressentez jamais le malaise qui vous indiquerait que vous devez vous soucier de vos émotions. Vous ignorez tout de vos besoins ou de ce qui vous trouble. Vous ne pouvez résoudre vos problèmes, seul ou en compagnie de votre conjoint, car vous n'êtes pas conscient de leur existence. Comment peut-on résoudre une difficulté qui nous semble inexistante ?

La solution de remplacement à la vulnérabilité, c'est le pouvoir. Quand vous n'avez pas accès à votre vulnérabilité, vous recourez au mode par défaut du scénario relationnel ; celui-ci vous distrait de votre vulnérabilité sous-jacente et vous confère un sentiment d'autorité. Le scénario relationnel détruit l'intimité et concentre votre attention sur les besoins ou les lacunes de votre partenaire. Mais vous perdez plus que l'intimité de votre couple. Vous perdez aussi le soutien sous toutes ses formes que peut vous procurer un partenariat authentique.

Revenons à l'exemple d'Anne et de Bernard pour voir comment ce phénomène se déploie. Bernard croit être un vrai homme. Il est dur à la tâche au travail et très engagé dans ses loisirs. Il aime savoir qu'il a sa vie en main et il est aussi très responsable d'autrui. Mais Bernard n'aime guère éprouver un sentiment de vulnérabilité, car celui-ci est pour lui synonyme de lacune ou de défaut. Il était un petit garçon timide, sensible, un peu craintif, et il en avait honte. Dès sa plus tendre enfance, il a enfoui le plus possible ces sentiments. Son père et ses frères étaient très sûrs d'eux-mêmes et avaient énormément de succès. Bernard voulut leur ressembler. Il travaillerait beaucoup et il gagnerait beaucoup d'argent de manière à ne jamais dépendre de qui que ce soit, ne jamais être faible, ne jamais avoir peur.

Lorsque Anne a suggéré à Bernard d'acheter un véhicule neuf, il a ressenti un pincement d'anxiété, mais il a refoulé sa peur de la dépense sur-le-champ, avant même d'en prendre conscience. Ainsi qu'il l'avait si souvent fait par le passé, il a ignoré – ou renié – sa vulnérabilité et a assumé un rôle d'autorité. Pas question pour lui d'être un petit garçon craintif; il était un adulte généreux et il possédait tout l'argent dont il avait besoin (comme le Père Noël). Cette attitude a donné le coup d'envoi à un scénario relationnel positif, grâce auquel Bernard a acquiescé volontiers au désir d'Anne. Plus tard, au beau milieu de la nuit, il s'est réveillé et a repoussé une fois de plus son sentiment de vulnérabilité. Ce faisant, il a transformé son scénario relationnel positif en scénario négatif. Le père autoritaire et généreux a cédé la place à un Bernard irrité et froissé, et c'est de cette position de pouvoir qu'il s'est mis à reprocher à Anne de créer une situation impossible.

En quoi ces circonstances différeraient-elles si Bernard avait été conscient de sa vulnérabilité ? S'il avait porté attention à sa vulnérabilité dès le départ, il aurait pu discuter calmement avec Anne de l'éventuel achat d'une voiture neuve. En premier lieu, il aurait reconnu que leur situation financière l'inquiétait et, ensuite, il aurait été en mesure de dire que l'achat d'une nouvelle voiture le rendait soucieux. Anne aurait pu participer à la discussion. Ils auraient été en mesure de peser ensemble, tels des associés, le pour et le contre de cette acquisition.

Comme Bernard, nous nous détournons très souvent de notre vulnérabilité de mille et une façons ! Nous nous sentons mieux ; nous avons l'impression de dominer la situation. La société dans laquelle nous vivons nous encourage à agir de la sorte. Nous devons tous être des surhommes et des super-femmes. Nous ne devons jamais, sous aucun prétexte, céder à quelque faiblesse que ce soit. Malheureusement, ce reniement de notre vulnérabilité, de nos besoins, de nos réactions et de notre sensibilité nous empêche de veiller convenablement sur nous-même dans la vie quotidienne et, en particulier, dans notre vie de couple.

LA DÉCOUVERTE DE VOTRE VULNÉRABILITÉ

Pour la plupart, nous sommes passés maîtres dans l'art de renier notre vulnérabilité. Ce reniement fait tellement partie de notre vision des choses que nous ne le remarquons pas plus en nous que chez les autres. Nous vous aiderons à corriger cet état de choses en vous resensibilisant. Vous devrez, pour ce faire, prendre conscience des symptômes de votre malaise au lieu de faire semblant qu'ils n'existent pas.

Nous avons préparé un certain nombre de questions qui vous guideront dans cette redécouverte. Vous pouvez, bien sûr, en ajouter d'autres. Ménagez-vous un moment de solitude pour y réfléchir, et ayez un crayon et un papier disponibles pour noter vos impressions. Gardez cette liste à portée de la main pendant une semaine environ et enrichissez-la d'autres exemples aussi souvent que vous en aurez envie.

Si vous ne voulez pas faire cet exercice par écrit, lisez les questions et formulez tout haut ce qu'elles vous inspirent. Efforcez-vous de vous observer pendant quelques jours ou quelques semaines, et prenez conscience des moments où vous franchissez les limites de votre vulnérabilité.

- Qu'est-ce que vous ne faites pas que vous auriez vraiment envie de faire ?
- Que faites-vous que vous n'avez pas envie de faire ?

- Quand avez-vous fait quelque chose qui vous répugnait, simplement pour éviter les disputes ?
- Quand avez-vous renoncé à quelque chose qui vous faisait envie pour faire plaisir à quelqu'un d'autre ?
- Quand avez-vous abusé de vos forces en travaillant même quand vous étiez épuisé ?
  En sautant des repas ?
  En oubliant de faire une pause quand vous en aviez besoin ?
  En restant assis à votre bureau pendant des heures sans jamais changer de position ?
  En ne dormant pas suffisamment ?
- Quand avez-vous fermé les yeux sur ce que vous ressentiez quand vous étiez aimant ?
  Blessé ?
  Mal à l'aise ?
  Dépendant ?
  Inquiet ?
  Timide ?
  Bouleversé ?
- Qu'avez-vous décidé de ne pas dire à votre conjoint parce que cela vous semblait stupide ou faible ?

Ce ne sont là que quelques-uns des moyens ordinaires, quotidiens auxquels nous recourons pour ne pas tenir compte de notre vulnérabilité et pour endosser notre sous-personnalité autoritaire dans le but d'affronter le monde et de préserver nos relations. En y réfléchissant, vous constaterez sans doute que vous avez vous-même mis au point des méthodes très efficaces pour renier votre vulnérabilité. Ajoutez-les à cette liste.

Ces reniements sont souvent anodins, surtout au début. Par exemple, il faut vraiment que, tous les deux, nous prenions nos repas à des heures régulières. Mais quand nous nous enthousiasmons pour un projet, par exemple, l'écriture de ce livre, nous oublions la pause du déjeuner. Si nous ne mangeons pas à midi, nous renions notre vulnérabilité (notre besoin de nourriture) ; plus tard, nous en subissons les conséquences en devenant irritables et négatifs.

Nous ne vous encourageons nullement à être mous, autocomplaisants ou inefficaces, ni à laisser votre vulnérabilité contrôler votre existence. Nous ne vous encourageons pas davantage à laisser votre enfant vulnérable tout diriger, car nous ne sommes pas d'avis qu'un enfant de deux ans doive prendre les décisions qui reviennent à ses parents.

Mais nous désirons vous aider à comprendre que plus vous connaîtrez votre vulnérabilité, plus vous améliorerez votre efficacité personnelle et interpersonnelle. Plus vous connaîtrez votre vulnérabilité, plus vous saurez veiller sur vous-même en toutes circonstances, des plus terre-à-terre aux plus spirituelles. Plus vous connaîtrez votre vulnérabilité, plus vous aurez d'options dans la vie. Vos décisions seront sensées, contrairement à celles qui ne se fondent que sur le pouvoir. Enfin, plus vous accéderez à votre vulnérabilité, plus vous serez en mesure d'éviter les interactions négatives, tant avec votre conjoint que dans vos autres relations.

COMMENT VOUS METTRE À L'ÉCOUTE DE VOTRE VULNÉRABILITÉ DANS VOTRE VIE DE COUPLE

Vous mettre à l'écoute de votre vulnérabilité dans votre vie de couple signifie vous mettre à l'écoute de vous-même, en particulier lorsque de « petits détails sans importance » vous troublent. *Soyez à l'écoute de ce qui vous apaise et de ce qui vous agresse.* Qu'est-ce qui provoque vos maux de tête, vos cauchemars, vos indigestions, vos allergies, vos lombalgies, vos malaises ? Qu'est-ce qui vous angoisse ? Qu'est-ce qui vous tourmente quand vous vous éveillez en pleine nuit ? Qu'est-ce qui vous donne envie de vous offrir une tasse de café, de fumer une cigarette, de boire un verre ?

Une telle prise de conscience représente un énorme changement pour la plupart d'entre nous. En outre, si vous vous sentez tout à coup abandonné en conversant avec une autre personne, vous porterez attention à ce sentiment au lieu de prétendre qu'il n'existe pas.

Par exemple, vous êtes en grande conversation avec votre conjoint. Il se rappelle tout à coup un rendez-vous qu'il a raté, mais parce qu'il est poli, il poursuit votre dialogue au lieu d'y mettre fin. Soudain, vous voici mal à l'aise. Sans raison apparente, vous avez l'impression d'être abandonné. Bien que votre conjoint continue de discuter avec vous en vous regardant dans les yeux et sans s'agiter dans son fauteuil, vous sentez que quelque chose a changé ; vous devinez que, en dépit des apparences, il s'est absenté de la conversation. Votre conjoint n'est plus là.

Quand vous êtes à l'écoute de votre vulnérabilité, vous êtes sensible à la qualité de vos interactions. Quand ce contact se transforme ou se rompt, vous (ou une partie de vous) le devinez. Toutefois, la plupart d'entre nous avons appris à ne pas tenir compte de notre vulnérabilité. Notre tête nous dit que rien ne cloche, que tout va pour le mieux. Et nous y croyons. Cette fois, au lieu de fermer les yeux sur votre malaise, prêtez-lui attention.

Étudiez attentivement la situation, efforcez-vous de comprendre ce qui se passe et identifiez votre comportement. *Ainsi, vous associerez pouvoir et vulnérabilité.* Sans doute voulez-vous mettre fin à votre conversation en disant : « Où es-tu ? » ou « J'ai l'impression que tu m'échappes. Que se passe-t-il ? » La réponse vous surprendra peut-être. Elle pourrait varier énormément, allant de la réaction inavouée telle que : « Je ne suis pas d'accord avec ce que tu viens de dire » à une réponse directe telle que : « Je viens de me rappeler que j'ai oublié mon rendez-vous chez le dentiste ». Votre conversation s'est aussitôt approfondie : vous parlez de ce qui se passe réellement et non par simple politesse.

Il se pourrait également, en ressentant ce sentiment d'abandon, que vous soyez conscient de ne plus écouter ce que vous dit votre conjoint. Vous voudriez alors mettre fin au dialogue, mais vous le prolongez par pure politesse. Sachant cela, vous pouvez vous retirer avec délicatesse, sans cruauté. Rien ne vous oblige à faire durer une situation qui vous déplaît.

Le fait d'être à l'écoute de votre vulnérabilité vous aide à savoir ce qui se passe réellement en vous. Supposons que votre fils vous irrite. Au lieu de tenter de découvrir ce qu'il a fait de mal, penchez-vous sur vous-même. Pourquoi vous sentez-vous si vulnérable auprès de lui ? Craignez-vous qu'il ne vous aime pas ? Avez-vous peur qu'il accumule les échecs et que vous deviez combler éternellement tous ses besoins ? Lorsque vos amis désapprouvent sa conduite, avez-vous l'impression d'être une mère (un père) inapte ? Aimez-vous votre fils au point de ne rien lui refuser, de céder à tous ses caprices ? Vous comprenez mieux ce qui manque à votre relation avec votre fils. Vous constatez ce qui cloche en vous, et vous prenez les mesures qui s'imposent pour remédier à la situation.

Quand vous êtes à l'écoute de votre vulnérabilité, vous êtes conscient des personnes qui vous affligent. Vous constatez que certains individus sapent toute votre énergie sans jamais rien donner en retour. Vous remarquez que la maison est un peu fraîche et vous montez le chauffage, ou vous vous détendez en écoutant de la musique. Ah... c'est mieux. Au restaurant, quand le serveur se montre désagréable et vous conduit à une table à côté des toilettes, vous en réclamez une autre, sans méchanceté ni arrogance. Vous prenez soin de l'enfant vulnérable en vous.

Dans votre vie de couple, vous notez les comportements de votre partenaire qui vous rendent malheureux. Quand ce qu'il fait vous humilie ou vous effraie, vous en êtes conscient. Vous ne le justifiez pas en disant : « Il a eu une dure journée au bureau » ou « Il plaisante » ou « Je l'ai bien mérité ». Vos sentiments acquièrent tout à coup de l'importance. Ainsi que nous l'avons dit à propos des scénarios relationnels, si vous n'êtes pas en contact avec votre vulnérabilité et si vous ne vous efforcez pas de la comprendre, vous creusez un gouffre entre vous et votre conjoint.

Si vous refusez d'admettre que ses retards chroniques ou son indifférence vous font éprouver un sentiment d'être abandonné, vous mettrez en danger l'intimité de votre couple. Si vous refusez d'admettre les blessures qu'il vous inflige en flirtant avec les autres femmes, vous serez contrainte de vous éloigner de lui. Si ses colères vous effraient ou si ses commentaires vous humilient et que vous n'en tenez pas compte, votre enfant vulnérable se protégera en se retirant. Votre sous-personnalité primaire, celle qui comprend ses besoins, prendra le relais et s'occupera de lui, mais vous ne ferez plus partie du décor. Pour demeurer en scène, vous devez être vulnérable, vous devez être capable de ressentir.

L'avantage que vous procure la redécouverte de votre vulnérabilité est le suivant : vous, vos propres besoins, vos sentiments, vos désirs profonds, tout cela fait dorénavant partie intégrante de toutes vos relations importantes.

COMMENT EXPRIMER VOTRE VULNÉRABILITÉ

L'expression de la vulnérabilité peut être fort paradoxale : *Vous devez être en mesure de ressentir votre vulnérabilité en même temps que vous ressentez votre force.* Toutes deux doivent être présentes en vous simultanément. Vous marchez main dans la main avec votre sous-personnalité courageuse et avec votre enfant vulnérable. Ne perdez pas de vue ce principe lorsque vous vous exprimez. Il vous faudra un certain temps pour évoluer à l'aise à l'intérieur de ce paradoxe, mais vous y parviendrez.

N'oubliez pas que vous n'abdiquez pas devant votre partenaire. Vous ne rendez pas votre conjoint responsable de vos sentiments ou de vos besoins. Vous l'invitez à participer à la totalité de votre être. Vous créez avec lui une nouvelle intimité.

CONSEIL UTILE N° 1 :

Si vous croyez dominer la situation, vous vous appuyez trop sur votre force. Si vous croyez être à la merci de l'autre personne, vous êtes trop vulnérable.

CONSEIL UTILE N° 2 :

La réaction de votre partenaire vous dira si vous avez atteint un juste milieu. Une déclaration équilibrée entraîne une réaction équilibrée, intéressée – mais non pas responsable à l'excès – et chaleureuse. Si votre partenaire devient intransigeant ou s'il se met en colère, vous penchez sans doute trop d'un côté ou de l'autre.

En apprenant à exprimer ainsi votre vulnérabilité, vous constaterez sans doute que vous n'interagissez plus de la même façon avec votre conjoint. Efforcez-vous de savoir si l'être qui s'exprime est l'une de vos sous-personnalités ou vous-même. En parlant, n'oubliez pas que votre objectif est d'être accueilli et non d'être secouru.

Si vous suivez nos conseils, la réaction de votre partenaire importera peu, car votre but sera de communiquer, non pas de convaincre. Cette expression de la vulnérabilité prend sa source dans le moi conscient. Vous vous tenez debout sur vos deux jambes – la jambe de la force et celle de la vulnérabilité. Vous en éprouverez un sentiment inédit de stabilité, très différent de celui que vous ressentez quand vous dominez la situation.

Savoir exprimer sa vulnérabilité sans rendre son partenaire responsable de soi est un don précieux. C'est ainsi que nous ouvrons l'un pour l'autre le coffret de la Fée des étoiles et que nous dévoilons nos secrets les plus intimes à notre conjoint. Ceci nous amène à une dernière considération au sujet de la vulnérabilité : la vulnérabilité n'est pas une source de faiblesse, elle est la voie de l'âme.

LA VULNÉRABILITÉ – LA VOIE DE L'ÂME

Nous savons tous ce que sont des larmes de tristesse. Mais il existe d'autres larmes : elles surgissent sans qu'on les sollicite quand nous ressentons une émotion profonde, quand notre cœur et notre âme ont été touchés. Ce sont les « larmes du cœur ». Lorsqu'elles s'écoulent de nos yeux, cela ne signifie pas que nous soyons malheureux, faibles ou bouleversés. Cela signifie seulement que notre vulnérabilité la plus profonde est disponible et qu'une énergie humaine ou divine l'a émue.

Parce qu'on a souvent vu dans les larmes un signe de faiblesse ou de complaisance, beaucoup d'êtres s'efforcent à tout prix de ne pas pleurer. Quand les larmes nous montent aux yeux, nous en avons honte et nous refoulons l'émotion qui les a suscitées. Nous entravons notre vulnérabilité et la réaction pourtant humaine que provoque une émotion vive. Mais, ce faisant, nous nous privons d'une expérience sacrée.

Nous avons parlé à un très grand nombre d'enfants vulnérables, souvent en présence d'observateurs qui, invariablement, en ont été profondément émus. Plusieurs d'entre eux ont pleuré pendant nos séances de travail. Ils n'étaient ni tristes ni pris de pitié pour l'enfant vulnérable qui s'exprimait, mais ils étaient touchés. Si vous êtes ému jusqu'aux larmes, ne refoulez pas vos pleurs. Abandonnez-vous à eux. Ils ne vous accableront pas. Sachez qu'ils ne sont pas un signe de faiblesse. Sachez que ces larmes sont celles de votre cœur.

Les anciens Romains connaissaient-ils l'existence des larmes du cœur ? Parmi les nombreux artefacts exhumés des tombeaux romains, on a trouvé de petits vases lacrymaux absolument magnifiques, destinés à recueillir les larmes du deuil. Nous aimons à supposer qu'on n'y recueillait pas des larmes de tristesse, mais bien les larmes du cœur.

Les anciens savaient sans doute que ces larmes et notre vulnérabilité sont des dons précieux, qu'elles nous relient à l'humanité qui réside au plus profond de nous, en ce lieu où il nous est possible d'accéder au divin. Peut-être ont-ils enseveli ces larmes avec la dépouille, afin qu'elles accompagnent le mort dans son voyage vers l'au-delà, car elles lui ouvraient la voie de l'âme.

Arrêtons-nous un moment pour revoir l'importance de la vulnérabilité dans la relation de couple. En premier lieu, la vulnérabilité permet à l'âme de participer à la relation. Sans elle, tous nos contacts sont dépourvus d'intimité et de profondeur. Avec elle, nous intégrons le trésor de la Fée des étoiles. La conscience de notre vulnérabilité nous permet de nous connaître et de savoir ce qui est bon ou mauvais pour nous, puis d'identifier les mesures à prendre pour équilibrer notre relation. Ensuite, en accueillant l'enfant vulnérable qui réside en nous, nous apprenons à veiller sur nous-même avec bienveillance, sans nous délester de cette responsabilité sur notre conjoint. Enfin, quand nous apprenons à connaître et à exprimer notre vulnérabilité, nous sommes de moins en moins souvent prisonniers de nos scénarios relationnels, c'est-à-dire des réglages implicites de notre vie de couple.

En faisant partie de notre vie, notre vulnérabilité nous permet d'approfondir sans cesse nos liens avec autrui. Ces liens ne sont pas que des liens affectifs ; ils représentent également un transfert d'énergie. Dans le chapitre suivant, nous examinerons de plus près ce contact dynamique et son importance dans toute relation. Nous vous dirons comment il fonctionne et nous vous enseignerons des moyens d'y recourir en toute liberté.

CHAPITRE 5

LA MAGIE DU LIEN : LE POUVOIR RÉGÉNÉRATEUR DU CONTACT DYNAMIQUE

Lorsque a lieu, en toute liberté et conscience, un attachement dynamique, nos âmes entrent en contact. Nous développons une sensibilité nouvelle où le visible et l'invisible se confondent. Dans le silence qui accompagne ce lien, nous parvenons à ouvrir le coffret de la Fée des étoiles et nous découvrons les trésors qu'il renferme.

Reportez-vous mentalement au jour où vous avez fait la connaissance de votre conjoint, ou de toute autre personne que vous avez beaucoup aimée. Vous souvenez-vous de ce que vous avez ressenti ? Cette sensation de lumière enveloppante qui envahissait votre corps et surtout votre cœur ? Quand nous tombons amoureux, que nous ressentons cette chaleur, cette fusion, nous employons, pour les décrire, un vocabulaire qui se rapporte à l'énergie. Nous disons, par exemple, qu'il ou elle dégageait une très belle énergie. Si l'on nous demande ce que cette personne a de si extraordinaire, nous ne parvenons pas à le décrire sauf pour dire que les « vibrations » sont très fortes entre nous. En parlant d'une personne qui vient d'entrer dans la pièce où nous nous trouvons, nous vantons son charisme et son énergie. Ces sensations que suscite le contact avec une autre personne se fondent sur des facteurs psychologiques, émotionnels, physiques, spirituels et énergétiques. Les quatre premiers nous sont déjà familiers. Mais la relation en tant que déploiement d'énergie est une nouveauté pour nous ; elle suppose une perception inédite des aspects de la relation.

Le terme *lien* réfère au contact dynamique entre deux personnes. Ce contact dynamique nécessite la participation d'une certaine forme d'énergie, plus spécifiquement l'énergie physique. Nous savons depuis des millénaires que le corps dégage des champs énergétiques. La médecine traditionnelle chinoise est basée sur ces courants, le *chi,* qui parcourent le corps le long de méridiens, de la même façon que le sang emprunte le système circulatoire.

Ces champs d'énergie ne sont pas confinés au corps physique. Ils vont au-delà et, tout comme les rayons ultraviolets, ils sont en général invisibles à l'œil nu. Dans les arts martiaux orientaux, on puise dans ces courants d'énergie pour accroître la force de l'individu. Quand nous parlons de lien, nous parlons de ces champs et de ces courants d'énergie.

Vous avez sûrement fait l'expérience de ce phénomène même si vous n'avez pas su le décrire au moment où il se produisait. Par exemple, avez-vous déjà ressenti une chaleur ou une fraîcheur vous envelopper en présence de quelqu'un d'autre ? Vous avez été en contact avec son champ énergétique. Certaines personnes nous donnent l'impression qu'elles se tiennent trop près de nous, au point de nous inciter à prendre du recul, bien que la distance entre nous soit tout à fait normale. Ces personnes étendent leur champ d'énergie jusqu'à nous toucher, voire nous envelopper. En d'autres temps, lorsque vous conversez avec une personne, vous vous sentez tout à coup abandonné bien que la conversation n'ait pas encore pris fin. Ceci montre que votre interlocuteur a ramené à lui son champ énergétique : vous êtes seul, effectivement.

Le lien est l'interaction de ces champs d'énergie. Il est associé à l'*intimité* sans lui être identique. L'intimité suppose un certain type de rapprochement entre deux personnes, un rapprochement qui peut se produire dans une multitude de circonstances. Il peut s'agir d'une intimité physique, affective, intellectuelle, psychologique, spirituelle, ou d'une combinaison de plusieurs formes d'intimité. Dans la plupart des cas, l'intimité s'accompagne d'un contact dynamique.

Ce phénomène présente toutefois des exceptions, notamment lorsque, dans leurs échanges d'idées et de concepts, deux individus partagent une exceptionnelle intimité intellectuelle en l'absence de tout contact dynamique, ou lorsque deux individus ressentent une forte intimité psychologique sans transfert d'énergie. Dans ces deux cas d'exceptions, les individus peuvent converser pendant des heures et passer beaucoup de temps en compagnie l'un de l'autre, mais le contact dynamique est absent de leur relation : il n'existe aucun champ magnétique entre eux, et l'atmosphère est froide plutôt que chaude et riche.

Dans l'ensemble, le contact dynamique n'accompagne pas les sous-personnalités favorables au pouvoir et à la réussite sociale et professionnelle. Ces sous-personnalités se composent en général des parties de nous qui régissent nos comportements, soit les sous-personnalités autoritaire, rationnelle, responsable, perfectionniste, fonceuse et critique. Les sous-personnalités qui favorisent le lien sont associées à notre aptitude à *être* plutôt qu'à *faire*. Ce sont les sous-personnalités de notre vulnérabilité et de nos émotions, de notre sensualité et de la réalité de notre âme.

Très souvent, les conjoints s'opposent en ce qui concerne leur disponibilité (lien) ou leur absence de disponibilité (absence de lien) magnétique. Nous insistons ici sur le fait que la disponibilité ou son absence ne sont ni bonnes ni mauvaises. On croit souvent à tort, dans les milieux de la psychologie spirituelle, qu'être disponible est favorable et ne pas l'être est néfaste. Rien ne s'éloigne autant de la vérité. Notre but consiste à vous aider à choisir seul de vous rendre ou non disponible en quelque circonstance que ce soit. C'est *avoir le choix* qui rend libre, et non pas assurer une disponibilité inconsidérée et permanente. Examinons ici la nature de ce concept dans une relation de couple.

Marie et Alice forment un couple, mais elles sont très différentes à bien des égards. Marie est très sociable et disponible. Elle parvient sans peine à établir un contact dynamique avec toutes les personnes qu'elle rencontre. Lorsque ces personnes lui refusent leur disponibilité, elle se sent perdue et ignore quelle attitude prendre. En général, elle se montre encore plus disponible et intime, avec pour résultat que, se sentant envahi, son interlocuteur bat en retraite. Marie juge très négativement les individus moins disponibles qu'elle en dépit du fait qu'Alice, sa conjointe, lui soit parfaitement opposée à cet égard.

De notre point de vue, Marie dégage un grand « magnétisme personnel ». Évidemment, pour cette raison, une personne comme elle s'associera presque inévitablement avec une personne comme Alice, qui garde son énergie magnétique pour soi, c'est-à-dire une personne psychologiquement et dynamiquement réservée, plus encline à être « impersonnelle ». Cette association est la plus fréquente chez les couples et, tant que les partenaires n'ont pas appris à connaître la nature des courants d'énergie, elle occasionne d'innombrables problèmes. Chacun des deux conjoints doit se familiariser avec ces systèmes personnel et impersonnel, tant dans sa propre vie que dans sa relation avec son partenaire.

Par exemple, Marie et Alice s'aiment, mais en dépit de leur amour elles se reprochent l'une l'autre leur excès ou leur manque de disponibilité. Puisque nos jugements portent toujours sur nos sous-personnalités reniées, Marie et Alice continueront de s'adresser des reproches tant que chacune n'aura pas développé en elle-même la vertu qui lui manque et qui se reflète chez sa compagne.

Un autre appariement fréquent de ces oppositions (lien/absence de lien) est celui de l'énergie « d'être » (statique) et de l'énergie « d'agir » (active). Dans la plupart des relations, l'un des partenaires tend à être, tandis que l'autre tend à agir. L'énergie d'être est associée au contact dynamique et l'énergie d'agir se rapporte plutôt à l'énergie personnelle, celle-ci pouvant aller jusqu'au refus de tout contact énergétique.

Vous pouvez être animé d'une énergie d'être, tant quand vous êtes seul qu'en compagnie d'autres personnes. Chez certains individus, cette énergie se manifeste dans la solitude, mais est absente en société. L'énergie d'être est très importante : elle nous permet de nous reposer sur autrui. Nous pouvons évoluer tant à la verticale qu'à l'horizontale. Les personnes qu'anime une énergie d'agir évoluent toujours à l'horizontale, ce qui les rend incapables de faire l'expérience d'une intimité plus profonde avec autrui. Si nous ne parvenons pas à créer cette intimité profonde avec notre compagnon d'existence, un aspect très important manque à notre relation, soit la profondeur de contact qui seule peut l'enrichir.

Au cours de votre réflexion sur les multiples sous-personnalités, n'oubliez pas que chaque être se compose de deux séries de sous-personnalités : la première rassemble les sous-personnalités associées à notre réussite, par exemple celles du pouvoir personnel, de la vitalité, du jugement, du perfectionnisme et de l'ambition. Ces sous-personnalités ne créent aucun contact dynamique et ne nécessitent aucune intimité, car elles évoluent à l'horizontale ; leur tâche consiste à assurer notre réussite, notre sécurité et notre autorité.

Les autres sous-personnalités sont associées au lien et à l'intimité : ce sont celles de la vulnérabilité, de la sensualité et de la sexualité, de l'âme et de la spiritualité du cœur (et non pas de l'esprit). Étonnamment, dans la relation de couple, ces deux séries de sous-personnalités opposées trouvent à se rencontrer. Toutes deux nous sont indispensables. Dans ce chapitre, vous apprendrez à vous en servir pour disposer à votre gré et en tout temps des liens personnel et impersonnel, de l'absence de lien, de l'intimité et de l'absence d'intimité.

Pourquoi le lien dynamique est-il si important?

Le lien est notre nourriture. Il nous rassasie et nous satisfait. Sans lui, nous avons l'impression de mourir d'inanition. Il nous faut établir ce lien d'une manière ou d'une autre. Certains individus emploient pour le créer des méthodes proprement extraordinaires. Dans certains cas, ils déversent leur énergie dans des objets inanimés qui sont, bien entendu, incapables d'y réagir.

Si nous n'incluons pas ce lien primaire dans nos relations primaires, il trouvera un autre débouché. Chez les couples qui ont des enfants, le lien aura lieu avec l'un ou plusieurs des enfants : ceux-ci deviendront les conjoints de fait. On peut destiner ce lien à un ou plusieurs amis, au travail, à l'ordinateur, ou encore au chat, au chien, à la nourriture, à la télévision ou à l'alcool. Les possibilités sont infinies.

L'absence de lien entre conjoints favorise les liaisons adultères. Ce phénomène est très fréquent. Il peut ne pas dépasser le stade du fantasme, par exemple lorsqu'une personne rêve pendant des heures à une ou à plusieurs personnes qui l'attirent et échafaude des scénarios. D'autres individus établissent avec quelqu'un d'autre de très forts liens dynamiques n'allant pas jusqu'à la relation amoureuse. Parfois, le contact dynamique quitte le domaine du rêve, du fantasme et de la simple amitié pour entrer dans la réalité : c'est l'adultère.

Nous ne voulons pas dire que vous devez toujours être disponible et prêt à l'intimité dans votre vie de couple ; plutôt, vous devez apprendre à doser vos liens en toute liberté et en tout temps. Toute personne peut avoir besoin à l'occasion de l'intimité que procure ce lien et, en d'autres temps, avoir besoin d'espace.

Supposons que vous soyez une personne très ouverte et très disponible aux autres. Tant que les autres sont aussi disponibles que vous l'êtes, tout se passe bien. Mais qu'arrivera-t-il si vous avez un déjeuner d'affaires avec une collègue plus froide et plus impersonnelle que vous ne l'êtes ? Vous aurez un dur moment à passer. Vous vous efforcerez d'être personnel, vous tenterez désespérément d'établir avec votre interlocutrice un contact dynamique en lui présentant votre projet de levée de fonds. Si elle garde ses distances, vous deviendrez nerveux et peu sûr de vous, car vous devinerez que quelque chose ne va pas. Vous ne saurez plus sur quel pied danser. Dans un autre scénario, votre interlocutrice pourrait devenir irrésistible à vos yeux, vous en tomberiez follement amoureux et vous l'épouseriez. Par la suite, vous auriez tout le temps voulu pour apprendre à connaître le phénomène du lien et l'intégrer à votre relation de couple.

Imaginez-vous, maintenant, en train de présenter votre projet de levée de fonds en sachant doser vos énergies et vous montrer à votre gré plus ou moins disponible. Au lieu de tenter de créer un transfert d'énergie, vous diminuez votre courant d'énergie afin d'occuper un espace plus impersonnel. Ce faisant, vous composez beaucoup plus facilement avec l'attitude distante de votre compagne de table. Le conflit entre sous-personnalités opposées n'a pas lieu.

Selon Sidra, vous apprenez ainsi à jouer de votre instrument énergétique. Ce talent est inappréciable dans toute vie de couple. Par exemple, si Marie persiste à demeurer personnelle et reproche à Alice de conserver son quant-à-soi et sa distance, et si Alice demeure impersonnelle et reproche à Marie sa disponibilité excessive, des tas de problèmes s'ensuivront.

Si Marie et Alice apprennent à jouer de leur instrument énergétique, leur façon d'aborder leur relation en sera transformée. Chacune sera libre de choisir son degré de disponibilité ou de non-disponibilité en fonction de ses besoins propres et des besoins de sa compagne. Quel changement !

La question du lien est primordiale dans nos travaux sur la vie de couple. Elle est la pierre de touche de nos ateliers. Les participants apprennent d'abord à déceler sa présence ou son absence. Savez-vous quand se produit un transfert d'énergie entre vous et votre conjoint ou entre vous et qui que ce soit d'autre ? Pouvez-vous déceler sa présence ?

LA DÉTECTION DU LIEN

Le lien n'est pas un vague concept ésotérique. En toutes circonstances, un transfert d'énergie a lieu ou non, et de nombreuses personnes parviennent à le déceler spontanément et instinctivement. Supposons que votre compagne vous avoue qu'elle vous aime. Vous en êtes heureux, mais vous éprouvez un malaise indéfinissable. Quelque chose cloche. Ses mots vous paraissent sincères, mais le contact ne semble pas s'être établi. De votre point de vue, il n'y a pas eu de lien. Vous percevez distinctement son absence.

Vous demandez à votre compagne ce qui ne va pas. Vous dites être content qu'elle vous exprime son amour, mais que son ton ne vous semble pas tout à fait juste. Si votre réaction ne l'agresse pas, elle pourrait vous répondre de plusieurs façons : son travail la préoccupe ; elle a rencontré quelqu'un et éprouve de l'attirance pour cette personne ; elle vous en veut d'être si occupé et de résister à ses tentatives de rapprochement ; elle ne sait pas de quoi vous parlez.

L'important est qu'en étant conscient du lien dynamique, vous pouvez percevoir sa présence ou son absence dans vos rapports avec autrui. À défaut de cela, vous vous culpabiliseriez sans doute de ne pas croire tout à fait aux mots d'amour de votre compagne quand ceux-ci ne sont pas en accord avec le contexte énergétique de votre conversation. Lorsque vous *savez* en quoi consiste le lien dynamique, vous notez un décalage entre le « je t'aime » de votre compagne et le fait qu'il n'y ait pas de champ énergétique.

Qui n'a pas entendu des expressions telles que : « Ses vibrations sont très fortes » ; « Elle a un charisme fou » ; « J'aime ton énergie » ; « Je ressens très fortement le contact entre nous » ; « Ils forment un couple merveilleux. » Toutes ces expressions décrivent des courants d'énergie et des liens dynamiques. Souvent, on ignore ou même on évite ces courants parce que l'énergie se transforme en énergie sexuelle, et que c'est bon. La sensation de bien-être tend à s'intensifier et vous voilà attiré sexuellement par l'autre personne avant même de vous en être rendu compte. Si vous agissez sur-le-champ, vous passerez sans doute une nuit extraordinaire, mais vous devrez peut-être renoncer au lien à long terme.

Le lien sexuel diffère du lien dynamique qui est ici notre propos. Certains couples ont une vie sexuelle très positive en l'absence de tout contact dynamique quand ils ne font pas l'amour. C'est l'une des raisons pour lesquelles tant d'individus éprouvent un sentiment d'abandon et de vide après l'orgasme. Si vous ne percevez aucun lien dynamique après l'orgasme, ce lien est vraisemblablement absent de la relation en général. Il vous manque.

La notion de lien se fonde sur le fait que tout individu est entouré d'un champ magnétique émanant du corps. Cette notion est étrangère à la plupart des Occidentaux bien qu'elle soit inhérente à de nombreuses cultures orientales. Depuis vingt-cinq ans, des approches thérapeutiques très novatrices ont été développées en Occident par des praticiens qui tiennent compte à la fois du parcours de l'énergie sur le trajet des méridiens du corps, par exemple dans l'acupuncture et la réflexologie, et des champs magnétiques extérieurs au corps.

Notre propos ne concerne pas les champs magnétiques dans un contexte thérapeutique, mais bien dans celui de la conscience physique. Il importe de développer, dans toutes nos relations, un contrôle efficace et délibéré de ces liens dynamiques.

La première étape consiste à détecter la présence ou l'absence du lien. Ensuite seulement pourrez-vous apprendre à contrôler celui-ci afin de choisir librement le degré d'intimité qui vous conviendra en toutes circonstances. Nous avons pour ce faire conçu des exercices à faire avec votre conjoint dans le but (1) de vous familiariser avec la notion de lien et (2) d'apprendre à vous en servir volontairement.

Si vous êtes seul, ou si votre conjoint ne souhaite pas participer à ces exercices, demandez à un ami de vous aider. Ces transferts d'énergie se produisent dans tout type de relation. La participation d'une personne autre que votre compagnon de vie peut vous être très profitable et même faciliter votre processus d'apprentissage, tout au moins au début.

N'oubliez pas que certaines personnes sont plus douées que d'autres pour le lien dynamique ; ne vous laissez pas décourager par les difficultés rencontrées en cours de route. Vous souvenez-vous des sous-personnalités qui assument un rôle « prédéterminé » ? Les gens se partagent deux modes de comportement implicite : le premier se rapporte à la pensée rationnelle et l'autre à la sensibilité (y compris la sensibilité aux courants d'énergie dont il est ici question). Si votre mode prédéterminé est celui de la sensibilité, vous êtes probablement déjà conscient des aspects magnétiques de toute interaction interpersonnelle. Dans ce cas, la notion de lien et les exercices ci-dessous ne présenteront aucune difficulté. Vous disposez déjà de logiciels internes qui vous permettent de lire l'information énergétique que vous recevez.

Si, au contraire, votre mode prédéterminé est celui de la rationalité et que le mental domine dans toutes vos relations humaines, vous n'êtes sans doute pas très conscient de ces transferts d'énergie bien que vous composiez avec eux quotidiennement. Vous ne disposez d'aucun logiciel interne qui puisse vous aider à comprendre ce qui se passe et à enregistrer vos réactions. Vous avez besoin d'un logiciel spécifique qui vous permettra de comprendre cet influx d'énergie, car celui-ci résiste à toute rationalisation. Si vous vous efforcez d'insérer des graphiques complexes dans un logiciel d'affaires, vous n'y parviendrez pas : aucun réglage n'a été prévu dans cette éventualité. Devant les difficultés initiales que vous affronterez, songez aux problèmes auxquels vous faites face quand vous installez un nouveau logiciel sur votre ordinateur. Quand l'installation a réussi, tout marche comme sur des roulettes !

Détendez-vous et faites confiance au processus qui va bientôt se déployer. Si vous préférez ne pas faire ces exercices ou si vous ne pouvez pas les faire pour quelque raison que ce soit, lisez-les quand même. Vous aurez ainsi une meilleure idée de la nature du lien et de son fonctionnement.

EXERCICES DE LIEN

Réservez à chacun des exercices qui suit une demi-heure de votre temps, pendant laquelle ni vous ni votre partenaire ne serez dérangés. Vous pouvez aborder ces exercices un à la fois, ou les rassembler en une seule séance de travail. Faites en sorte qu'on ne vous interrompe pas et ménagez-vous suffisamment de temps. Ne vous pressez pas et discutez aussi longtemps que nécessaire.

Optez pour une pièce de la maison dépourvue de courants d'air et de bruit afin d'être à l'abri des distractions. Ne réfléchissez pas trop. Détendez-vous et prêtez attention aux sensations de chaleur que vous éprouverez et aux changements qui affecteront vos émotions. Portez des vêtements confortables et restez pieds nus pour être parfaitement à l'aise et pour que rien ne puisse troubler votre concentration. Placez deux chaises identiques en vis-à-vis et asseyez-vous.

Pour commencer, identifiez le Partenaire A et le Partenaire B. Asseyez-vous face à face à une distance d'environ un mètre. Pour cet exercice, vous garderez les yeux ouverts. Lisez à haute voix les instructions qui suivent, ou demandez à une autre personne de les lire pour vous.

EXERCICE DE LIEN N° 1

Apprenez à projeter ou à ramener vers vous votre énergie

Imaginez que votre épine dorsale est l'axe d'un courant d'énergie qui circule dans votre corps. Il est possible de projeter votre énergie de cet axe vers votre partenaire, ou vers qui que ce soit d'autre. Vous pouvez également rappeler votre énergie et la ramener au centre de votre épine dorsale. Nous savons qu'il peut être très difficile d'imaginer ces allers et retours de vos courants énergétiques, mais sachez qu'ils se produisent de toute façon, spontanément, à votre insu.

Pour comprendre un peu mieux ce phénomène, imaginez que vous êtes assis en compagnie de votre partenaire ; soudain, il vous dit : « Où es-tu ? Tu es ailleurs ! » Vous n'avez pas conscience de vous être absenté ainsi, mais votre interlocuteur le devine. Sans doute a-t-il dit quelque chose qui vous a blessé à votre insu. Dans ce cas, vous *lui retirez votre énergie* sans comprendre ce que vous faites. Puis, on sonne à la porte ; une personne que vous estimez beaucoup vous rend visite. Soudain, vous *projetez votre énergie* vers cette personne, toujours à votre insu. Votre partenaire s'en rend compte et, plus tard, il vous signale que vous avez été très ouvert à cette personne et très fermé avec lui.

Prenez votre courage à deux mains, plongez dans un univers inconnu et fascinant et apprenez à jouer de cet instrument au lieu de le laisser vous dicter votre conduite comme il le fait toujours.

Dans ce premier exercice, vous apprendrez sous notre direction à étendre et à refermer à volonté votre champ d'énergie. Visualisez votre épine dorsale comme une fleur dont le parfum rejoindrait l'autre personne, ou imaginez un halo de lumière douce, un ruban de couleur, ou un courant électrique qui, émanant de vous, va toucher votre interlocuteur. Certaines personnes préfèrent visualiser leur cœur au centre de leur champ d'énergie. Si c'est votre cas, imaginez qu'une fleur, une lumière dorée, un courant électrique ou chaud, un jet d'eau ou des ondes sonores irradient de votre cœur pour toucher la personne assise en face de vous. Lorsque vous refermez votre champ énergétique, vous ramenez vers vous l'énergie que vous aviez d'abord projetée vers autrui.

1. *Projetez votre énergie.* Projetez l'un vers l'autre votre énergie. Imaginez que vous fusionnez avec votre partenaire. Percevez-vous un courant de chaleur au moment de cette fusion ? Si vous êtes attentif au contact qui s'établit entre vous deux, vous sentirez un courant chaud vous envelopper et vous éprouverez un sentiment d'intimité et de proximité. Cette sensation est due au lien dynamique.

2. *Ramenez votre énergie vers vous.* Après trente à soixante secondes, ramenez votre énergie vers vous. Sentez-vous le vide qui s'installe ? Éprouvez-vous une sensation de néant ? La chaleur qui vous enveloppait, le contact entre vous deux, n'existe plus. Souvent, l'air ambiant entre les deux partenaires semble plus froid. L'intimité a disparu.

3. *Répétez* ces deux étapes deux ou trois fois par jour pendant quelques jours.

Après chaque séance, discutez ensemble de l'expérience que vous venez de vivre. Cet échange de vues est très précieux ; vous vous aidez l'un l'autre à percevoir le lien qui a eu lieu.

Soyez attentif à votre réaction au lien dynamique et à son interruption. Bien qu'il ne s'agisse ici que d'un transfert d'énergie, il implique une certaine émotion. La réaction émotionnelle de chacun peut varier. La plupart des gens aiment ressentir ce lien, mais un nombre surprenant de personnes le tolèrent mal et éprouvent du soulagement lorsqu'elles referment leur champ d'énergie. D'autres sont plutôt affectées par l'interruption du lien. Chez d'autres encore, qui pourtant reconnaissent qu'il ne s'agit là que d'un exercice, l'interruption du lien par leur partenaire se traduit par un sentiment d'être abandonné ou un bref sentiment de culpabilité : « Qu'est-ce que j'ai fait de mal ? » Soyez attentif à vos réactions, aux pensées qui vous animent, aux émotions ressenties.

EXERCICE DE LIEN Nº 2A

Le partenaire A apprend à réguler son courant d'énergie

L'exercice précédent vous a appris à créer un lien dynamique, à l'interrompre, à reconnaître sa présence ou son absence. L'exercice suivant a pour but de vous enseigner à le réguler.

Avant de commencer, imaginez que vous tenez en main un appareil qui vous permet de contrôler votre courant énergétique. Donnez-lui la forme que vous voulez. Il est muni de boutons ou de manettes qui vous permettent d'augmenter ou de réduire l'intensité de ce courant, de le renforcer ou de l'affaiblir, de le rendre plus personnel ou plus impersonnel. N'oubliez pas que l'énergie suit le courant de la pensée. Quand nous savons utiliser correctement nos facultés mentales et notre imagination, nous sommes mieux en mesure de créer et de ressentir le lien dynamique.

1. *Les partenaires A et B ramènent vers eux leur champ d'énergie* comme dans l'exercice 1, étape 2.

2. *Le partenaire B garde son énergie par-devers lui.* En retenant son énergie, le partenaire B reste neutre.

3. *Le partenaire A augmente l'intensité de son énergie.* Le partenaire A utilise en pensée son cadran régulateur pour amorcer le processus de lien le plus énergiquement possible. Le partenaire B reçoit passivement cette énergie ; il reste neutre, mais il est autorisé à formuler les sensations qu'il éprouve.
4. *Le partenaire A réduit son courant d'énergie.* Après trente à soixante secondes, A réduit l'intensité de son énergie.

Efforcez-vous de procéder le plus lentement possible pour bien sentir que vous maîtrisez la situation. Ce faisant, vous transformez votre énergie : de personnelle, elle devient impersonnelle ; de tiède, elle devient froide.

5. *Le partenaire A intensifie son courant d'énergie.* Maintenez l'absence de lien pendant trente ou soixante secondes, puis recréez-le le plus fermement possible. Pour maîtriser ce processus, il importe de ne pas vous presser.

6. *Le partenaire A réduit son courant d'énergie à un niveau agréable.* Après trente ou soixante secondes, réduisez l'intensité de l'énergie chaude et personnelle que vous venez d'envoyer à votre partenaire (B) et ajustez-la à un niveau agréable, à mi-chemin entre l'énergie personnelle et l'énergie impersonnelle. C'est votre zone de confort du moment, mais vous pourrez la changer à votre gré.

Quand vous aurez terminé, prenez le temps d'échanger sur cette expérience. Refaites cet exercice aussi souvent que vous le désirez.

EXERCICE DE LIEN N° 2B

Le partenaire B apprend à réguler son courant d'énergie

Refaites l'exercice précédent en intervertissant les rôles des partenaires A et B. Répétez chaque étape de l'exercice. Cette fois, le partenaire B apprend à réguler le courant de son énergie et le partenaire A reste neutre. N'oubliez pas de faire suivre cet exercice d'un échange d'impressions.

Les exercices qui précèdent ont pour but de vous familiariser avec les techniques de base du lien dynamique. Vous devriez maintenant commencer à déceler l'énergie qui vous est transmise ou retirée et la présence ou l'absence d'un champ énergétique. Vous savez aussi qu'il vous est possible de réguler votre propre courant d'énergie et d'accroître ou de réduire à volonté l'intensité du lien.

Les deux exercices suivants vous aideront à développer une aptitude supplémentaire. Supposons que vous vous trouviez en compagnie d'une personne dont l'énergie vous envahit. Cette personne est toujours très généreuse de son énergie, mais elle est impuissante à la réguler. Imaginez aussi que son énergie est entièrement personnelle. Ce genre de situation ne vous laisse pas beaucoup de choix. Vous pouvez lui céder et fondre votre énergie à la sienne, ou vous retirer et fuir au plus tôt. Une telle occurrence est fréquente dans nos interactions, mais elle se produit à notre insu. Quand vous aurez terminé l'exercice suivant, vous aurez la possibilité de réguler l'intensité de cette énergie qui vous est transmise.

EXERCICE DE LIEN N° 3A
Le partenaire A apprend à composer avec une énergie envahissante

Dans cet exercice, le partenaire B s'efforce autant que possible d'envahir et d'accabler le partenaire A avec son énergie. Le partenaire A s'habitue à composer avec ce barrage énergétique en atténuant le lien, ainsi qu'il a appris à le faire dans l'exercice précédent. Quand A aura diminué l'intensité du lien, le champ énergétique qui vous entoure deviendra plus impersonnel et plus froid. Par la suite, A amplifiera et réduira tour à tour le lien à quelques reprises et, enfin, il l'immobilisera à un niveau confortable d'interaction dynamique.

1. *Ramenez vers vous votre énergie.* Commencez par réduire votre champ énergétique ; ramenez votre énergie vers l'axe de votre épine dorsale.

2. *Le partenaire B étend son champ d'énergie.* Le partenaire B étend son champ d'énergie et amorce le lien avec fermeté dans le but d'envahir le partenaire A et de noyer celui-ci dans son énergie.

3. *Le partenaire A refroidit le champ énergétique.* Après quelque trente ou quarante secondes, A réduit graduellement l'intensité du lien afin de créer un contact plus impersonnel. B continue de transmettre à A une énergie chaleureuse et aussi abondante que possible. A tout autant que B commence à ressentir que le contact entre partenaires est de plus en plus impersonnel.

4. *Le partenaire A ouvre son champ d'énergie.* Après trente ou soixante secondes, le partenaire A recrée le lien et en augmente l'intensité jusqu'à ce que celle-ci ait atteint son niveau maximal.

5. *Le partenaire A détermine la zone de confort.* Après trente ou soixante secondes, le partenaire A réduit une fois de plus l'intensité du lien jusqu'à ce que l'équilibre entre énergie personnelle et énergie impersonnelle lui convienne. Ainsi, le partenaire A apprend à choisir volontairement le degré d'intimité qu'il souhaite partager et ce, en toutes circonstances et quels que soient les besoins et les désirs de son partenaire.

6. *Prenez le temps d'échanger vos impressions sur ce que vous venez de vivre.*

EXERCICE DE LIEN N° 3B
Le partenaire B apprend à composer avec une énergie envahissante

Refaites l'exercice qui précède en intervertissant les rôles. Cette fois, le partenaire B régule l'énergie que le partenaire A cherche le plus possible à déverser sur lui. Quand vous en aurez terminé, partagez vos impressions et vos réactions. Pour acquérir une maîtrise de ce processus, nous vous conseillons fortement de refaire ces exercices plusieurs fois pendant quelques jours. Vous pourriez aussi choisir de les faire avec plusieurs partenaires différents afin de vous pencher sur leurs réactions respectives.

LA NOUVELLE INTIMITÉ

Les exercices de lien 1 à 3 servent de fondement à l'établissement d'une nouvelle intimité. Le premier exercice vous a appris à créer un lien dynamique et à en déceler la présence ou l'absence. Le deuxième exercice vous a appris à étendre votre champ d'énergie de façon à être plus personnel (chaleureux et disponible) et à le refermer de façon à devenir plus impersonnel (distant et objectif). Le troisième exercice vous a permis de découvrir que vous pouviez neutraliser l'énergie qui circule entre vous et une autre personne en régulant votre propre courant d'énergie.

Ainsi, quand vous sentez qu'une autre personne vous écrase ou que son énergie vous envahit, rien ne vous oblige à fusionner avec elle ou à la fuir. Il vous suffit d'ajuster à la baisse ou à la hausse l'intensité de votre propre champ énergétique jusqu'à ce que vous trouviez votre zone de confort.

Dans l'ancienne forme d'intimité, lorsque deux individus se rapprochent l'un de l'autre, le courant d'énergie chaleureuse et personnelle qui les relie n'est jamais interrompu. Ils se fondent l'un dans l'autre tant sur le plan dynamique que sur le plan psychologique. Dans un certain nombre d'approches psychologiques, ce phénomène porte le nom de *fusion*.

La nouvelle forme d'intimité fait plutôt appel au *moi conscient*. Autrement dit, l'intimité entre deux êtres n'est plus synonyme de proximité ou de totale disponibilité énergétique ; elle correspond à un lien dynamique où devient accessible la liberté de choix. Vous êtes présents, vos énergies respectives se touchent, mais vous pouvez réguler le degré et l'intensité du courant d'énergie entre vous et votre partenaire. Ce choix fait de vous un être libre. Nous sommes en présence de deux individus autonomes qui peuvent se rapprocher l'un de l'autre à volonté.

Dans le dernier exercice de la série, vous apprendrez à être ensemble dans une énergie « d'être ». Ce contact est très intime, mais pas forcément sur le plan de la sensualité. Il procure à votre vulnérabilité, à l'enfant vulnérable en vous, l'espace dont il a besoin pour entrer en contact avec un autre être humain.

EXERCICE DE LIEN N° 4

Comment être présent grâce à l'énergie « d'être »

Asseyez-vous l'un en face de l'autre à une distance d'environ un mètre. Prévoyez une demi-heure au moins pour cet exercice, et choisissez une pièce fermée où vous serez certains de ne pas être interrompus. L'énergie « d'être » est celle qui nous permet d'« être » en compagnie d'une autre personne sans se sentir obligé de « faire » ou de « dire » quelque chose. Vous constaterez que votre cerveau et votre sous-personnalité fonceuse s'efforcent de vous interrompre, car ils jugent le fait d'« être » parfaitement inutile. Tout ce qui les intéresse, c'est « faire », « agir ». Sentez-vous libre d'exprimer à votre partenaire les pressions que vous subissez pendant la durée de cet exercice.

1. Installez-vous et ajustez votre champ d'énergie dans la zone de confort impersonnelle qui convient à chacun de vous, puis maintenez ce lien dynamique. Rappelez-vous que vous n'avez rien à faire, aucun endroit où aller. Contentez-vous d'*être*. Vous constaterez qu'un courant d'énergie très puissant se développe entre vous si vous persistez assez longtemps. Si l'un de vous ne supporte plus la tension ainsi provoquée, il lui suffit d'ajuster son champ d'énergie à la baisse, comme dans l'exercice 3.

2. Dites tout haut ce que vous pensez ou ce que vous ressentez. Pendant un tel lien dynamique, nos propos sautent du coq à l'âne. Rien ne vous oblige à tout comprendre, à atteindre un but, à régler un problème. Vous êtes ensemble pour le seul plaisir d'être ensemble dans un champ d'énergie ouvert et agréable.

   Au début, vous resterez ainsi de cinq à dix minutes. Plus tard, vous souhaiterez sans doute prolonger l'expérience.

   Remarquez la lenteur de vos échanges et les silences qui ponctuent ceux-ci. Dans ce contexte, la communication verbale diffère beaucoup de nos conversations usuelles. Nous la qualifions de « conversation mousseuse », car les idées et les pensées pétillantes semblent monter de nos pieds pour sortir aussitôt par notre bouche. Ces idées n'ont pas forcément de lien entre elles.

3. Fixez une limite de temps à cet exercice et décidez par avance du moment où vous le reprendrez.

« Être » ensemble

Cette manière d'« être » ensemble représente souvent pour les couples une expérience profondément enrichissante. Certains disent retrouver là l'émotion qui était la leur au début de leur relation, une émotion qu'ils ont égarée en cours de route en lui substituant les contraintes et les responsabilités de la vie quotidienne. Vous souvenez-vous de ce bonheur d'être ensemble, tout simplement ? Vous approfondirez votre intimité si vous mettez en pratique régulièrement cette énergie d'être. Elle diffère de l'énergie qui se déploie entre vous lorsque vous

vous promenez ensemble, que vous lisez ensemble ou que vous admirez ensemble le coucher du soleil. Ici, vous êtes ensemble, face à face, sans musique, sans télé, sans emploi du temps. Vous laissez se fondre vos courants d'énergie en acceptant par avance tout ce qui pourrait se produire. Vous donnez du tonus à votre intimité.

Cette intimité vous permet de découvrir un aspect inédit de votre relation où la réalité dynamique occupe une place beaucoup plus importante que celle de l'esprit et de la verbalisation. Bien entendu, nous ne déprécions pas l'esprit ! Non. Pas du tout. Nous cherchons plutôt à lui rendre son équilibre. Le cerveau est incapable de créer ou de comprendre le lien. Pour équilibrer le système psychique, il nous faut reléguer dans un camp l'esprit et la verbalisation, et dans l'autre l'énergie d'être et nos autres sous-personnalités dynamiques. Le cerveau est aveugle au contenu du coffret de la Fée des étoiles. Mais lorsque nous accédons à l'énergie d'être et à notre vulnérabilité, ce coffret se remplit de délices que seul le cœur est capable de voir.

Ces exercices vous prodiguent un enseignement très important. Quand vous en aurez acquis la maîtrise, vous saurez déceler la présence ou l'absence d'énergie entre vous et quelqu'un d'autre. Lorsque votre conjoint vous dira qu'il vous aime, vous saurez si cette déclaration s'accompagne ou non d'un courant d'énergie. Si le contact ne se fait pas, demandez-vous pourquoi.

Vous apprendrez aussi à réguler votre propre énergie en fonction de votre désir d'être personnel ou impersonnel et de la quantité d'énergie que vous souhaitez transmettre aux autres. Cette intimité nouveau genre vous donne la possibilité de choisir librement et en tout temps le degré d'intimité que vous désirez partager.

L'INTIMITÉ RENOUVELÉE : AH ! AIMER LA VIE !

Quand ils ont goûté à cette intimité intemporelle que peut engendrer l'énergie qui circule entre deux êtres, la plupart des couples paieraient cher pour être en mesure de la retrouver. Ce lien est l'essence même de la relation amoureuse. Il nous nourrit et permet à nos âmes de se toucher. Lorsque deux êtres se rencontrent dans une énergie d'« être », ils parviennent plus facilement à extérioriser leur vulnérabilité.

Le partenariat nous conduit inexorablement à ce type de contacts. Les difficultés à traverser en valent vraiment la peine. Il est la récompense de tous nos efforts, de nos travaux, de nos apprentissages et de nos scénarios relationnels négatifs. Il est la raison pour laquelle nous nous devons d'apprendre à reconnaître nos sous-personnalités et à nous en dissocier. À cause de lui, nous n'avons pas le droit de laisser ces sous-personnalités primaires déchaînées que sont le fonceur ou le critique intérieur vivre notre vie à notre place. Il nous pousse à connaître la nature et le fonctionnement des scénarios relationnels. Sans ce travail et sans cette expérience, nous ne pouvons pas accéder au lien dynamique et encore moins le faire durer.

Si votre critique intérieur est tenace et vous agresse sans répit, comment pouvez-vous goûter tranquillement la présence de votre conjoint ? Il n'y a pas de silence quand un tel juge vous assourdit de critiques comme un appareil de radio dont le volume est dix fois trop élevé. Si votre fonceur se déchaîne, comment pouvez-vous ralentir et prendre le temps de vous asseoir en compagnie de votre conjoint ? Vous avez trop à faire. Le fonceur vous dicte votre emploi du temps même quand vous cherchez à vous détendre et à entrer dans un état d'être. Encore une fois, tout n'est que bruit. Si votre sous-personnalité dominante veut sans répit plaire à votre conjoint, comment pouvez-vous vous reposer l'un sur l'autre ? Impossible. Cette sous-personnalité qui n'aspire qu'à faire plaisir voudra s'assurer de la réussite de votre lien, elle ne tiendra compte que des sentiments de votre partenaire à votre endroit et elle voudra savoir s'il vous approuve ou non.

Si vous êtes marié à votre argent ou à votre ordinateur, comment parviendrez-vous à vous distancer de vos affaires ou d'Internet pour prendre le temps de vous arrêter ? Si vos enfants remplacent votre conjoint, comment parviendrez-vous à vous séparer d'eux et à vivre de tels moments d'intimité avec votre conjoint ? Cela n'en finit pas. La solution est pourtant simple. Apprenez à identifier vos sous-personnalités et à connaître leurs interactions avec celles de votre conjoint. Quand vous vous dissocierez des comportements que vous dictent ces sous-personnalités, vous ferez l'apprentissage d'une intimité à laquelle nous aspirons tous, cette même intimité que la plupart d'entre nous avons connue au tout début de notre vie de couple.

Lorsque nos énergies respectives se touchent par choix et de propos délibéré, nos âmes se touchent aussi. Nous développons une sensibilité inconnue jusque-là, où le visible et l'invisible ne font plus qu'un. La relation de couple nous ouvre l'univers de l'esprit. Ainsi que nous venons de le dire, c'est dans le silence engendré par ces liens dynamiques que nous parvenons à discerner le scintillement, la poudre féerique, la magie et la spiritualité que renferme le coffret de la Fée des étoiles.

Dans la première partie de cet ouvrage, nous avons étudié les fondements de la relation de couple. Nous vous avons aidés à identifier vos multiples sous-personnalités et nous vous avons indiqué comment elles interagissent avec celles de votre conjoint dans le contexte de vos scénarios relationnels. Nous vous avons aussi fait prendre conscience de l'énergie qui circule entre deux êtres. Dans la deuxième partie, nous explorerons les domaines de la vie de couple et de la vie tout court dans lesquels vous pourrez mettre ces principes en pratique. Quelle meilleure introduction à ce périple que l'étude de la sexualité et de son rôle dans le développement du partenariat ?

DEUXIÈME PARTIE

COMMENT AMÉLIORER SA VIE DE COUPLE

CHAPITRE 6

LE PARTENARIAT PASSIONNÉ : LA SEXUALITÉ ET LA SENSUALITÉ HORS DE LA CHAMBRE À COUCHER

Dans le partenariat du couple, la vie sexuelle doit passer la frontière de la chambre à coucher pour être satisfaisante et entière. La relation physique est un facteur parmi d'autres dans la vie du couple : on ne doit pas l'en dissocier.

Jusqu'à présent, nous nous sommes penchés sur l'essentiel. Nous avons parlé des multiples sous-personnalités qui vivent en nous et qui régissent une part importante de nos relations personnelles. Vous avez appris que les scénarios relationnels sont l'expression de l'interaction de ces sous-personnalités. Vous avez appris en quoi consiste la vulnérabilité et vous avez su qu'il est de toute première importance que les conjoints développent un rapport conscient à cette vulnérabilité. Nous vous avons également donné un aperçu de la nature du contact dynamique et de son rôle majeur dans le processus de partenariat. Ne perdez pas ces notions de vue dans le présent chapitre où il sera question de la sexualité du couple.

Nous avons rencontré des centaines de couples au cours des vingt dernières années. Un grand nombre d'entre eux ont affirmé que leur vie sexuelle était problématique ou, du moins, une source d'inquiétude pour l'un des conjoints. Nous avons écouté ces récits avec tristesse, voire avec étonnement. La souffrance intense du couple dont la vie sexuelle se détériore nous afflige. Le gouffre qui sépare les conjoints dans tant de domaines de leur vie commune est étonnant. Comment peuvent-ils espérer développer une vie sexuelle satisfaisante quand ils sont au mieux des étrangers l'un pour l'autre et, au pire, des adversaires ?

Il y a plusieurs années, lorsque je (Hal) travaillais auprès de patients atteints de cancer au Center for the Healing Arts de Los Angeles, une femme qui venait de recevoir un diagnostic de cancer de l'estomac m'a consulté. Elle avait parcouru une très grande distance pour cet unique rendez-vous, afin de solliciter mes conseils. Au cours de notre entretien, je lui ai demandé si elle consommait une grande quantité de boissons gazeuses. Sa réponse m'a sidéré. Depuis environ vingt-cinq ans, m'a-t-elle dit, elle consommait chaque jour pas moins de vingt cannettes de Coca-Cola. Il ne lui était jamais venu à l'esprit que cet abus des boissons gazeuses puisse lui être néfaste. J'étais sous le choc : le lien entre cette habitude et son cancer de l'estomac lui échappait totalement.

Nous ressentons le même choc lorsque les couples que nous rencontrons s'efforcent de trouver des solutions à leurs problèmes sexuels. Leur relation est parfois aride à tous points de vue ; pourtant, ils font de leur sexualité le bouc émissaire de tous leurs ennuis. Nous entendons souvent cette plainte : « Si seulement notre vie sexuelle était meilleure... tout irait bien. » Nous savons d'expérience que c'est le contraire qui est vrai : la *sexualité* s'est détériorée parce que la *relation* s'est détériorée. Il nous faut alors aider les conjoints à oublier les symptômes au profit du vrai problème. Et le vrai problème prend sa source dans le processus global de communication entre partenaires. Quand la relation s'améliore, la vie sexuelle peut refleurir.

QUATRE PRINCIPES TOUCHANT LA SEXUALITÉ ET LA SENSUALITÉ

Il importe de tenir compte de quatre principes fondamentaux lorsqu'on aborde la question de la sexualité du couple. Lisez ce qui suit, et revenez-y plusieurs fois au cours du présent chapitre. Quand vous aurez percé le sens de ces principes, vous comprendrez les rapports qui lient la sexualité, la vulnérabilité, le lien et les sous-personnalités, toutes choses dont il a été question dans la première partie de cet ouvrage.

Premier principe

La sexualité est un aspect délicat de la relation de couple. Elle peut engendrer des sentiments de vulnérabilité, de rejet, de frustration et de colère particulièrement violente. Plus que tout autre problème de couple, la sexualité soulève l'indignation, et celle-ci est parfois si extrême que la rage qu'elle engendre endommage irrémédiablement la relation.

Deuxième principe

Dans la plupart des cas, les problèmes sexuels ne représentent que la pointe de l'iceberg, fût-elle gigantesque ! Ils sont au centre de vos préoccupations et deviennent le point focal de tous vos autres problèmes non résolus. *La relation physique est un facteur parmi d'autres dans la vie du couple : on ne doit pas l'en dissocier.*

Troisième principe

Une vie sexuelle sans intimité ou sans lien dynamique ne saurait être satisfaisante. Pour que votre vie sexuelle soit heureuse, vous devez être en mesure de déceler la présence ou l'absence de cette intimité. Si elle est absente de votre relation de couple, où est-elle passée ? Votre besoin de lien est-il satisfait ? *Le lien est le combustible de la relation. Son absence court-circuite la communication sexuelle.*

Quatrième principe

Le problème fondamental est rarement engendré par *le comportement négatif* des conjoints en matière de sexualité, mais par *la sous-personnalité* qui veut avoir des relations sexuelles. Quand vous parvenez à identifier les sous-personnalités qui régissent votre vie sexuelle, la lumière se fait, et toute votre vie sexuelle devient claire.

TOUT CE QUE VOUS AVEZ TOUJOURS VOULU SAVOIR SUR LE SEXE, OU PRESQUE

Nous offrons rarement des consultations portant directement sur la sexualité dans le cadre de notre travail auprès des couples en difficulté. De telles consultations sont importantes pour certains couples, dans des circonstances spécifiques. Mais selon notre expérience, la sexualité est rarement le nœud du problème lorsque la vie sexuelle d'un couple se révèle insatisfaisante. Les problèmes sexuels sont plutôt la conséquence d'autres ennuis relationnels.

Les problèmes sexuels sont dévastateurs et à l'origine de vastes et intenses tourments. Ils nous paraissent souvent irrémédiables et insolubles. Lorsque les conjoints vivent une telle torture, ils tendent à refuser de se pencher sur des problèmes plus profonds. Ils souhaitent obtenir une vie sexuelle à la hauteur de leurs aspirations et espèrent un miracle immédiat. Ils affirment que si leur vie sexuelle était satisfaisante, tout irait pour le mieux. Et, bien entendu, si leur sexualité est problématique, c'est toujours la faute du conjoint.

Les hommes, semble-t-il, réagissent bizarrement lorsqu'ils se sentent privés de relations sexuelles. Supposons que les conjoints ont fait l'amour tous les soirs pendant trois semaines. Si, le vingt-deuxième soir, l'épouse n'en a pas envie, l'époux est dévasté. Parce qu'il n'aime pas être ainsi rejeté, il accusera sa partenaire d'être frigide, égoïste et insensible, et il aura l'impression que son univers vient de s'écrouler. Il oublie complètement les trois semaines de bonheur qu'il vient de connaître. Nous croyons que c'est là une fascinante et très spécifique forme d'amnésie, et nous nous demandons si elle ne serait pas proprement masculine : le gène de cette amnésie est-il voisin, sur le chromosome mâle, de celui qui pousse un homme à zapper au lieu de concentrer son attention sur une seule émission de télévision ?

Notre hypothèse est la suivante : *Dans le partenariat du couple, la vie sexuelle doit passer la frontière de la chambre à coucher pour être satisfaisante et entière. Elle ne vit pas que là.* Voyons quelques-uns des aspects de la relation de couple qui peuvent affecter négativement votre vie sexuelle.

- Vous en voulez à votre conjoint, vous avez des reproches à lui faire, mais vous n'en dites rien (ce phénomène est fréquent dans le scénario relationnel positif) : la communication sexuelle s'appauvrira tôt ou tard. Une réaction tacite devient une critique muette. Si elles se multiplient, la sexualité se détériore. Si vous en voulez à votre conjoint et que vous formulez vos reproches, vous vous attirerez aussi des problèmes. Nous avons constaté que les reproches éveillent rarement le désir sexuel. La sexualité se détériore très vite si l'un ou l'autre des partenaires a l'impression d'être un enfant aux prises avec un parent dominateur. Le défi consiste à apprendre à réagir sans court-circuiter le lien dynamique, de façon que notre réaction soit celle du moi conscient – qui est couplé au conjoint – et non pas celle de notre sous-personnalité paternelle ou maternelle, avec laquelle tout lien est impossible.

- Si vous n'extériorisez jamais votre vulnérabilité, vous ne pouvez pas vous attendre à avoir une vie sexuelle heureuse. Si vous subvenez à tous les besoins de votre conjoint parce que vous sous sentez responsable de son bien-être, votre vie sexuelle perdra de son piquant et de son intensité. Si vous dépendez entièrement de votre conjoint comme un enfant, votre vie sexuelle se détériorera inévitablement.

- Si vous ne formulez jamais vos différends ou votre négativité, si vous insistez pour que votre relation soit toujours positive, compréhensive, conciliante et aimante, vos rapports physiques s'éroderont. Une communication honnête est un ingrédient indispensable à toute vie sexuelle heureuse. Tous les sujets doivent être pris en compte dans cette communication, y compris ceux qui touchent directement votre vie sexuelle, et qui sont souvent les plus difficiles à formuler. Nous avons souvent dit à des couples qui ne font que commencer à s'exprimer librement et en toute honnêteté que la nature même de leur vie sexuelle réside dans *cette faculté de communiquer.* Quand la communication est efficace, la vie sexuelle a des chances de réussir.

- Si vous assumez un rôle parental dans votre vie de couple en multipliant les responsabilités, votre vie sexuelle s'effritera. Si votre tendance à l'autocritique vous pousse à toujours déprécier vos comportements, votre apparence et votre personnalité, vous ne vous sentirez pas très désirable et vous n'aurez pas très envie de faire l'amour. Si vous êtes amoureux de votre ordinateur et que vous lui tenez compagnie jusqu'à 23 h chaque soir au détriment de votre partenaire, il y a peu de chances pour que la personne qui partage votre vie continue de vous ouvrir les bras avec passion.

- Si vous réprimez votre sensualité parce que vous vivez une relation monogame et que vous avez peur d'éprouver une attirance physique – même sans la concrétiser – pour une autre personne, votre attirance sexuelle et sensuelle pour votre partenaire en souffrira. Si votre sous-personnalité fonceuse est au volant de votre vie et que, chaque soir, vous la mettez provisoirement au rancart pour faire l'amour dans le seul but de vous détendre et de bien dormir, votre conjoint constatera très vite que ces rencontres nocturnes n'ont rien de romantique. Et ainsi de suite, *ad infinitum.*

Que tentons-nous de vous dire par ces exemples? Lorsque quelque chose cloche dans votre vie sexuelle, vous devez vous préoccuper de l'ensemble de votre vie de couple et pas uniquement de son aspect sexuel. La plupart du temps, la sexualité n'est qu'un écran de fumée qui masque les vrais problèmes. Vous devez plutôt vous poser la question suivante: « Qu'est-ce qui ne va pas dans notre relation de couple pour que notre vie sexuelle soit si déphasée? »

Vous devez réfléchir à certaines des questions fondamentales que nous avons traitées dans la première partie de cet ouvrage. Quelles sont les sous-personnalités qui dirigent votre vie? En quoi leurs interactions affectent-elles la communication entre vous et votre conjoint? Vous sentez-vous en sécurité l'un avec l'autre parce que vous êtes tous deux en mesure d'extérioriser votre vulnérabilité? Vous arrive-t-il de passer un moment ensemble à seulement vous regarder, au salon ou dans la chambre à coucher? Voilà quelques-unes des questions auxquelles vous devez vous arrêter.

LA SEXUALITÉ ET LA SENSUALITÉ

Par ailleurs, nous savons ce qu'est le désir ou l'énergie sexuelle. L'important est que cette énergie est très centrée sur son objet et sur un but précis, soit le contact sexuel et l'orgasme. Tout comme nos sous-personnalités, l'énergie sexuelle a un bon et un mauvais côté. D'une part, elle est agréable; elle peut nous donner du plaisir et aussi nous détendre. Elle assure également la perpétuation de la race, car les enfants sont le produit de l'acte sexuel.

D'autre part, puisqu'elle vise principalement le plaisir, l'énergie sexuelle n'a que peu à voir avec les valeurs de la vie de couple et l'intimité. Au contraire, elle s'oppose souvent à l'intimité. Par tradition, les hommes ont développé une attitude très machiste vis-à-vis de la sexualité ; ils ont appris à préférer l'acte sexuel à une relation d'intimité. Leur estime de soi tend à reposer sur leur « performance » sexuelle plutôt que sur la qualité du rapport qui les lie à leur partenaire.

Il y a quatre degrés d'intimité. L'intimité peut être physique, affective, psychologique ou spirituelle, et chacune offre la possibilité d'un transfert d'énergie. Sans intimité affective, psychologique et spirituelle, la relation sexuelle n'est qu'un rapport physique. Celui-ci suffit en général aux jeunes, car ils ne savent pas toujours ce qu'ils font et parce qu'ils trouvent une gratification dans la sexualité. Les années passant, la plupart des gens aspirent à une relation plus entière avec leur partenaire. Nous nous intéressons plus particulièrement ici à l'*intimité physique*. Très souvent, les gens regrettent de ne pas faire l'expérience d'une sensualité ou d'une intimité physique indépendante de la sexualité. En raison de notre intérêt pour la mythologie, nous avons appelé *énergie d'Aphrodite* cette forme d'énergie sensuelle.

Aphrodite est une déesse de la mythologie grecque, mais elle est aussi une sous-personnalité, une énergie qui réside en tout homme et en toute femme. Notre longue expérience nous permet de penser que les femmes sont plus naturellement branchées sur l'intimité en général et sur l'intimité physique en particulier. Mais ces frontières sont moins définies depuis que les femmes sont de plus en plus nombreuses à entrer sur le marché du travail et qu'un plus grand nombre d'hommes aspirent à des relations d'intimité.

L'énergie d'Aphrodite diffère grandement de la réponse sexuelle, car elle ne se limite pas aux organes génitaux. On la ressent par tout le corps, comme un frisson épidermique subtil qui nous procure la sensation d'être vivant. Sa présence ouvre facilement la voie à la sexualité, mais elle peut aussi avoir une existence autonome. C'est une énergie très belle et très stimulante. Elle fait vibrer le corps tout entier.

Grâce à cette énergie, nous nous sentons vivants. Elle exacerbe tous nos sens. Le soleil est plus brillant, l'herbe est plus verte. Le sens du toucher est intensifié, les sons sont amplifiés, les odeurs plus vives. Ce changement de l'expérience sensorielle n'est pas seulement quantitatif, il est aussi qualitatif.

Il se peut que l'énergie d'Aphrodite soit présente lors d'un rapport sexuel, mais ce n'est pas fréquent. Souvent, quelque chose en est absent sans que vous sachiez ce qui manque. Il arrive que ce contact, que cette sensualité se manifeste avant et même après l'orgasme. Les personnes fonceuses, rationnelles, autocritiques ou perfectionnistes éprouvent difficilement l'énergie d'Aphrodite, car celle-ci danse au rythme d'un tambour plus doux et plus lent.

Nous avons conçu une série d'exercices pour vous aider à faire l'expérience de l'énergie sensuelle. Ne les faites que s'ils vous paraissent vous convenir et sentez-vous libre d'y mettre fin s'ils sont sans effet sur vous ou sur votre partenaire. Interrompez ces exercices si vous en avez envie, n'importe quand et pour quelque raison que ce soit, ou même sans raison particulière.

Ces exercices ne nécessitent aucun contact physique. Assurez-vous de pouvoir travailler avec votre partenaire pendant une demi-heure au moins, sans être dérangé. Ne réfléchissez pas. Détendez-vous. Vous serez ainsi plus sensible aux subtilités du transfert d'énergie qui se produira. Portez des vêtements confortables et, si possible, restez pieds nus. Vous devriez faire ces exercices à l'intérieur de la maison afin de ne pas vous laisser distraire par la brise ou les bruits ambiants. Nous vous conseillons de garder les yeux ouverts pendant la durée de ces exercices.

EXERCICE DE SENSUALITÉ N° 1

L'énergie sensuelle circule entre les partenaires A et B

Asseyez-vous confortablement l'un en face de l'autre à une distance d'environ un mètre. Identifiez l'un de vous comme le partenaire A, l'autre comme le partenaire B.

Vous apprendrez ici à entrer en contact avec votre énergie sensuelle et non pas sexuelle. Ainsi que nous l'avons mentionné précédemment, l'énergie sensuelle affecte le corps tout entier ; on la ressent sur la peau comme un frisson subtil.

- Face à face, laissez l'énergie prendre forme entre vous deux. Réfrénez le plus possible votre énergie sexuelle. Pour ce faire, imaginez que vous rappelez vers vous l'énergie qui va de votre bassin à votre partenaire, ou encore visualisez une porte fermée sur la région pelvienne.

- Vous commencerez bientôt à ressentir une légère vibration de l'épiderme. Si vous en avez envie, visualisez Aphrodite. Dans la mythologie grecque, Aphrodite est la déesse de l'amour sensuel. Faites-vous-en une représentation mentale et imaginez que vous avez accès à son énergie. Laissez cette énergie prendre forme entre vous deux.

- Quand vous ressentez ce frisson sensuel, décidez ensemble du moment où vous en diminuerez l'intensité.

- Après en avoir fait l'expérience à faible intensité pendant trente ou soixante secondes, ajustez-le à la hausse. Habituez-vous à régler l'intensité de ce frisson sensuel à la hausse et à la baisse à quelques reprises. Au bout du compte, vous vous efforcez d'apprendre à prendre conscience de vos différents niveaux d'énergie et à en tirer parti au lieu d'en être les victimes.

- Refaites cet exercice deux ou trois fois.

EXERCICE DE SENSUALITÉ N° 2

Le partenaire A transmet un courant d'énergie sensuelle

Dans cet exercice, le partenaire A transmet un courant d'énergie sensuelle au partenaire B, qui en est le récepteur passif. Lorsque le partenaire B est conscient de l'énergie que lui transmet le partenaire A, il en fait part à ce dernier et s'efforce d'aider son partenaire à réguler son énergie.

- Asseyez-vous face à face. Le partenaire A transmet un courant d'énergie d'Aphrodite. Lorsque B confirme avoir reçu ce courant d'énergie, A ajuste celui-ci à la baisse et le maintient à ce niveau pendant une trentaine de secondes, puis il l'ajuste à la hausse. Il répète ce processus deux ou trois fois. Partagez vos impressions et, ensemble, convenez d'un nombre approprié de répétitions de l'exercice.

N'oubliez pas que l'énergie sensuelle ne prend pas sa source dans la zone pelvienne, où est plutôt concentrée l'énergie sexuelle. Le frisson qui parcourt tout le corps est une réaction sensuelle globale qui va bien au-delà de la sexualité.

EXERCICE DE SENSUALITÉ N° 3

Le partenaire B transmet un courant d'énergie sensuelle

Refaites l'exercice précédent en intervertissant les rôles : le partenaire B transmet un courant d'énergie sensuelle au partenaire A, qui en est le récepteur passif. Lorsque le partenaire A est conscient de l'énergie que lui transmet le partenaire B, il en fait part à ce dernier et s'efforce de l'aider à réguler son énergie.

EXERCICE DE SENSUALITÉ N° 4

L'énergie d'Aphrodite : une énergie personnelle et impersonnelle

L'exercice qui suit, le dernier de la série des exercices de sensualité, est très important. Ces exercices vous apprennent à prendre conscience de l'énergie d'Aphrodite et à y faire appel en compagnie de votre conjoint. Il est toutefois très utile de bien connaître ce qui différencie l'énergie personnelle de l'énergie impersonnelle d'Aphrodite, ainsi que la manière de s'en servir.

Dans le chapitre 5, où il était question de lien dynamique, vous avez appris à identifier l'énergie personnelle et l'énergie impersonnelle. Toutes deux sont nécessaires à un partenariat heureux, mais de nombreux couples se brisent en raison de l'utilisation que chaque conjoint fait de cette énergie. Dans l'exercice qui suit, vous apprendrez à appliquer à l'énergie d'Aphrodite ce que vous savez maintenant de l'énergie personnelle et impersonnelle.

Nous ne croyons pas qu'il soit opportun de vivre en exhibant en tout temps son énergie personnelle d'Aphrodite. Lorsque l'énergie sensuelle se fait personnelle, elle ne sait pas s'arrêter ; nous éprouvons alors de la difficulté à lui tracer des limites raisonnables, car notre univers énergétique est sans cesse menacé d'invasion. Avec l'Aphrodite personnelle, la circonspection est indispensable.

De son côté, l'Aphrodite impersonnelle peut être en tout temps à notre disposition. Elle ne passe pas les bornes, elle n'attire pas sans répit les admirateurs attentifs et remarquablement persistants. Lorsque l'énergie sensuelle impersonnelle est activée, il nous est beaucoup plus facile de régir nos comportements. L'Aphrodite impersonnelle nous comble d'énergie sensuelle tout en nous permettant de fixer nos limites.

1. *L'énergie personnelle.* Dans cet exercice, les partenaires A et B activent leur énergie personnelle. Si vous êtes une personne sensible, vous ressentirez physiquement ce champ d'énergie, ce lien. N'oubliez pas que vous pouvez réguler cette énergie, la rendre plus ou moins personnelle en vous servant d'une valve ou d'un cadran régulateur imaginaire pour l'ajuster à la baisse ou à la hausse.

2. *L'Aphrodite personnelle.* Une fois le lien dynamique mis en place, vous pouvez activer votre énergie sensuelle ou énergie d'Aphrodite. Ressentez-la. Grâce à l'énergie personnelle d'Aphrodite, votre courant d'énergie enlace votre partenaire.

3. *L'Aphrodite impersonnelle.* Après une minute environ, imaginez que vous reprenez l'énergie que vous avez transmise à votre partenaire. Ce faisant, vous pénétrerez dans une zone plus impersonnelle. À quoi ressemble Aphrodite de ce point de vue ? Quelles sensations vous fait-elle éprouver ? Pour vous aider, imaginez une excellente serveuse de bar dotée d'un mélange parfait d'énergie personnelle et impersonnelle d'Aphrodite. Son message est clair : « Regarde et admire, mais ne touche pas ! »

Il est assez facile d'entraîner les gens à réguler leurs courants d'énergie en atelier. Nous avons ainsi formé avec succès des couples, de petits groupes et des groupes très importants d'individus. Mais enseigner ces méthodes dans un livre est beaucoup plus difficile. Faites preuve de patience. Prenez votre temps, et répétez les exercices plusieurs fois. Lorsqu'un couple fait régulièrement l'expérience de l'énergie d'Aphrodite qui circule entre les conjoints, une nouvelle dimension s'ajoute à sa relation amoureuse et les efforts consentis en valent vraiment la peine.

UN « PROBLÈME SEXUEL » TYPE

Le présent chapitre traite de sexualité et de sensualité, mais nous n'abordons pas les « techniques » sexuelles, car nous ne sommes pas spécialistes en la matière. Chaque individu est unique et ses besoins sont différents. La formation et la consultation sexuelles peuvent convenir à certaines personnes, dans des circonstances précises et à une étape spécifique de leur vie. C'est à vous qu'il revient de décider en toute liberté si vous pourriez profiter d'une telle aide.

La formation sexuelle que nous prodiguons vise à aider les individus et les couples à vivre ensemble et à jouir de leur liberté de choix sur les plans physique, affectif, mental, spirituel et dynamique. Pour ce faire, ils doivent bien sûr apprendre à différencier la sensualité de la sexualité, comme le leur ont appris les exercices qui précèdent.

Au fil des ans, nous avons constaté que la très grande majorité des problèmes sexuels du couple ont leur origine dans la relation elle-même. Même en présence d'un problème sexuel préexistant, un partenariat authentique facilitera la recherche d'une solution aux conflits affectifs que connaissaient les conjoints avant le début de leur vie commune.

Nous vous offrons ci-dessous un problème sexuel type ; celui-ci englobe la plupart des conflits qui affectent les couples auprès desquels nous travaillons. Maurice est un homme d'affaires de quarante-deux ans qui a réussi ; il est très extraverti et très ambitieux. Son travail passe avant tout et ses enfants viennent ensuite. La télévision, qui l'aide à se détendre, occupe la troisième place dans l'ordre de ses priorités, et son bien-être physique occupe la quatrième place, car il appréhende l'imminence d'une crise cardiaque. Maurice n'a pas accès à sa propre vulnérabilité ; celle-ci se manifeste uniquement dans sa peur de mourir. Le dernier échelon de cette hiérarchie est celui qu'occupe l'épouse de Maurice, Louise, âgée de trente-six ans. Maurice ne l'a pas délibérément reléguée au bas de l'échelle. Cela s'est fait tout seul, au fil des ans.

Maurice et Louise sont mariés depuis quinze ans. Louise est à bien des égards aux antipodes de Maurice. Elle est paisible, elle aime rester à la maison et son champ d'énergie est, dans l'ensemble, plus faible que celui de Maurice. Elle est très sensible et vulnérable et passe beaucoup de temps en compagnie de leurs deux enfants. Dans les premiers temps de leur mariage, leur vie sexuelle était très satisfaisante. Mais cet aspect de leur relation s'est érodé après la naissance de leur premier enfant, comme c'est très souvent le cas.

Lors d'un premier entretien, Maurice se plaint du fait que Louise ne veut jamais faire l'amour et ne prend jamais l'initiative. Il affirme aussi qu'elle fait l'amour par devoir et que, dans les circonstances, il vaudrait sans doute mieux qu'ils n'aient pas de relations sexuelles du tout. Il apprécie le fait que Louise soit une mère très consciencieuse, mais il lui reproche de ne jamais avoir de temps pour lui et de ne s'occuper que de la maison. La situation s'améliore s'ils partent en week-end, mais cela ne dure jamais. Maurice ne reproche rien d'autre à sa femme ; leur seul conflit, dit-il, est d'ordre sexuel. Puisqu'il déteste les conflits, il fuit la maison. Il se dit malheureux de constater que ce problème sexuel l'a rendu amer et irascible.

Maurice ne veut pas prendre une maîtresse, bien qu'il y ait songé et qu'il soit d'avis que son mariage s'effondrera si Louise et lui ne trouvent pas une solution au problème sexuel qui les oppose. Il est de plus en plus négatif, irritable et intransigeant. Selon lui, le manque de sexe est le grand responsable de tous leurs maux. Il affirme aussi que Louise est devenue intraitable. Il dit que partager son lit avec Louise équivaut à dormir avec un bloc de glace. Leur conflit est un véritable cauchemar.

Louise admet que leur couple a commencé à se détériorer après la naissance de leur premier enfant, mais elle reconnaît aussi qu'il montrait des signes d'avaries beaucoup plus tôt. Elle est très proche de l'aîné des enfants, et Maurice est aussi très proche de leur deuxième enfant, une fille. Selon Louise, Maurice est trop ambitieux. « Il n'arrête jamais ! Il court, il court tout le temps ! » Cette hyperactivité l'épuise et elle en est venue à ne plus autant désirer son mari. « Il court après le succès et l'argent, et il contrôle entièrement notre situation financière. Il dit être très généreux, mais il ne me donne qu'une pension hebdomadaire. Je peux dépenser cet argent comme je l'entends, mais au bout du compte, c'est lui qui tient les cordons de la bourse. Je ne sais même pas combien d'argent nous avons. Quand je l'interroge sur notre situation financière, il se fâche et ne veut pas en entendre parler. »

Louise a aussi d'autres observations à formuler. Elle est très intéressée par la dynamique interpersonnelle, et elle a beaucoup réfléchi à leur vie de couple. « Maurice s'affaire tout le temps. On ne peut jamais s'asseoir tranquillement tous les deux. Il ne me prend jamais dans ses bras. Il ne me touche jamais. Pour lui, faire l'amour n'est rien de plus qu'un rapport sexuel. Il n'y a aucune intimité entre nous, ni physique ni affective. Il me critique toujours, au point que j'ai l'impression d'être devenue sa victime professionnelle. Il boit trop à mon goût, mais il nie avoir un problème d'alcool. En général, j'essaie de ne pas trop montrer ce qui me déplaît. Aucun de nous n'aime les disputes ou les sentiments négatifs, mais depuis que le sexe empoisonne notre vie, je le juge très négativement. »

Nous pourrions allonger à l'infini la liste des griefs, d'autant plus que Maurice et Louise sont des personnages composites de notre cru et que leurs conflits rassemblent tout un éventail de problèmes courants. Ils admettent que leur mariage chancelle, mais ils placent la sexualité au centre de leurs préoccupations. Examinons leur vie de couple à la lumière des quatre principes fondamentaux que nous avons décrits précédemment.

Premièrement, tous deux sont prisonniers des jugements négatifs qu'ils portent l'un sur l'autre. Cette situation se dégrade de plus en plus et, bientôt, leur couple éclatera. Deuxièmement, ils ne voient que la pointe de l'iceberg, car ils croient que leur seul problème est d'ordre sexuel. Maurice affirme que rien d'autre ne l'affecte négativement et que, si leur vie sexuelle s'améliorait, il serait un homme heureux. Nous avons souvent entendu une telle affirmation au cours de notre travail. Troisièmement, ils ne se rendent pas compte du rapport entre leurs interactions quotidiennes et leur problème sexuel. Il n'y a entre eux aucune intimité, aucun lien dynamique. Il n'y en a plus depuis longtemps.

Venons-en enfin à leurs sous-personnalités. Quelles sous-personnalités de Maurice désirent un contact sexuel avec Louise ? Il y a en lui un enfant très dépendant dont les besoins trouvent à se satisfaire uniquement dans la vie sexuelle, la nourriture et l'alcool. Il y a aussi en lui un père-critique-patriarche vertueux qui exige son dû et qui reproche à Louise de faillir à ses devoirs d'épouse. Voilà une petite assemblée fort peu romantique...

Quelles sous-personnalités agissent en Louise ? Il y a d'abord la fillette obéissante qui accepte à l'occasion de « faire son devoir », car elle veut bien admettre qu'un homme a besoin de sa ration de sexe. À mesure que l'amertume s'est installée dans leur vie de couple, il y a eu la victime, qui est persuadée qu'on abuse d'elle. À côté de cette victime, il y a la mère intransigeante et vertueuse. Celle-ci est en colère et souhaite que Maurice la quitte, ou meure, ou simplement cesse d'être toujours dans ses pattes. Voilà une petite assemblée fort peu sensuelle, pas même accueillante…

Que doivent faire Maurice et Louise ? Comment peuvent-ils ordonner le chaos de leur vie ? La réponse à ces questions est la même, que les symptômes soient d'ordre sexuel ou non. Nous devons tous envisager notre vie de couple comme un tout, comme un système autonome d'interactions et de choix personnels.

Ils ont fait le premier pas qui s'imposait en sollicitant l'aide de professionnels. Ce faisant, ils ont commencé à mettre fin au cycle négatif qui domine leur relation de couple. Toutes les vies de couple ne se détériorent pas à ce point, bien entendu, mais les principes demeurent les mêmes. Le fait de solliciter l'intervention d'une tierce personne est un pas de géant dans la bonne direction, car pour de nombreux couples, rechercher une aide professionnelle est humiliant.

Pour commencer, Louise et Maurice doivent apprendre à formuler les insatisfactions qu'ils ressentent et qui débordent le cadre de leur sexualité. Tant qu'ils n'auront pas compris qu'un gigantesque iceberg gît sous la surface, ils resteront prisonniers des symptômes et n'iront pas au cœur de la question.

Il y a plusieurs façons de rendre cet éclairement possible, mais la plus traditionnelle consiste à demander à Louise d'exprimer à Maurice les causes de son insatisfaction. Maurice se tait. Il ne répond pas, il se contente d'écouter et d'absorber ce que Louise lui dit. Quand elle en a fini de ses reproches, c'est à Maurice de s'exprimer pendant que Louise l'écoute en silence. Cela fait, ils recommencent le processus, en exprimant cette fois à tour de rôle des sentiments positifs. Si la colère envahit un couple, cette méthode n'est pas à conseiller au début. Il faut procéder autrement avant qu'un partage authentique soit possible.

Voici un résumé des propos qu'a tenus Louise au cours de plusieurs séances de travail avec notre soutien et nos encouragements : « J'aimerais que tu ralentisses. Tu te comportes comme un coureur automobile qui aurait perdu le contrôle du volant. Faire l'amour avec toi ressemble à un arrêt aux stands pour le ravitaillement. J'aimerais que tu baisses le siège de la cuvette des toilettes quand tu t'en es servi. Crois-tu que ce soit amusant de tomber dans la cuvette en pleine nuit ? J'aimerais qu'une fois, une seule, tu offres de me donner un coup de main pour les travaux du ménage. Je sais que tu me dis toujours d'engager quelqu'un, mais tu pourrais, il me semble, laver ta tasse quand tu as bu ton café. Je déteste que tu mettes du dentifrice partout dans l'évier de la salle de bains. J'ai parfois l'impression d'avoir trois enfants au lieu de deux. Je n'aime pas que tu regardes les autres femmes comme un adolescent en rut quand nous allons au restaurant. J'aimerais parfois que tu t'offres une aventure et que tu en finisses. Et j'apprécierais que tu ne parles pas de notre vie privée quand nous sommes entre amis. Je suis très timide et je déteste que tu laves notre linge sale en public. »

Quand les conjoints ont enclenché ce processus, ils découvrent un nombre impressionnant de problèmes qui surgissent et qui n'ont jamais été résolus. Imaginez un peu l'effet que peuvent avoir sur un couple ces reproches informulés et ces réactions refoulées pendant plusieurs années. Comment Louise pourrait-elle, dans ces circonstances, avoir envie de faire l'amour ? Parfois, les deux conjoints se ferment à la sexualité, mais dans la plupart des cas, un seul des conjoints se ferme, tandis que l'autre devient de plus en plus exigeant.

Au bout de quelque temps, Maurice est parvenu à formuler son propre chapelet de reproches. Avec lui, le défi consistait à l'amener à quitter l'arène de la sexualité. Voici un résumé de ses commentaires : « J'ai épousé une femme et je me suis retrouvé avec une mère. Depuis la naissance de Raymond (leur fils), tu as complètement changé. Tu n'es plus ma femme. Tu es mariée à cette maison, à tes tâches ménagères, à tes copines. Tu passes des heures à leur parler. Tu dis que je ne te touche plus, mais si j'essaie de te toucher, tu cherches une excuse pour me fuir. Tu n'aimes pas que je salisse la salle de bains, et moi je ne supporte plus ta propreté maladive. Dieu me garde de laisser traîner une tasse ou de ne pas remettre un objet à sa place ! »

Nous commençons à entrevoir ce qui gît sous la surface. Maurice et Louise doivent faire le travail qui échoit à tous les couples pour que leur relation soit un succès. Pourquoi croyez-vous que plus de la moitié des mariages se soldent par un divorce et qu'une vaste majorité des couples non divorcés se déclarent insatisfaits ? Ce n'est pas un mystère. Ce n'est pas non plus parce que tout mariage est voué à l'échec ou qu'il condamne l'amour à mort. *L'échec des époux à devenir des partenaires est la principale cause de divorce. Ils ne s'engagent jamais à évoluer et à faire évoluer leur relation*. Souvent, ils ignorent comment s'y prendre pour y parvenir.

Heureusement, le nombre de thérapeutes du couple et d'ouvrages de développement personnel ne cesse d'augmenter. De notre point de vue, Maurice et Louise doivent apprendre à identifier leurs sous-personnalités reniées. Ils sont à l'opposé l'un de l'autre. Pour cette raison, ils pourront s'enseigner l'un l'autre dès lors qu'ils parviendront à se dissocier des sous-personnalités qui régentent leur vie. Ils doivent comprendre que ce qui leur déplaît chez leur conjoint représente une partie de leurs sous-personnalités reniées.

La vulnérabilité de Louise et de Maurice gît sous la colère et les reproches qui circulent entre eux. Aucun des deux n'a appris à assumer sa vulnérabilité, à exprimer sa peur, sa timidité, son anxiété et sa solitude. Lorsqu'on nie sa vulnérabilité, l'autorité la remplace, une autorité parfois violente et très cruelle. Maurice et Louise devront apprendre à ressentir et à s'exprimer l'un l'autre leur vulnérabilité.

CE QUE LES PROBLÈMES SEXUELS NOUS ENSEIGNENT

Lorsque nous sommes tourmentés par la vie, il est difficile de voir le bon côté des choses et la lumière au bout du tunnel. Il faut souvent qu'une souffrance psychique intense, une maladie grave ou les deux nous orientent sur la voie de la transformation personnelle. Une vie sexuelle extrêmement pénible est parfois le catalyseur qui nous pousse à solliciter de l'aide et à entreprendre le long périple de notre évolution.

C'est là une tout autre façon d'envisager nos malaises physiques ou la maladie. Vous pouvez y voir une malédiction, un phénomène à éliminer. Vous pouvez également voir dans la maladie une source d'enseignement, un maître qui vous alerte du manque d'équilibre de votre vie. Il en va ainsi de toutes nos souffrances. On peut choisir de mettre fin aux symptômes et à la douleur par l'ablation chirurgicale ou bien décider de se poser la question suivante : « Que peut m'apporter cette souffrance ? Que peut m'enseigner cette relation ? Que dois-je faire pour apprendre mes leçons ? »

Maurice est un homme ambitieux. Parce qu'il souffre beaucoup, il est contraint de se faire aider. Il a la possibilité de se dissocier de l'énergie meurtrière qui le pousse depuis toujours et qui le conduira sans doute à la crise cardiaque. Il lui est maintenant possible d'apprendre à connaître sa vulnérabilité et de transformer sa vie de couple et sa vie professionnelle.

Louise est une maîtresse de maison qui appréhende le monde extérieur. Sachant cela, elle a plusieurs options: elle pourrait décider d'entrer sur le marché du travail ou de retourner aux études ou de s'engager dans toute voie qui l'attire. Elle a la possibilité de constater que sa sexualité et sa sensualité sont mortes et qu'elle est beaucoup plus liée à son fils qu'à son mari. Cet état de choses étant néfaste pour le garçon, celui-ci pourra s'en libérer et vivre sa vie plus pleinement, à la condition que Louise comprenne l'importance du lien dans sa vie et qu'elle active ce lien dynamique avec Maurice. Si Maurice et Louise parviennent à faire de leur vie de couple une relation de partenariat, celui-ci leur permettra de s'enseigner, de se respecter et de s'aimer l'un l'autre.

LA SEXUALITÉ ET LE SCÉNARIO RELATIONNEL POSITIF

Nous venons de démontrer que les problèmes sexuels ne sont souvent que l'aspect extérieur d'un scénario relationnel très négatif. Mais qu'en est-il des scénarios relationnels positifs où l'enfant sage de l'un des conjoints fusionne avec le parent aimant et responsable de l'autre (et vice versa) et que la vie du couple est faite de douceur, de rationalité, d'amour et de dévotion?

Ces scénarios relationnels étouffent la sexualité en obligeant les partenaires à toujours adopter un comportement «convenable». Nous faisons semblant que nous ne sommes pas des êtres sexués. Nous nous efforçons de cacher à notre partenaire l'attirance que nous inspire une autre personne. En fait, nous nous la cachons à nous-même. Nous refoulons tous les élans sensuels et sexuels qui prennent leur source à l'extérieur du couple.

Mais, ainsi que nous nous plaisons à le dire, Aphrodite (la déesse de l'amour et de la sensualité) est une déesse orgueilleuse et exigeante. Elle refuse que nous l'attachions au lit conjugal. Elle est présente dans tous les domaines de notre vie – ce qui signifie que nous éprouvons des attirances sexuelles, quitte à ne pas les concrétiser – ou elle en est totalement absente. Si nous l'ignorons pendant la journée et que nous la contraignons le soir à pénétrer dans la chambre à coucher, elle fuit.

Tout ceci nous rappelle qu'il est difficile de maintenir notre position entre deux extrêmes. Cette fois, ce sont nos sous-personnalités monogames, gardiennes de l'exclusivité sexuelle, qui s'opposent à nos sous-personnalités non monogames, désirantes et vagabondes. Pour équilibrer ces deux forces, le moi conscient, ce moi dont les deux pieds sont bien ancrés au sol, ce moi capable de s'engager en toute connaissance de cause dans la monogamie tout en éprouvant d'autres attirances sexuelles, ce moi est indispensable. Notre récompense est un partenariat de couple à la sexualité et à la sensualité vibrantes.

Certains conjoints évoluent dans un scénario relationnel positif tout en semblant connaître une vie sexuelle active et heureuse. Ils se querellent parfois et vivent de temps à autre des scénarios relationnels négatifs, mais, dans l'ensemble, leur vie sexuelle les satisfait.

Il est intéressant de savoir quelles sous-personnalités dirigent la vie sexuelle de ces personnes. On trouve souvent les mêmes sous-personnalités dans le scénario relationnel positif et dans le reste de la vie du couple. La sous-personnalité bienveillante est heureuse de combler les désirs sexuels de son partenaire. Parce que la mère responsable veille à ce que son conjoint soit toujours satisfait, elle connaît ses besoins et ajuste en conséquence la fréquence de leurs relations sexuelles. Même une sous-personnalité fonceuse admettra l'importance des rapports sexuels et fera en sorte de ne pas négliger cet aspect de sa vie de couple. Pour un grand nombre d'hommes, les rapports sexuels sont une façon de composer avec leur vulnérabilité et de répondre à leurs besoins d'intimité.

CE QU'IL FAUT FAIRE POUR APAISER MAURICE ET LOUISE

Maurice et Louise ont été très généreux avec nous. Le moins que nous puissions faire est de les orienter dans la bonne voie pour leur permettre de quitter la jungle étouffante qui les tient prisonniers. Ils pourront accomplir ce qui suit s'ils acceptent de se parler, de lire des ouvrages opportuns, de partager leurs idées, de participer à des ateliers de formation ou à une thérapie de couple. Ils devraient également lire la première partie du présent volume pour déterminer si nos propos s'appliquent à leur relation. Voici, en outre, quelques suggestions complémentaires :

- Maurice et Louise doivent admettre qu'ils peuvent beaucoup apprendre l'un de l'autre et que chacun porte en lui les sous-personnalités qui manquent à son conjoint. L'univers façonne nos relations avec une précision mathématique. Maurice a besoin de l'introversion, du calme, de la vulnérabilité et de la sexualité plus douce de Louise. Louise a besoin de l'extraversion, du dynamisme, de la sexualité intense et du savoir-faire de Maurice dans le domaine des affaires et des finances.

- Ils doivent suspendre leurs hostilités en matière de sexualité pendant un certain temps. Ils doivent admettre qu'une vie sexuelle qui se détériore n'est qu'un des symptômes d'une relation en déroute. Ils ne pourront rétablir l'harmonie s'ils ne déposent pas d'abord leurs armes et s'ils ne mettent pas fin à leur guerre sexuelle larvée.

- Ils devraient lire ensemble quelques ouvrages sur la vie de couple ou participer ensemble à des ateliers de développement personnel. Ils ont beaucoup à apprendre. Plusieurs ouvrages de Shakti Gawain, de Ken Nerburn et de Deepak Chopra pourraient les aider.

- Ils doivent identifier leurs sous-personnalités primaires et leurs sous-personnalités reniées, et reconnaître que les jugements qu'ils portent l'un sur l'autre sont le reflet de ces sous-personnalités reniées.

- Ils doivent découvrir quelles sous-personnalités agissent dans leur relation. Louise appréhende le monde extérieur. Elle impose ainsi à son mari un rôle paternel. Maurice est déconnecté de sa vulnérabilité. Il charge Louise de veiller sur sa vulnérabilité à sa place. Avec le temps, Louise en viendra à détester le rôle qu'il la force à assumer.

- Tous deux doivent apprendre à extérioriser leur vulnérabilité.

- Tous deux doivent apprendre à communiquer ensemble en toute honnêteté quitte à solliciter l'aide de professionnels pour y parvenir. Ils doivent apprendre à extérioriser leur sexualité, leurs besoins et leurs préférences en matière de liens dynamiques, sans poser de jugements et sans conditions.

- Ils doivent faire l'expérience du lien dynamique en s'accordant des moments de solitude à deux. Le lien favorise l'intimité et l'enrichissement mutuel.

- Ils doivent découvrir comment ils ont fusionné avec leurs enfants et pourquoi cette fusion a contribué à les éloigner l'un de l'autre. Ils doivent apprendre à se donner généreusement à leurs enfants sans nuire au lien particulier qui n'appartient qu'à eux.

Ces quelques suggestions leur ouvriront la voie de la rédemption. Très souvent, nous avons été témoins de la transformation d'une relation dès l'instant où les conjoints entreprenaient ce travail sur eux-mêmes. Si la séparation est inévitable, eh bien, tant pis. Mais nous n'aimons pas qu'une vie de couple prenne fin pour la simple raison que les conjoints n'ont pas su fournir un effort pourtant à la portée de tous.

QUELQUES SUGGESTIONS POUR AMÉLIORER VOTRE VIE SEXUELLE

Nous aimerions terminer ce chapitre en vous proposant quelques suggestions dans le but d'améliorer et de préserver la sensualité et la sexualité de votre couple. Ne perdez pas de vue qu'elles ne valent *que* si vous parvenez à communiquer ensemble en toute honnêteté et si vous maintenez entre vous une certaine qualité de lien.

Prenez rendez-vous: convenez d'un moment pour faire l'amour

On ne peut pas faire l'amour en filant pleins gaz sur l'autoroute. On ne peut pas davantage faire l'amour si, après avoir filé depuis des heures sur l'autoroute du mental, on entre sans préavis dans la chambre à coucher. Ce brusque changement de cap fonctionne sans doute au début d'une relation, mais un vrai partenariat exige une plus grande intimité.

Concrètement, si l'un des conjoints travaille à son ordinateur ou s'occupe des enfants et de sa vie sociale jusqu'au moment d'aller au lit, s'il ne rencontre son partenaire que dans la chambre à coucher, cela érode l'intimité et court-circuite le lien qui unit les deux partenaires. Ils vivent séparément le quotidien, puis, sans transition, les voici ensemble à tenter de faire l'amour. Nous ne prétendons pas que tout rapport sexuel doit s'accompagner d'un profond sentiment de communion, car cela aussi pourrait se révéler lourd à porter. Seulement, avec le temps, vos rapports sexuels devront combler votre besoin d'intimité, sinon votre vie sexuelle s'effondrera.

Bref, vous gagneriez à planifier en toute conscience quelques-unes au moins de vos rencontres sexuelles. Dans leur ouvrage intitulé *Flesh and Spirit,* Jack Zimmerman, Ph.D. et le docteur Jaquelyn McCandless préconisent la mise au point d'un calendrier des activités sexuelles. Ce système convient à certains couples, mais pas à tous. Un calendrier aussi rigide comporte certains avantages, notamment pour les couples dont les besoins sexuels diffèrent beaucoup. Celui des deux partenaires qui s'inquiète de ne pas faire l'amour assez souvent saura qu'il peut compter sur un nombre prévu de rapports sexuels. De son côté, le partenaire moins sexuellement actif qui appréhende de devoir repousser les avances trop nombreuses du conjoint se sentira en sécurité dans les limites ainsi prévues. Les besoins de chacun sont ainsi exprimés, respectés et comblés.

Le plus grand avantage de ce système est sans doute le suivant : si vous avez rendez-vous pour faire l'amour le mercredi soir, vous vous préparez à ce rendez-vous. Vous ne restez pas cloué à votre écran d'ordinateur jusqu'à 20 h 59 pour ensuite courir vers la chambre à coucher. Vous préparez le décor, vous allumez des bougies, vous faites brûler de l'encens, vous faites le nécessaire pour que l'expérience vous soit agréable à tous deux. Vous ritualisez la rencontre sexuelle afin que celle-ci ne soit pas uniquement une détente orgasmique.

Si vous partagez un certain degré de spiritualité, il pourrait être très enrichissant pour vous d'apporter une touche de spiritualité à vos rencontres sexuelles. Vous pourriez méditer ensemble, ou simplement laisser l'énergie circuler entre vous pendant quelques minutes, ou encore prier ou faire de la visualisation ensemble. McClandless et Zimmerman parlent d'invoquer « le troisième conjoint », qui n'est autre que la dimension spirituelle. Cette maîtrise demande du temps, mais vous serez récompensés de vos efforts par la communion profonde qui vous unira pendant l'acte sexuel.

Le plus important pour nous consiste à créer un lien dynamique intense avant l'acte. Ceci est d'autant plus essentiel que les conjoints vivent ensemble depuis longtemps.

Le lien et l'acte sexuel

Il est très important de parvenir à créer un lien dynamique pendant l'acte sexuel. Regardez-vous votre partenaire en faisant l'amour ? Établissez-vous une autre forme de contact ? Si vous ne le faites pas, l'acte sexuel devient un acte égocentrique dont votre partenaire est exclu. Dans ce cas, l'un des conjoints est sensible au retrait de l'autre, et les problèmes s'ensuivent. Ménagez-vous du temps pour *être* ensemble, tout simplement, pour vous concentrer l'un sur l'autre et sur le contact que vous souhaitez créer. Ne vous pressez pas.

Il est possible d'intensifier le lien dynamique en faisant l'amour. Familiarisez-vous avec le lien dynamique en faisant les exercices de sensualité que nous avons décrits au chapitre 5. Ou encore, mettez au point vos propres variantes de ces exercices en guise de préparation à l'acte sexuel. Le lien qui prend place pendant l'acte sexuel est très enrichissant. Mais il ne peut se *substituer* au lien non sexuel. Un lien qui n'a lieu entre conjoints qu'au moment de l'acte sexuel est une menace pour la survie du couple.

Évadez-vous de la maison

La maison que vous partagez avec votre conjoint et vos enfants est le décor de vos devoirs, de vos responsabilités, de vos tâches quotidiennes. Elle est le domicile des sous-personnalités primaires. Elle ne prédispose pas à un contact sensuel ou sexuel intime.

Nous conseillons fortement aux conjoints de s'évader de la maison *seuls* (sans enfants ni travail), si possible une fois par mois et, au plus, toutes les six semaines. Efforcez-vous de passer toute la nuit ailleurs qu'à la maison. Nous conseillons aussi aux couples de se ménager chaque semaine des moments de solitude à deux, loin des enfants. Pour que survive l'intimité sexuelle dans un couple, les conjoints doivent connaître des moments de solitude à deux, à l'écart du contexte familial où ils évoluent quotidiennement.

De nombreux couples déclarent ne pas avoir les moyens de s'offrir de telles évasions et de payer une gardienne. Il y a plusieurs façons de contourner ce problème. Vous pourriez constituer avec vos amis un « club de gardiennage », où chaque couple assume tour à tour la garde des enfants. Vous pourriez choisir de confier vos enfants à quelqu'un d'autre et rester seuls ensemble à la maison tout un après-midi, toute une soirée, ou même tout un week-end. Nous ne devons en aucun cas devenir les prisonniers de nos enfants.

Si vous ne faites pas l'effort de jouir de tels moments de solitude à deux, vous éroderez l'intimité de votre vie de couple. Un beau matin, vous vous demanderez ce qui s'est passé pour que votre mari ou votre femme ait cessé d'être un partenaire amoureux et soit devenu votre frère ou votre sœur. Le sexe est absent d'une telle relation.

La solitude à deux n'est pas toujours facile, surtout quand le temps et l'argent se font rares. Mais il y a toujours des solutions possibles si vous placez ces moments privilégiés en tête de vos priorités. Nous nous étonnons toujours de la domination que les enfants exercent sur leurs parents, et du peu d'autorité que les parents exercent sur leur progéniture. Souvent, les parents ne se donnent pas le droit d'être seuls ensemble par peur de paraître égoïstes. Nous payons cher la rupture du lien et la détérioration de l'intimité du couple. Les conjoints malheureux ne peuvent pas être des parents consciencieux et heureux. Nos enfants ne sont pas censés devenir nos conjoints substituts. Nous devons développer la mentalité du sage et la force du guerrier pour défendre notre droit au partenariat et faire le nécessaire pour assurer la survie et le bonheur de notre couple.

Fondamentalement, les efforts que nous déployons pour résoudre nos problèmes sexuels sont identiques à ceux que nous déployons pour résoudre tout autre problème relationnel. Mais le processus est plus douloureux et potentiellement plus explosif. Quels que soient nos problèmes, nous devons réaliser par tous les moyens le partenariat de notre couple. Sexuels ou non, nos conflits sont l'occasion pour nous d'accéder à une connaissance profonde et enrichissante.

CHAPITRE 7

LE PARTENARIAT EN TANT QUE RELATION D'AFFAIRES : LA COMMUNICATION AU QUOTIDIEN

Si vous aspirez à une vie de couple intime et enrichissante, où le fait d'être ensemble vous nourrit comme un repas de roi, où l'âme participe à vos interactions, vous devez vous associer pour procurer à votre relation l'espace et le temps qui lui sont nécessaires. Ces réunions d'affaires vous donnent l'occasion de composer dans un authentique esprit de partenariat avec les innombrables petites contraintes de la vie d'aujourd'hui.

La vie est extrêmement complexe. Nous sommes bombardés de petits riens, de responsabilités, de choses à faire ou que nous devrions faire. En cette ère technologique, de nouveaux défis surgissent chaque fois que nous nous efforçons de maîtriser les derniers gadgets électroniques, les plus récents ordinateurs, télécopieurs, courriels et logiciels, ainsi que des appareils de télécommunication toujours plus raffinés.

Nous devons nous occuper de notre travail, de notre voiture, de nos téléphones cellulaires, de nos amis, de notre famille, de notre conditionnement physique, de notre éducation, de notre emploi du temps et de notre agenda électronique. À cela, nous ajoutons notre besoin de croissance personnelle. Nous n'en finirions pas de tout énumérer, et pourtant nous n'avons parlé que des responsabilités d'un seul individu. Les choses se compliquent dès qu'un conjoint entre dans le décor. Parfois, cela ne s'arrête pas là : ce partenariat pourrait même englober une famille élargie. Dans les faits, seul ou en couple, nous gérons toujours une entreprise. *Notre expérience de plusieurs années auprès de couples nous a permis de constater que très peu de gens ont conscience de la complexité de leur coentreprise.* Car il s'agit bien d'une coentreprise. Dans la plupart des cas, cependant, les conjoints se refusent à envisager leur partenariat comme une relation d'affaires. Ce point de vue est trop dépourvu de romantisme.

Cette notion de coentreprise est relativement récente. Traditionnellement, le processus décisionnel au sein du couple est le plus souvent déterminé par les rôles (les sous-personnalités primaires) que les conjoints assument. Par exemple, le rôle traditionnel de l'épouse consiste à s'occuper de la maison et celui du mari à gagner de l'argent. Ces rôles imposent à chacun un comportement spécifique. L'épouse prépare les repas, lave la vaisselle et prend soin des enfants. Sa vie à l'extérieur de la maison est relativement limitée et son rôle régit l'image qu'elle se fait d'elle-même. Le mari traditionnel pourvoit aux besoins matériels de sa famille. Il travaille toute la journée et, à son retour à la maison, il pénètre dans l'univers de sa femme. Les détails de ces schémas de comportements varient d'un couple à l'autre. Ce qui ne change pas est que ces comportements se coulent rapidement dans le béton. Bientôt, la structure familiale est fixée.

Ce n'est pas du tout le cas lorsque la vie de couple se fonde sur un partenariat de coentreprise. Les partenaires sont égaux. *Tout,* nous disons bien *tout* doit être pris en charge par *les deux conjoints.* Quand ceux-ci ne se donnent pas le temps de prendre des décisions dans un esprit de coentreprise, rien n'est jamais décidé parce que chacun des conjoints assume un rôle préprogrammé, un rôle « par défaut ».

Qu'est-ce qu'un rôle par défaut ? Dans le domaine de l'informatique, le réglage par défaut est un réglage prédéterminé qu'on ne peut modifier que par une intervention spécifique. Par exemple, la police implicite visible à l'écran est l'Helvetica. Quand vous allumez votre ordinateur, cette police de caractères apparaît automatiquement parce qu'elle a été programmée par avance dans votre système d'exploitation. Mais vous pouvez décider d'en adopter une autre. Pour ce faire, vous devez la choisir parmi les douzaines de polices de caractères disponibles et la programmer à votre tour. Votre choix vous est dicté par vos besoins immédiats ; vous n'êtes pas limité à la police d'origine. En tout temps, quand vous vous fatiguez de la police de caractères que vous utilisez, vous avez la possibilité de la remplacer par une police totalement différente.

Cette analogie convient parfaitement aux sous-personnalités primaires. Supposons qu'il faille aller chercher des vêtements au comptoir de nettoyage à sec, ouvert du lundi au samedi, soit quand le mari est au travail et l'épouse à la maison avec les enfants. Par défaut, la tradition veut que la femme se charge de cette course : après tout, elle est à la maison et son mari en train de gagner de l'argent pour subvenir aux besoins de sa famille. Elle peut arrêter au comptoir de nettoyage en allant déposer les enfants à l'école ou en les conduisant à leur leçon de piano l'après-midi. Personne n'a pris de décision à cet effet. Les conjoints ont assumé automatiquement leur rôle traditionnel respectif, leur rôle implicite, et cette situation leur semble tout à fait correcte et convenable. Ils ont toujours agi ainsi. Or, le fait d'assumer dans une relation de couple des rôles définis ou des sous-personnalités prédéterminées dans notre jeune âge n'a rien à voir avec un authentique partenariat. De tels automatismes en viennent à éroder la vitalité de la relation de couple.

Dans un partenariat de coentreprise, les conjoints décident en commun du partage des responsabilités. Le comptoir de nettoyage à sec est peut-être situé à proximité de l'école des enfants, si bien que le conjoint A se charge la plupart du temps de passer y prendre les vêtements. S'il y a un supermarché à côté du bureau du conjoint B, celui-ci fait les courses hebdomadaires. Vous pouvez vous partager certaines tâches ou petites courses quotidiennes, mais efforcez-vous d'être flexibles. Si, cette semaine-là, le conjoint A ne peut tout simplement pas trouver un moment pour passer au comptoir de nettoyage à sec parce qu'un rendez-vous l'en empêche, le conjoint B réorganise son emploi du temps pour s'en charger.

La répartition des tâches même les plus anodines doit être décidée d'un commun accord. Qui ira au supermarché ? Qui fera laver la voiture ? Qui accompagnera les enfants chez le médecin ou le chien chez le vétérinaire ? Les conjoints se partagent toutes les tâches, toutes les courses, toutes les responsabilités — même les responsabilités dévolues par tradition au mari, par exemple, la gestion du budget familial. Peu importe qui fait quoi, les conjoints doivent prendre ces décisions volontairement et d'un commun accord pour éviter que leurs rôles ne leur soient dictés par leur sous-personnalité primaire.

LA RÉUNION D'AFFAIRES

Nous conseillons aux conjoints de se réunir régulièrement pour discuter d'affaires, afin de revitaliser leur relation et de la faire bénéficier d'une nouvelle liberté de choix et d'une nouvelle flexibilité. Pourquoi ces réunions répugnent-elles à tant de couples ? Ils croient que la réunion d'affaires est trop froide et impersonnelle, qu'elle convient au milieu du travail mais qu'elle n'a pas sa place dans une vie de couple. Ces conjoints aspirent à une relation plus personnelle et intime. Ils veulent une vie de couple spontanée et se refusent à la gérer à l'égal d'une entreprise. Ils craignent aussi que de telles réunions dépouillent leur relation de son romantisme.

La vérité est que si vous négligez le côté affaires de votre relation, son côté romantique se détériorera. La vie d'aujourd'hui nous bombarde de responsabilités. Les conjoints doivent apprendre à y faire face de la façon la plus systématique possible.

Nous vous conseillons de planifier au moins une réunion hebdomadaire, et si possible deux ou trois. Des réunions plus fréquentes dureront moins longtemps et permettront aux conjoints de dominer la situation plus facilement. Chaque conjoint prépare un ordre du jour. *Tout,* nous disons bien *tout* doit y figurer.

Que pouvez-vous inscrire à l'ordre du jour ?

- Depuis la dernière réunion, chacun de vous a pris des rendez-vous. Vous devez coordonner vos activités et mettre à jour votre emploi du temps.
- Qui se chargera des retours d'appels ?
- Qui passera au comptoir de nettoyage à sec ?
- Qui passera en revue votre police d'assurances ?
- Vous avez reçu trois invitations. Quelles sont celles que vous accepterez et celles que vous déclinerez ?
- Les toilettes de l'étage fonctionnent mal. Devriez-vous acheter une cuvette neuve ?

- Les moments d'intimité : Cette semaine, quand passerez-vous quelques moments ensemble sans les enfants ? Quelles soirées vous êtes-vous réservées ? Le conjoint B pourrait proposer que vous déjeuniez ensemble au restaurant un midi de cette semaine.
- Les questions familiales : La mère du conjoint A a téléphoné pour inviter la famille à venir passer quelques jours de vacances chez elle dans six mois. Que décidez-vous ?
- Les griefs : Le partenaire A a certains griefs à formuler. Vous pouvez en discuter maintenant ou prendre rendez-vous pour en discuter plus tard. Il est bien de vouloir être spontané, mais si l'on néglige de se ménager du temps pour discuter de certaines questions, la discussion n'a jamais lieu et la relation s'enfonce de plus en plus dans un scénario relationnel positif.
- Vous avez une réunion de parents à l'école pour discuter du cas de l'un des enfants. Qui s'en chargera ?
- Le conjoint B s'inquiète de votre situation financière ; il aimerait savoir ce qui se passe.
- Les conjoints ont décidé d'avoir des comptes bancaires distincts et de contribuer tous les deux à un troisième compte. Qui s'occupera de la conciliation bancaire mensuelle et s'assurera que tout est en règle ?
- Un grand ménage s'impose. Qui s'en chargera ou engagera une femme de ménage ?
- Comment vous partagerez-vous la préparation des repas du soir et de la vaisselle cette semaine ?
- Le conjoint B désire acheter une nouvelle voiture. Il faudrait aussi repeindre la maison. Tous deux aimeraient construire une nouvelle terrasse.
- Le conjoint A veut installer une serrure à la porte de la chambre à coucher. Qu'en pense le conjoint B ? Qui s'en chargera ?
- Quels sont vos projets de vacances ?
- Questions d'argent : Vous devez décider de la façon dont vous investirez votre argent. Vous optez pour que le conjoint A prenne la responsabilité de vos investissements pour le moment. Vous pourrez toujours changer d'idée plus tard. Mais le conjoint A ne travaillera pas seul ; il devra rendre compte régulièrement de ses décisions au conjoint B. Le conjoint B ne doit pas abdiquer toutes ses responsabilités, car cela pourrait engendrer des tas de problèmes. Vous pourriez planifier des réunions

spéciales pour discuter de vos investissements, car vous devez faire beaucoup de recherche. Si c'est le cas, qui se chargera de cette recherche ?

Cette liste de points à l'ordre du jour a pour but de vous indiquer certains des aspects de votre vie de couple qui méritent d'être abordés en réunion. La plupart des réunions ne couvriront qu'un petit nombre de sujets. Selon nous, il est indispensable d'étudier ces questions régulièrement, sans quoi elles s'insinueront dans toutes vos activités communes et elles vous submergeront. Il ne faut pas que les moments que vous réservez à votre intimité soient envahis par des problèmes pratiques auxquels vous devez trouver une solution. Il faut encore moins qu'à défaut d'en discuter vous laissiez vos ennuis devenir une obsession perpétuelle, car une telle obsession pourrait même nuire à votre vie sexuelle.

COMMENT SE REPOSER L'UN SUR L'AUTRE SANS ABDIQUER

Le partenariat offre maints avantages. L'un des plus importants permet aux conjoints de se reposer l'un sur l'autre sans devoir acquérir du savoir-faire en tout. Nous aimons cette expression : « se reposer sur », car elle illustre parfaitement ce genre de partenariat. On ne s'appuie pas sur son conjoint, on ne dépend pas de lui, on se repose plutôt sur ses forces particulières.

Dans notre couple, par exemple, Sidra s'occupe du budget. Elle tient les registres de nos finances personnelles et gère la trésorerie de notre entreprise professionnelle. Hal se repose sur elle pour les questions d'argent, car elle est très douée pour les affaires ; ainsi, il se sent protégé et en sécurité. Par ailleurs, Hal s'occupe des demandes de renseignements concernant nos ateliers de formation, nos séances de travail privées et nos conférences, et Sidra se repose sur lui pour ce qui est de la coordination de notre emploi du temps, car il est très à l'aise avec ce genre de responsabilités et il les assume très bien.

Lors de nos réunions d'affaires, Hal rend compte à Sidra de ses tâches et Sidra rend compte à Hal de ses choix financiers afin que chacun soit au courant de ce qui se passe et puisse entériner les décisions de son conjoint. Si l'un des deux n'était pas tenu informé des activités de l'autre, il pourrait y avoir du grabuge. Quand un investissement tourne mal et que Hal n'y a pas porté attention, il court le risque d'assumer le rôle du père intransigeant et de critiquer Sidra. De la même façon, si Hal accepte un engagement sans que Sidra ait pu décider si oui ou non elle tient à y participer et que, le moment venu de diriger un atelier de formation, Sidra n'a en pas envie, elle risque de porter un jugement négatif sur Hal et de les plonger tous les deux dans l'eau bouillante. Lorsqu'on se repose en toute conscience sur son conjoint, on peut exercer sa liberté de choix.

Lorsqu'on abdique toutes ses responsabilités en faveur d'une autre personne dans quelque domaine que ce soit, on devient un enfant aux yeux de l'autre. Un scénario relationnel parent-enfant prend forme automatiquement. Lorsque, dans n'importe quel domaine de la vie du couple, nous assumons toutes les responsabilités, nous jouons le rôle du parent dans ce scénario relationnel. Puisque les scénarios relationnels détruisent l'intimité et qu'une intimité tronquée érode la qualité de notre vie sexuelle, l'abdication risque de nous coûter cher.

LE BUDGET

Il est indispensable que les conjoints s'entendent parfaitement sur la gestion du budget. Un grand nombre de sujets de discussion lors des réunions d'affaires touchent l'aspect financier de la vie du couple. Ces discussions sont parfois pénibles parce que, lorsqu'il est question d'argent, des sous-personnalités primaires très différentes occupent l'avant-scène. Voilà pourquoi il importe de bien comprendre les concepts abordés aux chapitres 2 et 3 concernant les multiples sous-personnalités et les scénarios relationnels. Savoir laquelle de vos sous-personnalités s'exprime pendant ces discussions peut vous venir en aide.

Le fait qu'un grand nombre de femmes ne connaissent rien aux affaires et, qui plus est, ne tiennent guère à se renseigner est très étonnant. Il n'est pas rare qu'une de nos clientes avoue tout ignorer de la situation financière de son mari ! Si son mari lui donne tout l'argent dont elle a besoin, cela suffit à la contenter.

L'ennui est qu'une telle attitude enferme l'épouse dans un rôle de petite fille pour tout ce qui touche les finances du couple. Si son mari a mis de l'ordre dans ses affaires avant de mourir, elle aura de la chance. Mais ce n'est pas toujours le cas et, souvent, l'épouse dont le mari décède fait face à une situation financière très précaire. La vie n'est pas tendre pour ceux d'entre nous qui persistent à vouloir être le fils ou la fille de leur conjoint, surtout dans le domaine des affaires et de l'argent.

L'abdication du pouvoir est enracinée dans un patriarcat vieux de plusieurs siècles ; ce n'est que récemment que les femmes ont commencé à se dégager de leurs rôles traditionnels. Il importe de noter que ce comportement archétypal est tout aussi fréquent au sein d'unions de même sexe où l'un des membres du couple assume le plus souvent un rôle patriarcal en ce qui concerne la gestion du budget. Dans un partenariat, où l'enjeu est considérable et le partage du pouvoir une question très délicate, il est indispensable que l'information circule entre les conjoints pour tout ce qui a trait aux questions d'argent. Que doit-il se passer sur le plan financier pour que la relation de couple soit une relation de partenariat et non pas une relation parent-enfant ?

Au début de leur vie commune, les conjoints doivent s'entendre clairement sur le sort qu'ils réservent à l'argent que chacun d'eux possède déjà. Ils doivent ensuite décider ce qu'il adviendra des revenus ultérieurs de chacun. Ils peuvent fusionner leurs ressources ou encore garder leurs revenus chacun pour soi mais ouvrir un compte bancaire conjoint pour leurs dépenses communes. Ils doivent exprimer clairement non seulement leurs intentions respectives, mais aussi leur point de vue. Dans un couple ordinaire, chacun fait ce qu'il veut. Dans un partenariat, les conjoints s'efforcent d'en arriver à un consensus.

Supposons que Charles, qui est fortuné, épouse Marie, qui ne l'est pas. Il désire acheter une voiture de luxe. Il a travaillé pour gagner cet argent, et il en a beaucoup. Il pourrait ne pas hésiter avant d'acheter quelque chose qu'il a les moyens de s'offrir et qu'il paiera avec son propre argent. Cette attitude est typique du couple ordinaire. Dans un partenariat, Charles consulte sa femme, car une telle acquisition pourrait affecter cette dernière émotionnellement et psychologiquement. Marie hésite, car la voiture lui semble trop voyante ; elle estime que c'est du gaspillage ; elle n'aime pas cette marque de voiture ; elle préférerait faire un voyage en Grèce avec son mari pour recréer avec lui une intimité qui leur fait défaut ; elle croit que cette acquisition contribuerait à les éloigner l'un de l'autre, car elle constate que son mari devient de plus en plus matérialiste tandis qu'elle se rapproche de plus en plus de la spiritualité, de l'art, de l'humanisme ou que sais-je. Les réactions de Marie importent à Charles, qu'il les approuve ou non. S'il les ignorait, leur relation ne serait pas un partenariat. Cela ne signifie pas qu'il renonce à s'offrir la voiture qu'il convoite. Cela signifie que l'acquisition de Charles dépend de leur discussion sur l'importance que chacun d'eux confère à cette voiture.

Nous vous entendons d'ici : « Seigneur, qui a le temps de parler de tout ? Je suis beaucoup trop occupé ! De toute façon, c'est *mon* argent. Je l'ai gagné et j'ai les moyens de le dépenser à ma guise. Je n'ai pas à rendre des comptes à qui que ce soit. » Cette réponse est typique des couples dans une telle situation. Tous sont à peu près toujours trop occupés ; nous avons pu le constater. Il serait temps pour eux d'alléger leur emploi du temps, de se consacrer davantage à l'approfondissement de leur partenariat et de découvrir un peu mieux qui ils sont grâce à ce partenariat. Il est vrai que Charles est libre de dépenser à sa guise l'argent qui lui appartient. Mais s'il souhaite vivre un partenariat authentique, il doit tenir compte des sentiments de Marie.

Quels sont les aspects fondamentaux de votre situation financière qui devraient bénéficier d'une attention particulière ?

La circulation de l'information

Dès le début de leur vie de couple, les conjoints doivent avoir une idée parfaitement claire de leur situation financière (individuelle et commune) à moins d'avoir convenu au préalable de ne pas divulguer certains aspects de leur patrimoine respectif. Il n'y a pas de bonne ou de mauvaise façon de faire. L'important est d'exercer des choix bien définis, à défaut de quoi, le ressentiment inconscient et la méfiance s'installeront entre les conjoints.

L'assentiment des conjoints pour les dépenses importantes

Nous conseillons aux conjoints qui ont mis leurs ressources en commun de s'assurer que les dépenses importantes recueilleront l'assentiment de chacun. Aussi longtemps que les conjoints hésitent à effectuer une dépense importante, nous croyons plus sage pour eux d'y surseoir. Si cela signifie qu'ils ne procéderont pas à cette acquisition, tant pis. Nous avons pu constater que les décisions que l'on regrette le plus sont celles que l'on a prises avant d'en peser le pour et le contre. Ce conseil vaut aussi pour les individus qui hésitent devant une décision à prendre.

Le processus décisionnel : une occasion de découverte

Revenons à Charles et à son penchant pour la dépense. Il a maintenant envie de s'acheter un voilier et Marie s'y oppose fermement. Le conflit entre eux s'est beaucoup aggravé. Marie est furieuse que Charles dépense sans arrêt. Charles est furieux parce que Marie est trop directive et qu'elle s'efforce de contrôler sa vie. Si Charles et Marie lisaient ce livre et s'efforçaient de mettre en pratique ce qu'ils y apprennent, nous pourrions assister à d'intéressants développements. Quelles sont leurs vulnérabilités sous-jacentes respectives ? Marie est issue d'une famille pauvre où toute dépense était impossible. Elle appréhende toujours de manquer du nécessaire, quelle que soit la fortune de Charles. En outre, cet argent appartient à son mari et non à elle. Les parents de Marie étaient toujours criblés de dettes et elle se souvient de la honte qu'elle ressentait quand les créanciers pourchassaient son père. Marie a aussi des valeurs très différentes de celles de Charles en ce qui a trait à l'argent. Elle n'aime pas dépenser quand il y a tant de pauvreté sur la planète.

Si Marie et Charles adoptent cette approche dans la résolution de leur conflit, ils apprendront à composer avec leur vulnérabilité et à identifier les sous-personnalités reniées que chacun porte en soi. De toute évidence, Marie est convaincue de « ne pas avoir droit » aux bonnes choses de la vie, tandis que Charles se croit parfaitement libre de s'offrir tout ce qu'il convoite. Ils sont aux antipodes l'un de l'autre, et chacun d'eux a besoin d'une partie de l'autre. Leur querelle au sujet de l'argent et du voilier devient tout à coup le psychodrame permettant à chacun de se découvrir un peu plus à fond. Charles a renié sa vulnérabilité et il n'a pas peur de vivre au-dessus de ses moyens ou même de s'endetter ; en matière d'argent, Charles ne sait pas s'arrêter. Il se ferme à la voix intérieure qui lui dit « non », à la sous-personnalité capable de reconnaître qu'un voilier représente une dépense inutile et sans intérêt, et une décision financière potentiellement catastrophique. Il lui faut apprendre de Marie à dire non, et Marie doit apprendre de Charles à dire oui.

S'ils parviennent ensemble à un certain éclairement, ils aborderont leurs discussions sous un tout autre angle; la décision des conjoints sera due à la compréhension et à la conformité plutôt qu'à un combat où la victoire revient à la plus forte des deux sous-personnalités qui s'opposent. Ainsi que nous l'avons répété tant de fois dans des contextes différents, la question n'est pas de savoir si Charles achètera ou non un voilier. La question est de savoir qui, en lui, désire ce voilier et qui, en Marie, n'en veut pas. Lorsqu'on comprend cela, on s'extirpe d'une jungle impénétrable et on débouche sur un terrain baigné de soleil et dégagé de toutes ses broussailles.

Le paiement des factures

En général, l'un des conjoints est plus doué que l'autre pour la gestion du budget. Ce n'est pas un problème dans la mesure où l'on n'abdique pas son autorité. L'important est ce qui différencie les personnalités des deux personnes concernées. Charles voudrait remettre chaque mois à Marie un montant d'argent qui servirait aux dépenses de la maison ; il aimerait qu'elle paie toutes les factures et qu'elle ne l'embête pas avec ces questions. Si l'argent qu'il lui donne ne suffit pas, elle peut lui en demander d'autre. Mais en raison de son passé, Marie préférerait gérer un budget ; elle veut savoir ce qu'ils dépensent et ce qu'il leur reste. Charles est prisonnier d'une psychologie patriarcale révolue, surtout en matière d'argent. Son mariage est fortement parental. Selon nous, pour être témoin du patriarcat dans toute sa splendeur, il suffit d'observer l'attitude des conjoints en ce qui concerne leur situation financière.

Les conjoints doivent déterminer la nature de leur collaboration avant de décider qui paiera les factures et qui gérera le budget. Marie peut certes établir un budget domestique en se basant sur l'argent que lui confie Charles, mais elle s'offusquera quand même tôt ou tard s'il est seul à gérer l'ensemble de leurs ressources. Tant qu'il lui faudra demander de l'argent à son mari chaque fois qu'elle en a besoin, elle sera la fillette de la sous-personnalité paternelle de Charles. Charles a, pour sa part, des attentes irréalistes : il souhaite que Marie soit « une bonne petite fille » pendant la journée et « une femme » merveilleusement sexuelle la nuit. Les luttes de pouvoir prennent davantage leur source dans les aspects financiers d'une relation que dans tout autre domaine, hormis celui de la sexualité. Ces luttes de pouvoir doivent être résolues avant que les conjoints puissent s'entendre sur le paiement des factures et la gestion du budget.

LA STRUCTURE FONCTIONNELLE DE L'ENTREPRISE

L'esprit d'entreprise est tout aussi indispensable que l'approche personnelle à la réussite d'une relation de couple envisagée comme un partenariat. Nous ne saurions nous affranchir des réglages implicites de notre enfance sans d'abord nous résoudre à examiner attentivement la situation et à faire des choix appropriés.

Nos nombreuses occupations ne nous rendent pas cette tâche facile. Nous disons: « Je suis trop occupé pour prendre le temps de participer à ces réunions d'affaires que vous proposez. » Ainsi, la relation reste prisonnière de ses paramètres prédéterminés tandis que nos ambitions et celles de notre entourage nous poussent sans cesse à surcharger de plus en plus notre emploi du temps. Nous assumons des rôles qui ne correspondent aucunement à la personne que nous sommes en réalité, ni à ce que nous voulons faire de notre vie et de nos relations. Nos rendez-vous et nos tâches noircissent toutes les cases du calendrier. Quand nous ne tolérons plus d'y laisser une case vide, nous inventons sur-le-champ une nouvelle activité.

On parle beaucoup, de nos jours, de la découverte de soi et de l'âme. Nous vous proposons ici une méthode facile pour vous aider à découvrir votre âme, une méthode d'une incroyable simplicité. Distancez-vous de tous les fonceurs, tant intérieurs qu'extérieurs. Quittez l'autoroute psychologique où vous filez à plein régime depuis toujours et empruntez des chemins de traverse. Découvrez à quel point votre hyperactivité est le produit de cette vulnérabilité dont vous ignorez presque tout. Quand vous aurez quitté l'autoroute encombrée qui était jusque-là la vôtre, vous assisterez avec émerveillement à l'émergence de votre âme. Vous découvrirez peu à peu un sentiment de plénitude et de sacré, tant dans la solitude que dans votre vie de couple.

Nous avons tous deux connu ces phases d'hyperactivité et nous en avons payé le prix à plusieurs reprises, seuls et en couple.

Nous pouvons vous dire ceci : *Si vous aspirez à une vie de couple intime et enrichissante, où le fait d'être ensemble vous nourrit comme un repas de roi, où l'âme participe à vos interactions, vous devez vous associer pour procurer à votre relation l'espace et le temps qui lui sont nécessaires.* Ces réunions d'affaires vous donnent l'occasion de composer dans un authentique esprit de partenariat avec les innombrables petites contraintes de la vie d'aujourd'hui. Les directeurs d'une entreprise se rencontrent régulièrement pour bien gérer leur société et pour atteindre les objectifs qu'ils se sont fixés. Votre partenariat amoureux est-il moins important ? Absolument pas.

CHAPITRE 8

PARTENARIAT ET PARENTAGE : LE ROMANTISME, MODE D'EMPLOI

La vie du couple s'érode facilement à la naissance d'un enfant. On cesse d'être conjoints pour devenir parents. Nous reconnaissons l'importance de l'attachement entre parents et enfants. Mais l'attachement entre conjoints est encore plus important. La relation du couple doit demeurer dynamique pour que la structure familiale puisse être saine, enrichissante et stable. Si le lien primaire entre les conjoints s'étiole et disparaît, toute la famille en souffrira.

L'arrivée d'un bébé est un événement merveilleux. Pour de nombreuses femmes, la naissance du premier enfant donne lieu à des liens d'amour et de dévotion inattendus et profonds. Jamais auparavant n'ont-elles éprouvé à ce point l'amour d'un autre être, un amour inconditionnel qui les fait se sentir uniques, irremplaçables et indispensables. Maintenant que les hommes ont eux aussi accès aux mystères de la naissance et qu'ils assument plus pleinement leur rôle de père, ils partagent ces sentiments.

Ces sentiments intenses et primitifs ont un aspect à la fois sacré et pratique. L'aspect absolu du rapport entre la mère et l'enfant est visible dans l'art sacré de notre civilisation, dans les toiles, les sculptures et les vitraux qui montrent la Madone et l'Enfant. Mais ce lien a aussi un côté purement pratique lié à la survie de l'espèce. Lorsque l'attachement entre la mère et l'enfant n'a pas lieu, la croissance de l'enfant est entravée. Pour que naisse la génération suivante, cet attachement est absolument indispensable.

On peut aisément imaginer ce qu'il advient du partenariat homme-femme sous l'influence de cet attachement entre la mère et l'enfant. L'intensité du lien entre conjoints faiblit à mesure que l'un des conjoints – ou les deux – réoriente ce lien vers un ou plusieurs enfants. De nombreux couples affirment que leur mariage a pris fin à la naissance de leur premier bébé.

Visiblement, l'arrivée d'un enfant dans une relation de couple est problématique. Certes, nous admettons l'importance de l'attachement entre parents et enfants, mais l'attachement entre conjoints est encore plus important. La relation du couple doit rester dynamique pour que la structure familiale puisse demeurer saine, enrichissante et stable. Si le lien primaire entre les conjoints s'étiole et disparaît, toute la famille en souffrira. C'est le cas lorsque les conjoints sont tous deux les parents naturels de l'enfant et même lorsque l'un d'eux est son beau-parent. Certes, préserver le lien primaire entre conjoints tout en accordant à l'attachement parent-enfant toute l'attention nécessaire est difficile, mais ce n'est pas impossible.

L'ARRIVÉE DU BÉBÉ

À la naissance du premier enfant, le lien primaire des conjoints est entravé. Instinctivement, la mère fait de l'enfant l'objet de son attachement premier. Cette réaction est tout à fait naturelle et absolument nécessaire – du moins, pendant un certain temps. La mère doit fusionner avec le bébé pour assurer la croissance de ce dernier. Mais pour que sa relation de couple puisse survivre, elle doit prévenir la détérioration du lien dynamique qui la relie à son conjoint. Penchons-nous sur une famille typique pour illustrer ce phénomène.

Élise et Édouard ont été mariés pendant cinq ans avant la naissance de leur fille Émilie. Ils avaient eu des fréquentations passionnées et ils étaient très amoureux l'un de l'autre. Puisque tous deux avaient une carrière bien établie, ils avaient attendu le moment « propice » pour se marier et pour fonder une famille. Élise, âgée de trente-sept ans, était une avocate prospère et Édouard, âgé de quarante-quatre ans, un architecte accompli. Ils vivaient à New York, dans un certain luxe. À la naissance d'Émilie, Élise engagea une excellente gouvernante pour s'occuper de l'enfant. Élise et Édouard croyaient que leur vie de couple continuerait comme avant, qu'elle serait marquée par la sensibilité, l'intensité, l'engagement et une sexualité enrichissante. Ils étaient des adultes rationnels, capables de composer avec efficacité avec les petites contraintes de l'existence.

Mais une surprise de taille attendait Élise et Édouard. Ils étaient bien loin de s'imaginer les bouleversements qu'entraînerait la naissance de leur fille, ce petit être merveilleux et si séduisant. Eux qui avaient jusque-là fait preuve d'une grande rationalité adoptèrent le comportement typique des nouveaux parents au comble de l'émotion dont ils s'étaient si souvent moqués auparavant. Par conséquent, le lien dynamique qui leur avait permis de fusionner faiblit. Et puisqu'ils ignoraient tout du lien, ils n'eurent pas conscience de sa détérioration.

Ainsi, Émilie devint le nouvel objet du lien primaire qui les avait unis. Chacun des conjoints était intensément attaché au nouveau bébé. Mais puisque Élise et Édouard s'aimaient toujours, ils ne se rendaient pas compte du changement qui affectait leur vie de couple. Celle-ci s'était pourtant radicalement transformée. Vu du dehors, leur couple n'avait pas changé. Ils formaient une petite famille heureuse et dévouée. Mais un problème avait surgi, comme il surgit souvent à la naissance du premier enfant. Le lien dynamique se transforme : on a l'impression que les conjoints ne sont plus mariés entre eux, mais avec leur enfant.

Ce déplacement est souvent plus perceptible chez la mère. À la naissance du bébé, elle fusionne spontanément avec l'enfant, privant son mari de l'énergie qu'elle lui consacrait jusque-là. L'époux se sent abandonné, mais puisqu'il ne comprend pas très bien ses propres émotions, il n'est pas conscient de ce sentiment d'abandon. Il a néanmoins besoin de nourriture, et pour la trouver, il doit faire l'expérience d'un lien. Si sa femme le lui refuse, il le cherchera ailleurs. Souvent, à ce stade de sa vie familiale, le mari a une liaison amoureuse avec une autre femme.

Mais le lien qui a lieu n'est pas forcément sexuel. Il peut se situer sur un plan psychologique plutôt que physique. Le mari pourrait s'attacher à ses collègues, à ses clients, à son travail, à son ordinateur, à son appareil de télévision, à Internet, au marché boursier, à une autre personne, et ainsi de suite. Il créera un contact avec toute personne ou toute activité qui lui procure un sentiment de bien-être. Ce lien s'amplifiera. L'épouse se sentira abandonnée à son tour et recherchera des liens hors de son mariage. C'est un cercle vicieux.

QU'ARRIVE-T-IL DU LIEN ?

Très souvent, le lien continue de s'exercer à la maison, mais avec un autre membre de la famille. Il n'est pas rare que le père s'attache à sa fille et la mère à son fils. Parfois, le père s'attache au premier-né, tandis que la mère préfère le cadet. Il se peut que le père crée un lien avec l'enfant le plus autonome ou le plus débrouillard et que la mère se lie à l'enfant le plus dépendant. Pour chacun des conjoints, l'attachement le plus fort se produit en général avec celui des enfants qui présente ses sous-personnalités reniées.

Le lien primaire du père et de la fille

À son insu, l'époux qui se sent abandonné réagira le plus souvent en transférant de sa femme à sa fille son lien primaire. Cela s'est produit dans le cas de Daniel. Nous vous relatons ci-dessous son histoire, car elle est typique. Un nombre incalculable d'hommes et de femmes nous ont fait part d'un tel attachement, qui se révèle très douloureux pour toutes les personnes concernées. Si vous, l'un de vos enfants, un frère ou une sœur a vécu un attachement de cette nature, vous avez tout avantage à être au fait d'un tel lien.

Daniel était un analyste financier plutôt timide, plus à l'aise avec ses graphiques qu'avec les gens. À vingt-cinq ans, il avait épousé Ève, alors âgée de vingt-sept ans. À ses yeux, Ève était une femme du monde, sexuelle, extravertie, affectueuse et sûre d'elle. Il l'adorait. Leur mariage était une réussite. Daniel éprouvait auprès d'Ève un grand sentiment de plénitude et de sécurité.

À la naissance de leur fils André, la vie sexuelle du couple s'étiola : Ève accordait maintenant toute son attention à son fils, devenu l'objet de son attachement primaire. Daniel se sentait exclu, mais en dépit du fait que leur ancienne intimité lui manquait, il ne parvenait pas à s'en ouvrir à Ève. Il restait de plus en plus tard au bureau, mais sa nature solitaire ne lui permettait pas de nouer là des amitiés solides. Quelque temps plus tard, Daniel trouva quelqu'un d'autre à aimer en la personne d'Aurore, leur second enfant. Il transféra son attachement de sa femme à sa fille, adorant celle-ci comme il avait naguère adoré Ève.

Daniel et Aurore étaient inséparables. Ils faisaient tout ensemble. Aurore était la « petite princesse » de Daniel, et Daniel le « petit papa adoré » d'Aurore. Elle était parfois la seule personne capable de le faire sourire et, en sa présence, elle éprouvait un grand bonheur et un fort sentiment de sécurité. Aurore veillait sur son papa (elle lui servait son café chaque matin) et Daniel veillait sur sa fille (il l'aidait patiemment à faire ses devoirs). Leur rapport, très profond, n'avait cependant rien de répréhensible ou de sexuel. Le courant d'énergie qui circulait entre eux les avait en quelque sorte « mariés ». Ève était, quant à elle, fortement attachée à André.

La vie n'est pas statique : avec le temps, cette situation connut de grandes transformations. Aurore connut les bouleversements hormonaux communs aux jeunes filles de treize ans. L'enfant se mit à préférer la compagnie de ses amis à celle de son père. À quatorze ans, Aurore, dont la sexualité s'éveillait, ressemblait déjà à une petite femme. Les garçons l'intriguaient et eux, en retour, remarquaient Aurore. Le bonheur candide du père et de la fille, créé par leur lien, allait bientôt être bouleversé.

Nous avons dit que Daniel était un homme timide, peu porté à l'analyse ; il n'eut pas conscience de ces transformations. Il comprit que sa fille devenait une femme, et il en fut troublé, mais rien ne l'avait préparé aux émotions qui commençaient à l'agiter. Il constata, non sans en être terrifié, que la beauté de sa fille le séduisait et qu'à l'occasion, lorsque Aurore l'étreignait ou s'asseyait sur ses genoux, il la désirait. Homme de principes, il ne savait que faire. Il n'était nullement préparé à cette occurrence pourtant normale et personne ne lui avait appris à y réagir. Il eut honte.

Non seulement Aurore se métamorphosait elle sous les yeux de son père, mais elle lui retirait aussi son énergie comme l'avait fait Ève plusieurs années auparavant. Elle s'intéressait moins à sa famille qu'à ses amis. Lorsque son père souhaitait sa compagnie, Aurore était rarement à la maison, rarement disponible. Elle ne lui servait plus son café du matin. Daniel n'était pas conscient de sa vulnérabilité et de ses sentiments d'abandon. S'il en avait été conscient, il aurait réagi autrement et préservé le lien dynamique qui l'attachait à sa fille tout en faisant face aux changements qui affectaient leur relation et à la métamorphose de sa fille en femme.

Mais, comme tant de pères par le passé et tant de pères dans le futur, Daniel a brisé le lien entre Aurore et lui. Il s'est mis à lui refuser son affection et s'est fait distant. Il lui reprochait son apparence, ses sentiments, son comportement. Il admonestait parfois sa fille à haute voix, parfois en silence, par son regard et son attitude. Il était particulièrement intolérant envers les amis d'Aurore et envers les manifestations de sa sexualité naissante. Il la couvrait de honte et de culpabilité.

Daniel évitait la compagnie de sa fille, même lorsque celle-ci avait besoin de sa présence. Il se désintéressa de ses études et de ses autres activités. Il lui dit qu'elle était trop grande pour qu'il la prenne dans ses bras. Ainsi, à l'âge de quatorze ans, Aurore perdit son père sans savoir pourquoi. Elle sentait très confusément que cela était dû au fait qu'elle avait grandi, qu'elle devenait une femme, et crut, par conséquent, que devenir une femme était répréhensible.

Que voilà une perte immense pour les pères et les filles ! Mais si le lien primaire entre Daniel et Ève avait été préservé, rien de cela ne serait arrivé. Daniel n'aurait jamais « épousé » Aurore et Ève n'aurait jamais « épousé » André. Les enfants n'auraient pas connu avec leurs parents des rapports exagérément étroits et aucun d'eux n'aurait été contraint d'assumer la responsabilité du bien-être d'un parent. Ève et Daniel seraient encore le conjoint l'un de l'autre et la structure familiale aurait pu composer habilement avec le passage d'Aurore et d'André à l'âge adulte.

QUE SE PASSE-T-IL LORSQUE, DE CONJOINTS, NOUS DEVENONS PARENTS ?

Il est si facile pour les conjoints de perdre de vue leur vie de couple lorsqu'ils ont des enfants, de cesser d'être des époux pour devenir des parents ! Ce phénomène, qui a lieu à leur insu, est si fréquent que nous avons décidé de le décrire afin que vous soyez à l'affût des changements souvent très nuancés qui pourraient affecter votre attachement l'un pour l'autre. L'un des indices les plus évidents est l'habitude que prennent les époux de s'appeler « papa » et « maman ». Cette disparition des prénoms montre clairement que le couple s'est scindé. D'autres indices sont beaucoup plus subtils.

Il y a plusieurs années, lors d'une tournée en Angleterre, nous avons passé la nuit dans une merveilleuse petite ville côtière où nous avons participé à un « banquet médiéval ». Comme cela se faisait au Moyen Âge, nous avons pris place à une très longue table couverte de plateaux remplis de nourriture que nous avons partagée avec les autres invités. L'ambiance était conviviale. Nous avons bavardé avec le couple de Britanniques en face de nous. Ils étaient beaux et jeunes, mais quelque chose manquait. Ils étaient délicats et respectueux l'un envers l'autre, mais en dépit de leur jeunesse ils ne dégageaient aucun enthousiasme et aucune sensualité. Qu'est-ce qui clochait ? Lorsqu'ils ont affirmé avec fierté que cette sortie en couple était la première qu'ils aient osé s'offrir depuis la naissance de leur fils, six ans auparavant, le mystère fut résolu. De conjoints, ils étaient devenus des parents et le lien qui les avait attachés l'un à l'autre s'était rompu. Chacun avait transposé sur l'enfant son attachement primaire.

Quels sont les signes révélateurs d'une telle transformation de la relation de couple ?

- La magie a disparu de votre vie de couple. Vous ne la retrouvez que dans votre enfant et dans votre attachement à cet enfant.
- La solitude à deux n'est plus une priorité pour vous.
- Vos enfants ont tous les droits. Vous, votre conjoint, vos besoins et votre vie de couple passent en second.
- Vous ne sortez jamais sans les enfants. Vous ne vous souvenez plus de votre dernière soirée à deux au restaurant ou au cinéma.
- Vous n'imaginez pas possible de partir en vacances sans les enfants.
- Vous n'imaginez pas de passer une nuit ensemble, en amoureux, sans les enfants.
- Si vous sortez sans les enfants, vous parlez d'eux, vous pensez à eux à chaque instant, comme si vous ne les aviez pas laissés à la maison.
- Vous n'avez aucune intimité. Aucune pièce de la maison ne vous permet de vous isoler sans interruption.

- Vous ne disposez ni de temps ni d'espace pour vous accorder des moments d'intimité sensuelle ou sexuelle.
- Vous êtes accessibles aux enfants en tout temps. Aucune pièce de la maison ne vous est réservée.
- Vous êtes plus branché sur votre enfant que sur votre conjoint. Dans un conflit, vous êtes plus sensible au point de vue de l'enfant qu'à celui de votre conjoint.
- Vous avez l'impression que votre enfant vous comprend mieux que votre conjoint.
- Vous êtes plus profondément attaché à votre enfant qu'à votre conjoint.

Ce changement au lien entre conjoints peut se produire dès la naissance d'un enfant ou se développer graduellement, mais d'une façon ou d'une autre, les événements tendent à se précipiter. *Plus vous vous éloignerez l'un de l'autre, plus chacun de vous s'attachera à l'un ou à plusieurs de vos enfants. Plus vous vous attacherez à l'enfant, plus vous vous éloignerez de votre conjoint. Le cycle est sans fin.* Résultat : chacun de vous – vous et votre conjoint – formez un lien primaire avec l'un des enfants. Vous êtes en quelque sorte marié à votre enfant plutôt qu'à votre conjoint.

QUE FAIRE POUR PRÉSERVER LA PRIMAUTÉ DE VOTRE RELATION DE COUPLE ?

Avant tout, sachez qu'il est bien d'avoir des enfants et qu'il est bien d'avoir un conjoint. Voici l'une des rares circonstances de la vie où vous pouvez *tout* avoir. Certes, ce n'est guère facile. Vous devrez agir autrement, avoir un comportement peu familier et même courir le risque de blesser quelqu'un. Mais l'effort en vaut la peine. Préserver la primauté d'une relation exige une préparation parfois complexe. Encore une fois, le jeu en vaut la chandelle.

Quelques mesures simples et pratiques suffisent à préserver la vitalité et la primauté de votre lien dynamique. En voici quelques-unes. Mettez-les en pratique et efforcez-vous d'en découvrir d'autres.

- *N'oubliez pas que votre objectif principal est de préserver et d'approfondir votre relation de couple en dépit de la présence de vos enfants.* Reconnaissez que votre relation de couple et le bien-être de votre famille dépendent de la sauvegarde du lien dynamique entre vous et votre conjoint. Une relation solide entre parents est le meilleur garant de la structure familiale.

- *Sensibilisez-vous à la détérioration du courant d'énergie qui circule entre vous et votre conjoint.* Habituellement, un seul des conjoints *(non pas les deux)* perçoit cette détérioration. Si vous la percevez, ne l'ignorez pas et ne la niez pas. Agissez. Soyez égoïste. Ne devenez pas compréhensif. N'ayez pas honte de penser que vous avez droit à plus d'attention de la part de votre conjoint. Ne justifiez pas votre conjoint en disant : « Il (ou elle) est si occupé(e). Je ne veux pas l'accabler avec mes exigences. » Dans le cas où votre conjoint percevrait cette détérioration et vous en ferait part, ne vous sentez pas coupable et ne vous placez pas sur la défensive. Vous n'avez rien fait de mal. Vous n'êtes pas une petite fille ou un petit garçon « méchant ». Ce phénomène est tout à fait naturel. Il signifie que vous manquez à votre conjoint. N'est-ce pas flatteur que votre conjoint soit si sensible à la qualité de votre vie de couple et qu'il vous aime au point de vouloir rétablir le courant d'énergie qui vous reliait l'un à l'autre ? Efforcez-vous de trouver la solution ensemble.

- *Intégrez des rituels à votre emploi du temps.* Il n'est pas indispensable que ces rituels soient complexes pour que vous goûtiez votre solitude à deux comme à l'époque de vos premières fréquentations. Il n'est pas non plus indispensable qu'ils perturbent la vie familiale. Par exemple, pendant des années nous avions l'habitude de prendre ensemble le petit-déjeuner du mardi. C'était pour nous un rendez-vous agréable et très spécial qui passait avant tout le reste. Nous nous réservions toujours ce mardi matin. Les enfants étaient au courant : nos petits-déjeuners au restaurant Sportsman's Lodge faisaient partie de nos traditions familiales. Trouvez un rituel qui vous convient.

- *Réservez-vous des moments de solitude à deux, si possible à l'extérieur du domicile familial.* La maison est le domaine de la famille. Lorsqu'on reste toujours à la maison, il devient facile de n'être plus que des parents et de laisser s'étioler notre vie amoureuse. Une nuit passée à l'extérieur du domicile familial peut être extraordinairement régénératrice. S'il vous est impossible de vous absenter pour la nuit, pourquoi ne pas prendre rendez-vous dans l'après-midi ? Vous pourriez réserver une chambre d'hôtel et y passer ensemble l'heure du midi avant de retourner au travail. Ne serait-ce pas délicieusement pervers ? Un hôtel à proximité du bureau ferait très bien l'affaire. Nous vous conseillons de vous rencontrer ainsi au moins une fois par mois. S'il vous est absolument impossible de quitter la maison, envoyez les enfants dormir ailleurs. Ces nuits d'évasion leur seront tout aussi bénéfiques qu'à vous. Ils peuvent rendre visite à des parents ou à des amis. Vous pourriez aussi échanger ces nuits de gardiennage avec un couple d'amis qui ont, eux aussi, besoin de ces moments de solitude à deux. Soyez inventifs.

- *Protégez votre intimité ; ne permettez pas à vos responsabilités de parents de vous voler vos plaisirs sensuels et sexuels.* Il est bon de se rappeler que des conjoints sont avant tout des amants. Faites en sorte de pouvoir être seuls chez vous. Nous vous conseillons fortement d'apposer un verrou à la porte de votre chambre à coucher. Sans qu'il soit nécessaire de toujours vous en servir, un verrou est utile quand on ne souhaite pas être interrompu, en particulier dans les moments d'intimité physique. On est alors plus détendu et on goûte mieux ces moments lorsqu'on sait qu'on ne risque pas d'apercevoir un regard d'enfant posé sur nous au moment critique.

- *Exigez d'avoir des moments de solitude à deux et intégrez ces moments à votre vie familiale.* Il arrive qu'on ait envie d'être seul ensemble sans faire l'amour. Une relation de couple demande du temps. Un lien dynamique demande du temps. La solitude à deux demande du temps. Apporter des solutions aux problèmes domestiques demande du temps. Vous devez vous ménager des moments de solitude à deux pour accomplir tout ce qui précède. Respectez ces moments. Faites comprendre à vos enfants que ces moments vous appartiennent. Sans cruauté ni rejet, prévenez-les lorsque vous ressentez le besoin d'être seuls ensemble. Ils apprendront à respecter votre solitude. Plus tard, quand ils auront des enfants à leur tour, ils sauront eux aussi se ménager des moments de solitude en compagnie de leur conjoint.

- *Bref, respectez votre vie de couple et préservez sa vitalité.*

COMMENT PUIS-JE FAIRE PART DE TOUT CECI À MES ENFANTS ?

Certes, vous songez : « Ce sont là de bien belles idées, mais comment puis-je en faire part à mes enfants ? » N'est-ce pas terrifiant ? Que leur direz-vous ? Comment leur ferez-vous comprendre que ces moments de solitude à deux vous sont indispensables ? Comprendront-ils que les adultes ont besoin d'être seuls ensemble et que cette solitude leur sera profitable à eux aussi ? Ils voudront savoir *ce que vous ferez* si vous vous absentez pour la nuit : que pouvez-vous leur dire ? Comment un enfant de six ans, ou pire, un adolescent de treize ans qui se débat avec sa puberté peut-il comprendre l'importance d'une nuit d'amour ? Comment expliquer à une petite fille de trois ans que vous avez besoin de resserrer les liens qui vous attachent à une autre personne qu'elle ?

Si ces questions vous glacent, vous êtes comme la plupart des parents. Vous croyez ne pas avoir le droit de vivre votre vie sans vos enfants. Leurs besoins passent toujours avant les vôtres. Si possible, avant de faire part de ces idées à vos enfants, efforcez-vous de comprendre les émotions qu'elles suscitent en vous. Reconnaissez que vous avez droit à une relation enrichissante comme celles que nous décrivons dans le présent chapitre. Heureusement, tant vos enfants que vous-mêmes en bénéficierez.

Détendez-vous. Inspirez profondément. Intégrez cette conversation avec vos enfants à votre partenariat. Si vous faites équipe pour leur expliquer la situation, vous vous sentirez mieux et vous serez plus efficaces. Consultez-vous pour décider de la façon dont vous aborderez ce sujet avec vos enfants et pour convenir de ce que vous leur direz. Réfléchissez bien. Comme chaque fois que vous instaurez un règlement, pesez les conséquences de vos actes. Sensibilisez-vous aux aspects opposés de votre personnalité, à celui qui est totalement attaché à ses enfants et veut bien faire les choses et à celui qui s'intéresse avant tout à sa vie de couple et pourrait ne pas tenir compte des besoins des enfants.

N'oubliez pas que cet équilibre est important. Vous songez aux besoins et aux sentiments de vos enfants tout en réclamant le temps et l'espace nécessaires à votre relation de couple.

Vous pourriez expliquer la situation à vos enfants de la même façon que vous leur avez expliqué pourquoi vous devez vous rendre au travail chaque matin. Vous serez plus objectifs et vos inquiétudes se dissiperont. La situation présente n'est pas très différente : dites tout simplement à vos enfants qu'ils ne dirigent pas votre vie, que vous leur posez des limites et, en même temps, faites-leur comprendre qu'ils comptent beaucoup pour vous. Le principe fondamental est le suivant : ce qui est bon pour votre vie de couple est bon pour la structure familiale. Abordez le sujet comme si vous parliez de votre travail : votre gagne-pain assure le bien-être de toute la famille.

Comment avez-vous fait comprendre à vos enfants qu'il vous fallait les quitter chaque matin pour vous rendre au travail ? Vous ne vous en êtes sûrement pas culpabilisés, et vous leur avez sans doute parlé franchement. Vous leur avez dit, tout simplement, que les adultes doivent travailler. Ils quittent la maison le matin et ils rentrent le soir. Sachant que les enfants vivent difficilement cette séparation – et vous aussi, s'ils sont particulièrement adorables –, vous avez sans doute créé des rituels pour leur faciliter cette transition.

Nos petits-enfants accomplissent un rituel délicieux chaque fois que leurs parents doivent s'absenter de la maison. En compagnie de la gardienne, ils grimpent sur le divan qui est devant la fenêtre, ils saluent leurs parents de la main et ils leur crient « au revoir ! ». Leurs parents se tournent vers eux et les saluent de la main. Les enfants courent à la fenêtre voisine et recommencent le même manège. Les parents les saluent de nouveau de la main. Les enfants sont ainsi valorisés ; ils ne se sentent pas exclus. La séparation est aussi moins pénible pour les parents.

Invariablement, vos enfants vous demanderont ce que vous ferez quand vous serez seuls. Ne vous sentez pas obligés de tout leur expliquer ni de vous justifier. Reprenons l'exemple du travail. Lorsque les parents travaillent, ils accomplissent des tas de choses que, souvent, ils ne peuvent pas décrire aux enfants. On ne saurait détailler pour un enfant les responsabilités d'un avocat, d'un psychologue ou d'un économiste. Il ne comprendrait pas. Les parents justifient leur absence quotidienne par des arguments que les enfants sont en mesure de saisir. Dites à votre fillette de deux ans que vous serez absents pour la nuit, et que grand-maman ou Catherine, la gardienne, restera à la maison pour s'occuper d'elle. Soyez aussi désinvolte que si vous lui expliquiez que vous devez vous absenter pour un voyage d'affaires.

Si vos enfants sont plus âgés, vous pourriez leur faire comprendre que les parents ont parfois besoin d'être seuls ensemble. Vous les aiderez ainsi à développer des aptitudes pour le partenariat. Votre explication devrait comporter deux volets. Premièrement, parlez-leur du côté pratique de ces moments de solitude : grâce à eux, vous avez le loisir de planifier les aspects quotidiens de la vie familiale. Par exemple, vous devez discuter de la nouvelle maison que vous convoitez. Ensuite, faites-leur comprendre que l'amour est important dans votre vie de couple, car votre vie de couple est le fondement de votre vie familiale. Dites-leur que ces moments de solitude vous rapprochent l'un de l'autre et vous rendent heureux, ou encore que vous pouvez ainsi régler vos différends en privé. Dites-leur que cette intimité est importante, car, si vous êtes heureux ensemble, votre vie familiale en est simplifiée et plus équilibrée.

Bien entendu, si vous prenez tôt l'habitude de cette solitude à deux, les enfants toléreront mieux vos absences. Si vous l'intégrez dès le départ à vos traditions familiales, les enfants ne s'y opposeront pas et *sauront* qu'elle profite à toute la famille. Sans doute n'aurez-vous même pas besoin de leur en expliquer l'importance. Les enfants sont très perspicaces. Ils le remarquent lorsque leurs parents sont plus épanouis et heureux après avoir passé quelque temps seuls ensemble. Quoi qu'il en soit, le fait de réclamer pour vous des moments d'intimité ne diffère guère des autres règlements que vous instaurez. Faites équipe avec votre conjoint, réfléchissez et faites part de votre souhait à vos enfants avec détermination, en toute simplicité et dans la conscience de l'attachement qui vous lie à eux.

Par votre aptitude à respecter votre vie de couple et à vous assurer des moments d'intimité, vous donnerez l'exemple. Vos enfants apprendront par eux-mêmes très facilement à ne pas passer les bornes et à consacrer du temps à leurs propres relations affectives. Cet apprentissage est parfois charmant. Par exemple, Hélène, une petite fille de deux ans, nous a dit en imitant ses parents : « Je suis à vous dans quelques minutes. Je dois d'abord parler à Jeannot (sa poupée préférée) de la maison que nous allons acheter. » Quand elle en a eu terminé de sa conversation avec Jeannot, elle est venue vers nous.

Au risque de nous répéter, nous tenons à vous rappeler à quel point il est important pour vous de donner la priorité à votre vie de couple. Inutile de vous en excuser ou de vous justifier. Une vie de couple heureuse est le meilleur fondement de la vie familiale. Pour préserver la vitalité et l'intimité de votre partenariat amoureux, vous devez créer une démarcation entre votre relation de couple et votre relation avec vos enfants. Cette démarcation est très rassurante, car lorsque les rôles sont bien définis et les limites à respecter bien établies, la structure familiale est solide.

Les considérations que nous avons formulées dans ce chapitre valent autant pour les familles élargies et les familles adoptives que pour les familles naturelles. Vous avez maintenant pris conscience de l'influence qu'exercent les enfants sur votre vie de couple et nous vous avons proposé différentes solutions pour assumer à la fois vos responsabilités de parents et vos responsabilités de conjoints. Penchons-nous à présent sur certains des grands écueils que doivent affronter tous les couples dans la société d'aujourd'hui.

CHAPITRE 9

LES DIX PRINCIPAUX ÉCUEILS DE LA RELATION DE COUPLE : QUE FAIRE POUR QUE L'AMOUR SURVIVE À LA ROUTINE ?

Le lien – ou l'attachement – doit occuper le premier rang dans la vie des conjoints : c'est là le fondement d'une vie de couple aimante et enrichissante.

Les couples doivent affronter de nombreux écueils : certains sont intérieurs, d'autres viennent de l'extérieur. Nous examinerons ci-dessous les dix principaux obstacles à la relation de couple afin que vous y soyez sensibilisés et que vous puissiez agir en conséquence. Affronter ces écueils exige du temps, de la détermination et des efforts. Mais le jeu en vaut la chandelle. Qui plus est, les mesures que nous vous proposons n'ont rien de désagréable.

Vous ne devez pas perdre de vue ce principe de base : le lien – ou l'attachement – doit occuper le premier rang dans la vie des conjoints. Si vous adhérez à ce principe, votre relation de couple sera florissante. Si quelque chose nuit au lien, votre relation en souffrira.

Même les couples les plus amoureux ont des intérêts extérieurs à leur vie de couple et créent des attachements et des liens hors de la maison. C'est une réalité de la vie. Mais si vous donnez la priorité à un lien extérieur à votre relation de couple, vous pourriez détruire celle-ci.

Notre attention est sollicitée de toutes parts. Des tas de choses nous séduisent ; il est facile de nous laisser distraire de notre conjoint. Nous étudierons ci-dessous dix des plus importantes distractions que nous avons pu relever au fil des ans. À la fin de chaque description, nous vous poserons la question suivante : Qu'est-il advenu de votre lien primaire ? Référez-vous à ces questions pour examiner votre propre vie de couple et pour connaître celles de ces distractions qui vous affectent plus particulièrement.

Chacun de nous aborde les choses différemment. Si vous aimez prendre le temps de réfléchir, lisez ce chapitre quand vous saurez que l'on ne vous dérangera pas. Ménagez-vous du temps de réflexion et notez vos réponses dans un carnet. Si vous préférez agir rapidement, lisez marqueur en main. Notez les pensées qui vous viennent. Soulignez les passages qui vous frappent et inscrivez vos impressions dans la marge ou sur des autocollants.

Allons-y.

ÉCUEIL N° 1 : LA TÉLÉVISION

Qui n'a pas d'appareil de télévision ? En fait, dans certaines familles, chacun possède son propre appareil de télévision. Il est difficile de résister à cette distraction. Les producteurs conçoivent des émissions qui attirent et gardent notre attention. C'est leur but. Toute cette industrie dépend de notre attachement irrévocable à l'appareil de télévision. On nous séduit avec des continuités, des émissions d'affaires publiques, les marchés boursiers, notre équipe de foot préférée, les Jeux olympiques, le dernier scandale, des feuilletons et des émissions spéciales à ne pas manquer. Certaines personnes cèdent au sentiment de pouvoir que leur confère la télécommande : elles dominent la situation ! Nous pouvons faire ce que nous voulons, regarder ce que nous voulons, changer de chaîne à volonté sans que personne ne nous le reproche. Et rien ne nous oblige à regarder une émission jusqu'à la fin.

Le pouvoir de séduction n'est pas le seul atout de la télévision. La télévision nous évite aussi les confrontations et les complications en s'adaptant à toutes nos humeurs et en nous offrant tout ce que nous désirons, au moment où nous le désirons. Après tout, votre télé a-t-elle jamais exigé quoi que ce soit de vous ? L'avez-vous jamais déçue ? Vous a-t-elle jamais jugé négativement ? Vous rend-elle vulnérable ? Vous pousse-t-elle à terminer ce que vous avez entrepris ? Vous effraie-t-elle ? Éveille-t-elle votre insécurité ? Pouvez-vous la blesser ? Se trouve-t-elle jamais en désaccord avec vous ? Bref, votre télé ne vous rend jamais la vie aussi impossible que votre conjoint !

Qu'y a-t-il d'étonnant à ce que tant de conjoints soient plus souvent couplés à leur télé qu'à leur compagnon d'existence ?

Réfléchissez. Êtes-vous plus attaché à la télé qu'à votre conjoint ? Lequel des deux vous manquerait le plus ?

Si vous préférez vous passer de votre conjoint, votre relation est, de toute évidence, incomplète. Dans une vie de couple, les moments de solitude à deux sont les premiers à disparaître. Les conjoints sont si occupés qu'ils en oublient l'existence de leur compagnon. La vie d'aujourd'hui est complexe et exigeante. Les gens travaillent trop, ils subissent trop de stress, ils sont si épuisés qu'ils s'écrasent dans un fauteuil et regardent la télé dès qu'ils ont un moment de liberté. Rester debout pour faire autre chose exige un effort.

La télé est un gadget très séduisant ; le repos et les distractions qu'elle nous procure sont importants et régénérateurs. Mais un lien, quel qu'il soit, reste un lien ; pour se développer sainement, nos relations affectives ont besoin d'être nourries par un attachement approprié. Pourquoi ne pas tenter de créer ce lien en regardant la télé ensemble ? Pourquoi ne pas vous rapprocher en regardant la télé ? Blottissez-vous l'un contre l'autre dans un grand fauteuil ou sur le divan pour regarder la télé.

Le défi le plus difficile pour vous consiste à trouver le temps d'être ensemble réellement, peu importe le contexte, en créant un lien d'énergie. Soyez inventifs. Pourquoi ne pas planifier une activité à laquelle vous pourriez vous adonner ensemble loin de la télé ? Un film à la télé ne se compare pas à un film sur un grand écran de cinéma. Quand vous prenez rendez-vous pour aller au cinéma, vous faites une sortie en amoureux et vous vous éloignez de la maison. Il est toujours possible de passer un moment à deux même si on dispose de peu de temps et d'argent. Faites une promenade, allez au parc, faites les courses ensemble, rendez-vous au supermarché en dehors des heures d'achalandage, quand vous n'êtes pas trop pressés, prenez le temps de regarder le soleil se coucher. Aussi souvent que possible, asseyez-vous l'un près de l'autre sans parler, ou repassez ensemble les événements de la journée.

ÉCUEIL Nº 2 : LE TRAVAIL

Notre travail est très important. Il est notre force, notre gagne-pain, notre sécurité. Il nous procure la satisfaction d'apporter notre contribution au monde qui nous entoure et parfois donne un sens à notre vie. Il nous aide à nous définir. Si nous le prenons suffisamment au sérieux, il assurera sans doute toujours notre survie : nous n'aurons pas à craindre qu'il nous abandonne ou qu'il divorce de nous. Surtout, aussi longtemps que nous travaillons, nous ne pensons pas trop à notre vulnérabilité. Tout ce qui nous permet de composer avec notre vulnérabilité sans regarder celle-ci en face est très séduisant.

Qu'y a-t-il d'étonnant à ce que bon nombre de personnes développent un attachement primaire à leur travail et relèguent leur vie de couple au second plan ? Lorsque nous nous sentons vulnérables malgré nous, nous pouvons trouver un apaisement dans le travail. Au travail, nous comptons. On a besoin de nous. On nous estime. Nous dominons la situation ou, du moins, nous pouvons aspirer à la dominer. Tout ceci est très rassurant. Au travail, notre vie n'affronte aucun écueil, elle obéit à une structure et nos priorités ne dépendent pas de nous. Nous savons ce que l'on attend de nous et nous faisons ce que nous devons faire. Ajoutons à cela le fait que nous gagnons de l'argent et que nous contribuons ainsi à la sécurité financière de nos enfants réels et de nos sous-personnalités enfants. Dans une telle situation, nous sommes toujours gagnants.

Malheureusement, plus nous nous attachons à notre travail, moins nous consacrons d'énergie à notre vie de couple. Puisque l'attachement est le moteur même de la relation, celle-ci ne saurait qu'en souffrir ! Notre tendance à nous attacher au travail plutôt qu'au conjoint est l'un des plus grands écueils de la vie de couple.

La tradition veut que les hommes se plongent dans le travail lorsqu'ils se sentent vulnérables ou que leurs émotions leur pèsent. Maintenant, les femmes ont elles aussi accès à cette solution. De nombreuses femmes ont appris à déserter leur attachement de couple au profit de leur travail. Des conjoints qui poursuivent tous deux une carrière mais font face à des difficultés à la maison tout en étant heureux dans leur travail sont souvent tentés de transposer sur leur profession leur attachement l'un pour l'autre. Quand cela se produit, chacun se sent abandonné et s'attache encore plus intensément à sa carrière.

Ce lien attachera l'individu à son travail, à ses clients ou à ses collègues. Souvent, il l'unira à une personne en particulier, à un collègue compréhensif ou à une assistante dévouée. Par tradition, l'homme s'attachera à sa secrétaire et, dans certains cas, il aura avec elle une relation adultère.

Cet écueil est particulièrement difficile à cerner pour un couple qui partage aussi sa vie professionnelle. Par exemple, il nous est très facile à tous les deux de nous passionner pour un projet au point de nuire au contact que nous avons l'un avec l'autre. Nous nous absorbons dans notre écriture jusqu'à transposer notre attachement au livre que nous sommes en train d'écrire. Puisque nous sommes attachés au même projet, nous semblons toujours être en couple, mais ce n'est plus vraiment le cas. Nous ressemblons à deux bœufs de trait sous le même joug. Nous tirons ensemble la même charrette, mais nous avons des œillères et nous ne nous voyons plus l'un l'autre. Nous ne voyons que le chemin à parcourir. Quand cela se produit, notre intimité se dégrade. Nous sommes malheureux, mais nous ignorons la cause de notre malaise.

Souvent, en particulier lorsqu'on connaît des difficultés financières ou qu'on a l'impression d'en avoir, il peut arriver que l'attachement au travail semble indispensable et aller de soi. L'un des conjoints, ou les deux, composera avec ce sentiment de vulnérabilité de la façon qui lui paraît la plus sensée dans les circonstances, soit en travaillant davantage pour gagner encore plus d'argent. Cette réaction ne pose pas de problème dans la mesure où l'attachement intense et intime des conjoints n'en souffre pas. Toutefois, dans cette situation, on constate que les conjoints transfèrent leur attachement premier à leur travail et qu'ils s'éloignent imperceptiblement l'un de l'autre jusqu'à devenir des étrangers.

Bien entendu, il arrive que l'on se sente plus heureux au travail qu'à la maison. Mais, réfléchissez : dans l'ensemble, où êtes-*vous* le plus heureux ? Près de votre conjoint ou au travail ?

Pour franchir cet écueil, efforcez-vous de réduire le temps que vous passez au travail ou que vous consacrez à y penser. Posez-vous des limites réalistes que vous saurez respecter. Par exemple, refusez tout travail ou toute activité reliée au travail entre 20 h 30 et 7 h. Ce sera sans doute très difficile au début. Pour vous aider, ayez un carnet à portée de la main où vous noterez toute pensée associée au travail de façon à pouvoir l'oublier jusqu'au lendemain matin. Supposons que vous vous rappeliez soudain qu'il vous faudrait expédier par courriel une confirmation de commande. Notez-le et n'y pensez plus. Sans quoi vous passerez la soirée à (1) chasser cette idée de votre tête et (2) craindre d'oublier d'expédier votre courriel.

ÉCUEIL N° 3 : LES AUTRES LIENS AFFECTIFS, RÉELS OU FANTASMÉS

À la fin des années 1960 et au début des années 1970, la sagesse populaire voulait qu'une relation amoureuse ou sexuelle ne suffise pas à combler toutes nos attentes. Cette philosophie avait pris naissance en réaction aux principes révolus qui avaient idéalisé le mariage « parfait » et l'amour « éternel » de Cendrillon et du Prince charmant. Cette révolution culturelle a donné lieu à un grand nombre de liaisons adultères et à de profondes amitiés en dehors du mariage.

Ces relations étaient souvent très positives pendant un certain temps. Chaque conjoint en retirait un sentiment de vitalité et de plénitude renouvelées. La relation de couple était régénérée et l'attachement entre conjoints renforcé. Mais au fil des ans, nous avons vu que, tôt ou tard, l'attachement entre les conjoints faiblissait tandis que les relations hors mariage augmentaient en intensité. La plupart du temps, l'attachement primaire passait du conjoint à quelqu'un d'autre.

Tout être humain normal peut éprouver une attirance pour une personne autre que son conjoint. Ce phénomène est tout à fait naturel. Il signifie que nous sommes bien vivants et que notre système hormonal fonctionne normalement. Nous pouvons puiser d'importantes leçons dans ces attirances si nous n'en faisons pas un drame et si nous évitons de nous culpabiliser.

La façon de penser des gens dans les années 1960 et 1970 comportait un fond de vérité. Il est vrai qu'un seul être – et, par conséquent, notre relation de couple – ne saurait combler toutes nos attentes. Nous avons des sous-personnalités primaires et des sous-personnalités reniées. Dans la relation de couple, certaines sous-personnalités sont acceptables ou primaires ; d'autres sont reniées par les deux conjoints.

Si vous réfléchissez à nos propos du chapitre 2 sur les sous-personnalités reniées, vous avez une idée claire de ce qui se passe dans une vie de couple. Nos sous-personnalités reniées et celles de notre conjoint sont précisément celles qui nous fascinent chez les autres. Ces sous-personnalités exercent sur nous un pouvoir d'attraction fatal qui nous incite à nous désintéresser de l'attachement qui nous relie à notre conjoint et à développer un attachement primaire ailleurs. *Il n'est pas indispensable que cet attachement soit sexuel pour mettre la relation de couple en péril. Il lui suffit d'occuper le premier plan.*

Il peut arriver que l'objet de cet attachement, sexuel ou non, ne soit pas une personne en chair et en os, mais un fantasme. L'un des conjoints se crée peu à peu une vie imaginaire qui l'absorbe tout entier. Il peut rêver d'une autre personne, d'un personnage inventé ou d'une autre façon de vivre. *L'attachement primaire n'a plus le couple pour objet, mais un fantasme ou un personnage créé de toutes pièces.* Certains individus s'engagent aussi intensément dans ces imaginations qu'ils s'engagent dans une relation avec un autre être. L'intensité de leur attachement peut court-circuiter leur vie de couple aussi sûrement que s'ils avaient une liaison adultère. Tout comme dans la liaison adultère, l'attachement primaire a maintenant un autre objet que le conjoint, mais cette fois il s'agit d'un fantasme. Qu'est-il advenu de l'attachement au conjoint ? Tout comme dans le cas d'une liaison adultère ou d'une attirance physique, l'objet de l'attachement est toujours une personne ou une circonstance porteuse d'une sous-personnalité reniée.

Que faire pour rétablir l'attachement au conjoint ? Recherchez les sous-personnalités en cause. Que trouvez-vous d'irrésistible chez cette personne ? En quoi est-elle porteuse de votre sous-personnalité reniée ou de celle de votre conjoint ? Une telle attirance peut beaucoup vous apprendre. Si vous ou votre conjoint revendiquez la sous-personnalité reniée afin que cette attirance irrésistible devienne résistible, vous reporterez votre attachement primaire sur votre conjoint. Comment ? Supposons que votre vie de couple soit devenue un peu complaisante et prévisible. Votre existence est routinière et satisfaisante, car vous avez tous les deux renoncé à votre spontanéité et à votre esprit d'aventure. Une personne plus spontanée et téméraire vous attirera sans doute. Si vous comprenez qu'une telle attirance vous indique que vous devriez insuffler un peu d'air frais à votre vie de couple, vous pourriez *insérer* ce changement dans votre vie plutôt que de repartir de zéro avec quelqu'un de nouveau.

Ce qui nous manque et nous attire irrésistiblement chez les autres peut être n'importe quoi, puisque chacun de nous est différent. La personne qui suscite cette attirance est parfois rebelle ou conservatrice, portée sur le sexe ou convenable, elle poursuit une carrière ou reste à la maison, elle est financièrement responsable ou impulsive, prudente ou spontanée, attentionnée ou égoïste, forte ou sensible, passionnée ou distante, sophistiquée ou ordinaire. Les possibilités sont infinies et nous ne vous en avons donné qu'un aperçu.

Songez aux personnes qui vous fascinent, qui vous incitent à vous attacher à elles et à vous détacher de votre conjoint. Qu'ont-elles qui vous manque, qui manque à votre conjoint ou à votre vie de couple ? Comment pourriez-vous rééquilibrer votre vie et votre relation en les faisant profiter d'un peu de cette énergie qui leur fait défaut ?

ÉCUEIL N° 4 : LES AMIS

Il importe beaucoup d'avoir des amis et de ne pas dépendre uniquement de notre conjoint pour combler toutes nos attentes interpersonnelles, mais il est également possible que ces amitiés détournent notre attachement primaire du conjoint vers quelqu'un d'autre.

Dans le passé, ce phénomène touchait surtout les femmes. Leurs amitiés ont longtemps été plus intenses et plus intimes que leur mariage. Elles pouvaient tout dire à leurs amies mais devaient mesurer leurs paroles quand elles s'adressaient à leur mari. Lorsqu'elles avaient besoin de réconfort, elles le trouvaient auprès de leurs amies plutôt qu'auprès de leur mari. Lorsque ce dernier les décevait par ses paroles ou par ses actes, elles ne s'en ouvraient pas à lui, mais se confiaient à leur entourage. Au lieu de dire à leur conjoint : « Je n'ai pas aimé que tu... », elles appelaient leurs amies au téléphone et discutaient avec elles de ce qui les troublait. Leurs amies remplaçaient ainsi leur mari en tant qu'objet premier de leur attachement.

Une autre façon d'opérer ce transfert pose problème. Lorsque l'un des conjoints est une personne responsable à l'excès qui se préoccupe beaucoup des besoins et des ennuis de ses amis, vient un temps où l'équilibre des forces entre le conjoint et les amis est rompu. La relation en souffre. Le conjoint se voit privé de l'énergie dont bénéficient les amis dépendants.

Par exemple, Robert et Julie sont attablés pour le repas du soir. Julie annonce gaiement à Robert que leur fille a enfin réussi son apprentissage de la propreté. Robert, quant à lui, est fier d'avoir signé un contrat pour la construction de trois maisons dans un nouveau développement domiciliaire de la ville voisine. Ils sont enjoués et heureux. Le téléphone sonne. C'est l'amie de Julie, Marthe, qui a – encore – des problèmes conjugaux. Au lieu de la rappeler plus tard, quand elle aura terminé son repas avec Robert, Julie abandonne son mari et discute pendant une heure avec Marthe au téléphone. Elle a établi un contact avec Marthe, l'amie qui a besoin d'elle. Elle a rompu le contact avec Robert qui, selon elle, peut se débrouiller seul. Si la situation se reproduit trop souvent, l'attachement primaire n'a plus lieu au sein du mariage mais entre les deux amies. Le mariage est une coquille vide et non plus une relation vivante.

Comme le montre cet exemple, nos amis sont parfois porteurs de nos sous-personnalités reniées, de nos lacunes. Julie n'a pas le droit d'être aussi dépendante que Marthe. Parce qu'elle est une femme responsable, elle doit renoncer à son repas pour venir en aide à son amie. Elle n'a pas la possibilité de lui dire : « Je suis désolée, je ne peux pas te parler en ce moment. Robert et moi sommes à table. Je te rappellerai demain. »

Posez-vous la question suivante : « Qui est mon meilleur ami ? » Si quelque chose de très important vous préoccupe, en parlez-vous à votre conjoint ou à vos amis ? Si votre vie de couple est très intime, vous répondrez : « À mon conjoint. » Connaissez-vous le dicton suivant : « Épouser son meilleur ami est une chose merveilleuse ? » Lorsque l'attachement primaire est celui qui relie les conjoints, les conjoints sont, en effet, les meilleurs amis du monde.

ÉCUEIL N° 5 : LES ENFANTS

Nous avons consacré le chapitre 8 à l'influence qu'exercent les enfants sur la vie du couple, car il est très fréquent que les enfants remplacent les conjoints dans l'attachement primaire. Les enfants sont des dons du ciel, mais la fascination qu'ils exercent sur nous et leur charme nous distraient presque inévitablement de notre relation première. Pour la plupart des gens, il est extrêmement facile de transférer leur attachement primaire du conjoint à l'enfant.

La mère doit fusionner avec le nouveau-né pour que celui-ci puisse se développer normalement. Par conséquent, elle développera, pendant un certain temps du moins, un attachement plus grand à son enfant qu'à son conjoint. Depuis que les pères participent davantage à l'éducation de leurs enfants, eux aussi peuvent transposer leur attachement primaire sur leur enfant et ce, pour les mêmes raisons. Cela leur est très agréable.

Il est absolument indispensable que les parents reconnaissent l'importance de l'attachement entre conjoints pour leur propre bien, celui de leur vie de couple et celui des enfants, et qu'ils fassent l'impossible pour éviter de briser le lien qui les unit.

Lorsque l'attachement entre conjoints se détériore parce que l'un d'eux le reporte sur l'enfant, l'autre parent est délaissé, abandonné comme ces atomes combinés à des électrons non appariés, et qui forment des radicaux libres. Le radical libre cherchera à fusionner avec quelque chose ou avec quelqu'un, si bien que tous les autres écueils que nous avons décrits peuvent devenir l'objet de son attachement primaire. Voyons comment.

Jean et Jeanne ont eu leur premier bébé après huit ans de mariage. Avant la naissance de l'enfant, ils étaient inséparables. Jeanne enseignait à plein temps et Jean travaillait dans une société de développement de logiciels. Depuis que le bébé, Nathalie, est entré en scène, Jeanne est en congé de maternité. Elle est toujours très occupée et elle a transféré son attachement primaire de Jean à Nathalie. Jean se sent rejeté. Leur situation financière l'inquiète aussi un peu. Puisqu'il n'aime pas se sentir vulnérable, il se montre très rationnel en se consacrant de plus en plus à son travail. Après tout, les factures s'accumulent et Jeanne n'enseigne plus à plein temps. Résultat : Jeanne est très attachée à son bébé et Jean à son travail. Leur problème est majeur : leur attachement entre conjoints n'occupe plus le premier rang.

Parfois, l'attachement primaire demeure au sein de la famille mais au lieu d'unir les parents, il unit les parents aux enfants. Chaque conjoint s'attache à un enfant différent. La mère s'attache parfois plus fortement à son fils, et le père à sa fille. Ou encore, l'un des parents se lie à l'enfant qui réussit tandis que l'autre développe un attachement à l'enfant moins autonome. Dans le cas d'un enfant unique, les deux parents créent à l'occasion un attachement intense au même enfant.

Nous avons noté que ce même phénomène se reproduit avec des animaux de compagnie. L'attachement primaire est maintenu, mais il est transféré sur l'animal de compagnie. Certaines personnes ont depuis toujours un attachement primaire avec leur animal préféré plutôt qu'avec leur conjoint. Elles déversent tout leur amour, toute leur dévotion et leur énergie sur leur animal de compagnie ; elles le caressent, l'embrassent, lui disent des mots doux, tandis que leur rapport au conjoint est moins physique, plus distant, impersonnel et méthodique. Il ne s'agit pas ici de savoir si vous aimez ou non votre animal de compagnie, mais de découvrir qui est l'objet de votre attachement primaire.

Si vous avez des enfants, posez-vous les questions suivantes : « Êtes-vous plus attaché à votre conjoint ou à vos enfants ? Votre conjoint est-il plus attaché à vous ou à vos enfants ? Quand vous êtes-vous accordé un moment de solitude à deux dans le but de renouer le contact en l'absence des enfants ? » (Vous trouverez des solutions à ce problème au chapitre 8.)

ÉCUEIL N° 6 : FAIRE ET NON PAS ÊTRE

La plupart des gens portent en eux une sous-personnalité fonceuse qui les incite à en faire toujours plus. Ils ont besoin de toujours apprendre quelque chose de nouveau, de multiplier les accomplissements, de gagner davantage d'argent, de s'améliorer, d'être le plus intelligent, d'élargir leurs horizons, de réussir, d'être le meilleur. Ne pas aller de l'avant est inacceptable. Il n'y a jamais un instant à perdre ; il y a toujours quelque chose à faire. Chaque objectif atteint est suivi d'un autre. On ne se repose jamais, on n'arrête pas d'agir.

Malheureusement, toute cette agitation nuit à l'attachement. *Pour s'attacher à un autre être, il faut savoir s'arrêter.* Notre société décourage cela. Nous n'avons pas la permission de ralentir assez longtemps pour nous attacher à autrui et pour nourrir ces relations. On nous pousse plutôt à aller toujours plus vite. Nous ressemblons à la Reine rouge, le personnage de *De l'autre côté du miroir,* qui court toujours plus vite tout en restant sur place.

De nos jours, un fonceur nouveau genre s'est attaqué à notre vie de couple. C'est le fonceur Nouvel Âge qui nous pousse à grandir, à développer notre conscience et notre spiritualité et, pour les plus ambitieux d'entre nous, à trouver l'éclairement.

Le fonceur Nouvel Âge ne permet à rien d'interrompre sa quête. Il veut que nous apprenions à nous connaître, à déchiffrer nos comportements, à analyser nos rêves, à maîtriser la pratique de la spiritualité, à obéir à des tas de règlements inédits. Il n'a aucun scrupule à court-circuiter notre vie de couple pour nous attirer loin de notre conjoint parfois pendant des mois entiers.

Encore une fois, tout est affaire d'attachement. Si la vie de couple occupe le premier plan, les conjoints parviendront à composer avec les exigences du fonceur Nouvel Âge. Mais si l'attachement primaire change d'objet, les conjoints ne sont plus en contact et la relation est fragilisée. Si cela se produit, la vie du couple pourrait ne pas survivre, car le conjoint se sent abandonné et recherche ailleurs un nouvel attachement.

ÉCUEIL N° 7 : L'ORDINATEUR – CE NOUVEL AMANT MYSTIQUE

Nous sommes nombreux à céder à la séduction de notre ordinateur ou à l'appel d'Internet. Tout y est à faire, à découvrir, à apprendre, à explorer. L'ordinateur offre des loisirs infinis. Vous décidez d'ouvrir votre courriel ou de vérifier vos comptes bancaires et, cinq heures plus tard, vous vous traînez au lit, épuisé mais heureux, et c'est à peine si vous parvenez à vous souvenir du nom de votre conjoint.

L'ordinateur est devenu à nos yeux un nouvel amant mystique, un amoureux séduisant, toujours frais et dispos. Il nous attire par ses promesses à toute heure du jour ou de la nuit.

Là encore, c'est affaire d'attachement. Quel que soit votre travail, vous dites adieu à votre conjoint si vous lui préférez votre ordinateur. Un jour que nous formulions l'opinion selon laquelle l'ordinateur crée une dépendance, un informaticien a affirmé avoir entendu dire que, lorsque nous nous installons à l'ordinateur, le cerveau entre dans un rythme alpha qui produit un important effet d'accoutumance. Nous ignorons si cette théorie est vraie, mais on le dirait bien.

Cette attraction fatale varie d'un sujet à l'autre. Certaines personnes s'attachent à leur ordinateur par intermittence mais ne se dissocient pas en permanence de leur relation de couple. Lorsqu'elles travaillent à l'ordinateur, c'est là leur attachement primaire, mais elles peuvent s'en détourner pour retrouver leur conjoint. D'autres, toutefois, ont développé un attachement primaire à leur ordinateur et à toutes les possibilités qu'il offre, au détriment de leur vie de couple.

Pour savoir si vous êtes trop attaché à votre ordinateur, demandez-vous si vous êtes plus heureux en compagnie de votre conjoint ou avec votre ordinateur.

ÉCUEIL N° 8 : L'ALCOOL ET LES DROGUES

Les conjoints usent parfois de drogues ou d'alcool pour se détendre ensemble ou pour rehausser et intensifier certains aspects de leur relation, notamment ses aspects sexuels. Cette solution peut être efficace si l'on consomme modérément, mais une telle habitude n'est pas sans danger. Au-delà d'un certain seuil, l'intoxication rompt le contact intime des conjoints ; chacun pénètre alors dans un univers qui lui est propre, et l'autre en éprouve un sentiment d'abandon.

Lorsqu'il y a dépendance aux drogues ou à l'alcool, la relation du couple en souffre. En plus des problèmes pratiques que pose une telle accoutumance, par exemple en ce qui concerne l'aptitude à vivre en société, la dépendance rompt l'attachement entre conjoints. *La drogue ou l'alcool, et non pas le conjoint, sont les objets de l'attachement primaire du toxicomane ou de l'alcoolique.*

L'abus des drogues ou de l'alcool a d'autres conséquences que la rupture du contact entre les conjoints. La personne dépendante perd tout sens des limites et tout jugement, si bien qu'elle crée souvent des attachements inappropriés avec d'autres personnes, intensifiant ainsi le sentiment de rejet et d'abandon de son conjoint.

Portez attention à la qualité du contact entre vous et votre conjoint lorsque vous consommez de l'alcool ou des drogues. Êtes-vous enclins à vous éloigner l'un de l'autre ? Vous aurez sans doute besoin de l'aide de votre conjoint pour le découvrir. Souvent, notre conjoint est plus sensible aux changements qui affectent notre relation dans de telles circonstances. Pour cette raison, il pourra vous faire part d'une rupture de contact qui se produirait à votre insu.

ÉCUEIL Nº 9 : LE PSYCHOLOGUE MAISON

La quête de soi-même et le travail psychologique n'ont pas que des bons côtés. Il peut arriver que nous nous détachions de notre vulnérabilité en acquérant des connaissances et que nous devenions des psychologues maison. Quand nous accumulons des connaissances sur nos relations, sur notre conjoint et sur nous-même, nous en venons à assumer spontanément et imperceptiblement un rôle de spécialiste et de conseiller. Tout aussi imperceptiblement, nous rompons l'attachement qui nous lie à notre conjoint.

Nous avons cessé d'être égaux. Nous ne sommes plus les deux partenaires d'une même relation où chacun se sent quelque peu vulnérable et s'efforce de trouver des réponses à ses interrogations. Il y a maintenant un spécialiste et un apprenti. Rien de mieux pour rompre un contact intime !

Les psychologues maison ne peuvent pas communiquer avec les autres. Au lieu de communiquer, ils enseignent. Peu importe que leur enseignement soit brillant, inspiré et juste : qu'ils aient ou non raison est sans importance. Le lien dynamique est détruit, l'intimité aussi. La relation s'étiole faute de contact. N'est-ce pas ironique que, plus le psychologue maison s'efforce de remédier à sa vie de couple, pire c'est ?

Pour savoir si cette situation est la vôtre, observez les réactions de votre entourage, et surtout celles de votre conjoint. Leurs yeux se voilent-ils lorsque vous leur faites part de vos découvertes ? Se placent-ils sur la défensive ? Vous opposent-ils toutes sortes d'arguments ? Se révoltent-ils ? Si c'est le cas, vous êtes sans doute devenu – sans le vouloir – un psychologue maison qui fait étalage de ses connaissances sans parvenir à communiquer.

ÉCUEIL Nº 10 : LA RELATION PARFAITE

Il arrive que nous déployions des efforts exagérés pour que notre vie de couple soit parfaite. Nous abondons toujours dans le sens du conjoint, nous sommes irréprochablement empathiques et compréhensifs l'un avec l'autre, tout est toujours parfait, il n'y a jamais de problème, nous vivons un lien dynamique sans faille, nous sommes comblés et nous faisons tout ensemble. Nous consacrons toutes nos énergies à la bonne entente et nous faisons l'impossible pour fermer les yeux sur nos petits malheurs. Nous avons une maxime : « Dans toute bonne relation de couple, tout marche comme sur des roulettes, les conjoints sont toujours d'accord, ils ne se séparent jamais, ils font tout ensemble. » Malheureusement, quand nous tentons de maintenir une relation de couple sur ce plan éthéré, nous court-circuitons l'attachement entre conjoints : puisque nous fermons les yeux sur ce qui ne va pas, beaucoup de problèmes restent en suspens et ne trouvent pas de solution.

Toute relation obéit à un mouvement de balancier ; la vie n'est pas toujours merveilleuse et la perfection n'est pas de ce monde. En fait, si nous croyons l'avoir atteinte, c'est le signe que quelque chose ne va pas. Nous ne prétendons pas que vivre à deux soit toujours problématique. Nous disons seulement (1) que chaque individu est distinct et a ses propres attentes ; (2) que la communication n'est pas toujours parfaite entre conjoints, qu'ils peuvent connaître des désaccords ou des malentendus ; et (3) qu'ils ont autant besoin de s'éloigner l'un de l'autre que de se rapprocher.

Voilà pourquoi il importe de tenir compte de ce qui ne va pas dans votre vie de couple ou dans votre vie tout court. Si vous gériez une entreprise sans jamais vous pencher sur les problèmes qui surgissent, vous vous dirigeriez droit vers la faillite. Supposons que vous gériez une entreprise de transport de marchandises. Tous vos employés et vos clients savent que vous détestez recevoir de mauvaises nouvelles, si bien que personne ne vous prévient du bruit bizarre que fait le camion réfrigéré qui sert au transport des marchandises sur une longue distance. Si vous connaissiez le problème, vous pourriez y remédier. Mais vous en ignorez tout, car personne n'ose vous faire part d'une mauvaise nouvelle. On se dit que ce n'est qu'un petit bruit anodin, rien de grave. Résultat, le camion tombe en panne au beau milieu du désert avec tout son chargement de laitues.

Ce « petit bruit anodin » signale ce qui gagnerait à être amélioré ou carrément réparé avant de devenir un vrai problème. Nous avons tous besoin de temps ; nous devons avoir la permission de nous pencher sur ce qui ne va pas dans notre vie et dans notre relation de couple. Dans un partenariat amoureux, il est entendu que chacun des conjoints peut et doit rendre compte à l'autre de ce qui cloche. Ces rencontres ne sont pas plus des séances de rouspétage que ne l'est une réunion d'affaires dont le but est d'évaluer la situation d'une entreprise.

Qu'inscrirez-vous à l'ordre du jour ? L'insatisfaction que vous ressentez en ce qui concerne votre conjoint ou votre vie. Vous pourriez aborder le sujet de l'attirance qu'une autre personne vous inspire, qui vous éloigne de votre couple. Vous pourriez parler de vos rêves, de votre désir de vous lancer en affaires, d'avoir un autre enfant ou d'explorer les îles Fidji. Vous pourriez parler de vos inquiétudes à propos de votre situation financière, de votre travail, de votre santé ou même de votre vie de couple. Vous pourriez parler du malaise que vous ressentez à être toujours ensemble, de votre besoin de solitude, de votre désir d'avoir une pièce à vous dans la maison. Toutes ces questions nous empêchent de devenir trop complaisants et de nous engluer dans des schémas qui ne nous correspondent plus ; elles nous ouvrent à de nouvelles considérations et à de nouvelles possibilités.

Nous croyons indispensable que vous vous ménagiez du temps pour aborder de telles questions. Il importe peu que vous le fassiez ou non d'une façon formelle ; après tout, vous vous occupez de votre couple, pas d'une grande société. Mais vous ne devez pas laisser les problèmes s'accumuler. Discutez à mesure de vos insatisfactions ou de vos déceptions, car ainsi (1) vous préservez le contact avec votre conjoint, même si ce contact n'est pas agréable sur le coup, (2) vous évitez d'accumuler les griefs et (3) vous trouvez des solutions à vos problèmes rapidement et avec inventivité. Autrement dit, vous réparez votre camion avant qu'il ne tombe en panne. C'est le rôle des conjoints.

La perspicacité de chaque conjoint diffère et chacun d'eux apporte une contribution originale à la relation. Si votre conjoint travaille trop et vous ignore, cela vous irrite. À son tour, votre conjoint s'irrite parce que vous avez laissé passer une excellente occasion d'affaires la semaine dernière. Vous remarquez tout de suite que la voiture a besoin de réparations et votre conjoint remarque tout de suite que le compte en banque baisse dangereusement. Vous le voyez, le partenariat amoureux nous permet de mettre toutes nos aptitudes à profit pour créer une équipe formidable.

FRANCHIR LES ÉCUEILS

Ces dix écueils vous mettent au défi de préserver l'attachement qui règne dans votre relation la plus importante. La plupart du temps, cet attachement sera agréable, mais lorsque vous aurez à affronter des difficultés, il vous sera quelque peu pénible.

Que devez-vous faire au jour le jour pour sauvegarder votre attachement à votre conjoint ? Premièrement, votre vie de couple et votre attachement à votre conjoint doivent être pour vous une priorité. Tous les écueils que nous avons décrits dans le présent chapitre possèdent une caractéristique commune : chacun menace de remplacer votre vie de couple dans vos priorités.

Deuxièmement, lorsque vous n'êtes pas aussi heureux auprès de votre conjoint ou dans votre vie de couple, ou lorsque vous sentez que votre attachement faiblit, ne fermez pas les yeux sur vos sentiments. Cet état de choses est un avertissement, un signal d'alarme. Vous serez peut-être tenté de croire que l'alarme est défectueuse et vous aurez envie de la débrancher parce que son bruit vous agresse, parce que vous ne voyez pas de fumée ou parce que vous n'avez guère le temps de courir après les ennuis. Mais portez attention. Votre malaise est chargé d'énergie reniée.

Troisièmement, l'ingrédient le plus important d'une vie de couple équilibrée, intime et aimante, c'est le temps. Pour faire face aux écueils qu'affronte votre relation, vous devez lui accorder du temps. Vous ne sauriez diriger une entreprise sans lui accorder du temps et de l'attention, et vous ne pouvez vous attendre à vivre une relation de couple réussie si vous ne vous en occupez pas. Prenez le temps de vous rencontrer, de travailler, de jouer, de faire l'amour. Prenez le temps d'être heureux ensemble et le temps de vous fâcher. Prenez le temps d'observer ce qui fonctionne bien et vous rend heureux et le temps de prêter l'oreille aux petits bruits anodins qui annoncent un problème. Prenez le temps de goûter chaque jour qui passe et le temps de rêver au lendemain. Prenez le temps de ne rien *faire*, prenez le temps de vous contenter d'*être*.

Surtout, volez du temps aux distractions et aux écueils dont nous avons parlé pour créer et sauvegarder le merveilleux lien dynamique qui vous lie à votre conjoint. Il serait bon de prévoir des pauses dans votre routine quotidienne pour réapprendre à vous connaître. Ces pauses peuvent être de toute nature. Soyez inventifs.

Si les conjoints parviennent à sauvegarder l'attachement qui les relie, leur couple survivra. Tout ce qui rompt le contact peut endommager la relation de couple. Que cette distraction vous paraisse sensée, utile ou indispensable, sachez l'aborder avec précaution et empêchez-la de détruire le lien essentiel entre vous deux. Il est très facile de gâcher une belle relation de couple. Il est aussi très facile, lorsqu'on sait en quoi consiste l'attachement, de sauvegarder une belle relation et même de l'enrichir. Allez-y, et bonne chance !

CHAPITRE 10

LES CONJOINTS EN CHEMIN: SPIRITUALITÉ ET PARTENARIAT

S'abandonner au processus relationnel, c'est aussi s'abandonner à une réalité spirituelle. Ce sentiment de réalité transcendante nous fait prendre conscience de la remarquable intelligence qui gouverne notre univers intérieur et extérieur. Lorsque nous sommes en contact avec cette intelligence, nous découvrons la présence, dans notre relation, d'un troisième partenaire. Cette « troisième entité » approfondit le processus, nous procure un allié extraordinairement éclairé et un profond sentiment de paix : nous savons que nous ne sommes pas seuls, que nous sommes appuyés dans nos efforts.

Nous ne sommes pas seuls dans notre partenariat. Nous avons quelque chose de plus que nos interactions l'un avec l'autre, c'est-à-dire une réalité spirituelle. Ainsi que le disait si bellement le théologien et philosophe juif Martin Buber : « Une lumière surmonte chaque individu. Lorsque deux âmes se rencontrent, ces lumières se fondent l'une dans l'autre. Une lumière unique émerge. L'univers devient un océan où chacun de nous est une vague. »

Il est possible d'envisager ceci de plusieurs façons. On peut y voir un contact avec Dieu, avec l'énergie universelle ou transpersonnelle, ou avec l'intelligence universelle qui se manifeste en chacun de nous. On peut y voir notre besoin intime de servir nos frères humains et d'améliorer le sort de la planète. Quelle que soit votre conception de la spiritualité, cette spiritualité existe objectivement ; elle est indispensable au bien-être individuel, à celui du couple et à celui de la planète tout entière.

Nous sommes convaincus qu'existe en chacun de nous et dans l'univers tout entier une intelligence plus profonde qui se manifeste lorsque nous entreprenons le périple de notre découverte de soi. Lorsque cette intelligence est activée, elle peut devenir une amie sur laquelle nous pouvons compter en tout temps ; elle peut aussi devenir notre maître. Quelle amie, quel maître remarquable ! Grâce à son aide, nous comprenons enfin ce qui, auparavant, n'était qu'un amas chaotique et flou. Notre vie a soudain un sens, un but et une orientation qui, jusque-là, lui faisaient défaut. Nos rêves ont enfin une signification et deviennent une part importante de notre vie. De nouvelles idées, de nouvelles optiques font surface.

En puisant à cette intelligence en pleine éclosion, nous commençons à comprendre le sens et le but qui la sous-tendent. Elle exige quelque chose de nous. Elle nous pousse inexorablement et avec détermination vers une meilleure compréhension de nos relations et de nous-même. Elle se substitue à plusieurs de nos autres préoccupations. Nous analysons et méditons le système de valeurs et les lois naturelles qui nous guidaient auparavant. Nous sommes conscients de la volonté de cette intelligence, nous savons qu'elle nous pose des exigences et qu'elle nous oriente dans une tout autre direction.

Selon nous, cette intelligence désire que nous soyons tout ce que nous pouvons être et que nous tirions parti de tous les dons que nous avons reçus. Elle veut que nous embrassions toutes nos sous-personnalités pour que nous vivions notre vie et nos relations plus pleinement et pour que nous apprenions à équilibrer toutes les forces qui résident en nous. Elle veut que nous revendiquions notre humanité dans son entier.

L'expérience du divin en tant que partie intégrante de notre relation de partenariat nous procure un immense courage (et un grand soulagement). La vie en général, et les relations affectives en particulier, sont parfois très exigeantes. Dans leur ouvrage novateur intitulé *Flesh and Spirit,* Jack Zimmerman, Ph.D., et Jaquelyn McCandless, M.D., parlent de la « troisième entité » de la relation. Ils insistent sur l'importance de faire appel à cette troisième entité pour que le divin soit présent et disponible, non seulement pour nous en tant qu'individus mais pour notre couple. Cette troisième entité contribue largement à l'aspect sacré de toute relation de couple.

Que devons-nous faire pour entrer en contact avec cette intelligence divine ? Parfois, rien du tout. La quête de soi suffit souvent à l'activer. Une fois activée, elle est à notre disposition. Il nous suffit de savoir où la chercher. Puisque cette intelligence se manifeste de façon très spécifique, nous pouvons aussi adopter certaines méthodes qui facilitent le contact et qui renforcent le fondement spirituel du processus relationnel. Voyons quelques-unes des actions que vous pouvez entreprendre pour approfondir la relation que vous avez avec vous-même et avec votre conjoint.

LES RÊVES : UNE FENÊTRE SUR NOTRE MOI ET SUR LA SPIRITUALITÉ

Nos rêves sont sans doute le point de départ le plus simple, le plus fascinant et le plus enrichissant de ce périple. Ils nous donnent un accès direct à cette intelligence profonde et nous mettent en contact avec notre propre réalité spirituelle.

Vos rêves vous aident à identifier les multiples sous-personnalités en vous. Ce sont des amis remarquables : ils vous présentent un portrait objectif des interactions de ces sous-personnalités et de leurs interactions avec celles de votre conjoint. Observons de plus près nos rêves et la manière dont ils peuvent nous renseigner sur nous-même.

Nous savons qu'il existe plusieurs interprétations possibles des rêves. Si vous avez déjà étudié les rêves, vous avez forgé vos propres interprétations. Ce qui suit représente notre approche toute personnelle ; elle nous a été très utile au fil des ans. N'oubliez pas que le symbolisme onirique diffère chez chaque individu et que le vôtre pourrait s'éloigner quelque peu du nôtre.

Les thèmes récurrents

Voici quelques thèmes très fréquents. Nous les étudierons de plus près en vous enseignant (1) à les décoder et (2) à tirer parti de l'information qu'ils vous procurent.

Les lieux élevés

Les rêves où le rêveur se trouve en un lieu élevé sont de plusieurs types. Parfois, le rêveur est au haut d'un gratte-ciel ou sur le faîte d'une montagne. Le danger de chute est fréquent, ou du moins une sensation d'instabilité. Dans certains cas, le rêveur tombe effectivement.

Lorsqu'on se trouve en un lieu élevé, on est loin de la terre. Sans doute vous identifiez-vous trop à votre mental ou à votre spiritualité. Ceci pourrait signifier que votre rationalité ou votre spiritualité est votre sous-personnalité primaire. Vous êtes peut-être trop détaché du monde et de ce qu'il représente. Par conséquent, vous reniez votre corps, vos émotions ou vos instincts. Selon une autre interprétation, les êtres exceptionnels, qui renient la vie ordinaire, se situent sur un plan plus élevé. Leur situation est précaire, car dès qu'ils cessent d'être exceptionnels, ils risquent de tomber et ils appréhendent cette chute, car elle pourrait les réduire à néant.

Nous tombons en rêve quand nous nous identifions trop au mental, à nos qualités exceptionnelles, à notre nature spirituelle. Notre inconscient, en nous faisant tomber sans arrêt, nous fait voir où nous sommes situés (là-haut) et ce qui nous manque (ce qui est en bas). Ce n'est pas plus compliqué. Carl Jung, le fondateur de la psychologie analytique, parlait du principe compensatoire du processus onirique : le rêve équilibre toujours ce avec quoi nous nous identifions ou ce que nous renions.

Les voitures sport et les autoroutes

Dans ces rêves, nous roulons trop vite ou nous perdons le contrôle de la voiture. Il s'ensuit fréquemment un accident ou une collision.

Les rêves de vitesse sont les manifestations classiques de la sous-personnalité primaire fonceuse et hors de contrôle. La collision est ce qui nous arrête. Par exemple, Matthieu, un magnat de la finance, rêve depuis plusieurs années qu'il conduit trop vite sur l'autoroute et que sa voiture entre en collision avec un autre véhicule. Ce rêve est le calque de sa vie. Il est toujours très occupé, il ne s'arrête jamais. Un jour, Matthieu subit un infarctus. L'énergie du fonceur est très dangereuse. Son extraordinaire intelligence intérieure adressait sans répit des avertissements à Matthieu. (Sa femme aussi lui disait de ralentir, mais ça, c'est une autre histoire...) S'il avait écouté ce que lui disaient ses rêves, il aurait compris cet avertissement et il aurait pu se dissocier de sa sous-personnalité fonceuse avant de tomber malade.

Le symbole de la voiture représente souvent notre façon de vivre. Si vous conduisez la voiture que vous aviez à l'époque de vos études universitaires, votre psyché est à peu près la même qu'alors. Si vous êtes le passager d'une voiture que conduit votre père, celui-ci gouverne votre vie (il peut s'agir de votre père réel ou de votre sous-personnalité paternelle).

Dans ces rêves, vous roulez le plus souvent sur une autoroute, symbole de votre sous-personnalité fonceuse. Si vous écoutez ce que vous disent vos rêves et que vous vous dissociez de votre sous-personnalité fonceuse, vous roulez ensuite sur des petites routes de campagne, ou encore, vous êtes arrêté sur l'accotement.

Les sables mouvants et le bitume mou

Rêver que l'on s'efforce de marcher mais que l'on en est empêché par des sables mouvants ou du bitume mou est encore une manifestation de notre sous-personnalité fonceuse. Ici, le rêve équilibre ou compense la sous-personnalité primaire qui ne cesse de vous pousser à agir. Les rêves opèrent souvent ce type de compensation. Vous voulez vous presser, mais vous n'y parvenez pas. Votre course est entravée. Plus vous tentez de vous dégager, plus vous vous enfoncez. Votre rêve cherche à vous transmettre un important message. Une variante de ce rêve est celui où vous courez pour attraper un train, un car, un navire. Quoi que vous fassiez, vous arrivez trop tard.

L'école ou le service militaire

Rêver que l'on fréquente l'école ou que l'on fait son service militaire est très répandu. En général, ces rêves nous disent que notre vie d'aujourd'hui imite celle qui était la nôtre autrefois, dans ces contextes révolus. Nous n'étions pas maîtres de notre destinée ; nous devions nous conformer à des règlements édictés par d'autres ; nos activités nous étaient imposées. Il est très facile de reproduire aujourd'hui les comportements qui étaient les nôtres à l'école ou au service militaire. Ces rêves signifient que nous obéissons à des règles qui enfreignent notre liberté individuelle. Nous n'exerçons pas notre libre arbitre ; nous sommes à la merci de lois qui, dans ce cas, nous sont dictées par un ensemble de sous-personnalités particulièrement exigeantes.

Dans une variante de ces rêves, nous sommes enfermés dans une prison ou dans un camp de concentration. Ces rêves reflètent la perte de nos libertés individuelles et nous servent d'avertissement, car nous sommes en rupture avec nos émotions. Ils se manifestent le plus souvent lorsque nous nous surmenons au travail et que la vie devient pour nous une prison.

Les agents de police

Les agents de police sont un symbole de pouvoir. Souvent, lorsque notre sous-personnalité fonceuse domine notre existence, nous rêvons qu'un agent nous arrête pour excès de vitesse. C'est aussi un rêve compensatoire. Quelque chose dans votre vie échappe à votre contrôle ; votre sous-personnalité directive s'efforce de vous aider à reprendre votre vie en main et, vraisemblablement, à ralentir votre rythme. Ces rêves sont porteurs d'un avertissement auquel vous devez porter attention.

Les maisons

Il existe de nombreux types de rêves de maisons. Le domicile symbolise votre personnalité et votre comportement. Il est la représentation de votre façon de vivre. La maison est-elle suffisamment grande et suffisamment éclairée ? Y fait-il froid ? L'ambiance y est-elle magique ? Y avez-vous une pièce qui vous appartient ? Rêver que l'on emménage dans une nouvelle maison signale une transformation majeure de la personnalité. Souvent, rêver d'une maison neuve et plus spacieuse symbolise une plus grande liberté de choix.

On rêve parfois que l'on descend dans la cave, où l'ambiance est terrifiante. Ce rêve révèle que nous pénétrons plus avant dans notre subconscient parce que nous explorons des aspects de nous-même qui nous étaient inconnus jusque-là. Découvrir des pièces ou des trésors dont nous ignorions l'existence représente l'apprentissage de soi. Rêver que l'on habite une maison victorienne pourrait signifier que certaines de nos sous-personnalités primaires obéissent à des valeurs contraignantes et révolues.

Les personnes ou les objets dangereux

L'un des rêves les plus fréquents est celui où des personnes ou des objets menaçants nous pourchassent. *Le poursuivant est le symbole de tout ce que vous reniez.* De nombreuses personnes répriment leurs instincts. Elles ont peur de leur colère, de leur sexualité, de leurs émotions. Dans leurs rêves, elles tentent d'échapper à des fauves ou à des hommes méchants qui cherchent à les tuer ou à les violer. Si vous réfléchissez à ce qui vous pourchasse en rêve, vous saurez rapidement identifier vos sous-personnalités reniées.

Ces sous-personnalités reniées symbolisent parfois des aspects de nous qui n'ont rien à voir avec nos instincts. Les personnes fonceuses et ambitieuses ont parfois peur des gens oisifs : itinérants, individus qui dorment dans un hamac, dames qui se rencontrent pour déjeuner au restaurant. Nous avons connu une femme qui rêvait qu'un dragon la pourchassait. Quand elle eut franchi un petit ruisseau, le dragon s'arrêta et se transforma en livre. Cette femme s'était détournée de ses facultés intellectuelles, représentées par le dragon qui la pourchassait. Quelques mois après avoir fait ce rêve, elle retourna aux études. Elle poursuit maintenant une carrière professionnelle.

La naissance et la mort

L'inconscient doit pouvoir nous offrir un symbole des transformations que subit notre personnalité. Les rêves de naissance décrivent parfaitement l'émergence d'idées nouvelles, de nouveaux sentiments, de nouveaux comportements.

La mort symbolise la fin d'un cycle, d'une façon de penser ou de vivre. Un dicton bouddhiste dit que la vie est faite de mille naissances et de mille morts. La récurrence de ces motifs oniriques témoigne de cette réalité.

Rêver que l'on meurt est souvent l'indice d'un changement majeur dans notre vie, d'un recul vis-à-vis de nos sous-personnalités primaires. L'ancien moi meurt pour permettre au nouveau moi de naître.

Les cataclysmes

Il existe une très grande variété de rêves cataclysmiques. Ces rêves indiquent qu'un changement majeur est à la veille de se produire. En voici quelques-uns : vous rêvez d'un grand tremblement de terre et vous savez que la fin du monde est arrivée. Vous rêvez de la Troisième Guerre mondiale et que la fin du monde approche. Vous rêvez d'un gigantesque raz-de-marée qui détruit tout.

Dans la plupart de ces rêves, le rêveur meurt aussi. N'oubliez pas que le rêveur est en général l'une de vos sous-personnalités primaires. Rêver d'un raz-de-marée peut signifier que vos sous-personnalités reniées vont bientôt dominer votre sous-personnalité primaire et rationnelle. Un tremblement de terre signifie que la sous-personnalité primaire qui gouvernait votre vie sera bientôt vaincue.

Rêver que l'on vole (pas en avion)

Ce rêve est aussi très fréquent. Pour le comprendre, il faut identifier la sous-personnalité primaire du rêveur. Chez l'individu rationnel, pratique et soucieux du détail, ce rêve reflète un désir d'accéder à son intuition, à son imagination et, possiblement, à sa spiritualité.

Chez l'individu qui s'identifie beaucoup, voire trop, à son intuition et à sa spiritualité, ce rêve indique que le rêveur n'a pas les pieds sur terre.

Dans les rêves de poursuite ou les rêves dont la charge d'émotion est très vive, il peut arriver que le rêveur saute et se mette à voler. Un tel rêve symbolise que l'on s'échappe dans le fantasme pour fuir une situation psychologiquement pénible.

LES RÊVES ET LES RELATIONS AFFECTIVES

Les rêves que nous venons de décrire sont ceux qui nous offrent un portrait de nous-même et de la façon dont nous vivons. On voit bien qu'un ami, un guide onirique, vit en nous. Ce guide, qui n'est autre que la manifestation de l'intelligence inconsciente, est un merveilleux conseiller. Il nous informe, il suscite en nous de nouvelles idées, de nouvelles intuitions, de nouvelles façons d'envisager la vie. Il semble nous pousser à nous examiner plus en profondeur et à accepter l'être que nous sommes en réalité. Sa perception de nos relations affectives est phénoménale.

Le divorce psychologique

Voici le rêve d'une femme qui a participé à nos ateliers en compagnie de son mari. Tous deux avaient commencé à se dissocier des sous-personnalités primaires qui les gouvernaient et à se percevoir l'un l'autre avec beaucoup plus de souplesse. Pendant la nuit qui a suivi notre dernière séance, elle a fait le rêve suivant :

> *Les invités attendent que je descende pour la cérémonie du mariage, mais c'est en réalité une cérémonie de divorce. Je porte la robe de mariée que je portais le jour de mon mariage, mais le corsage en est différent. Il est magnifiquement brodé de perles multicolores. Mon mari et moi n'avons pas fini de préparer ce que nous devons dire ; nous ne sommes pas prêts pour la cérémonie qui doit commencer.*

Ce rêve est remarquable. Quelle est donc la cérémonie de divorce qui attend les époux ? Ceux-ci doivent divorcer de leurs sous-personnalités primaires. Il s'agit d'un divorce psycho-spirituel, indispensable à tout couple, car il signale la fin de la relation entre leurs sous-personnalités primaires et le début d'une relation entre deux conjoints complexes, sensibles, proches de leur âme.

Il y a plusieurs années, Hal a rêvé qu'il était au tribunal, devant le juge. Le juge lui demanda quelle était la raison de sa présence. Hal répondit qu'il voulait divorcer de sa femme (Sidra). Quand le juge lui demanda pourquoi il voulait divorcer de sa femme, Hal répondit « Parce que je l'aime beaucoup ! »

À cette époque, Hal s'efforçait de se dissocier du père généreux et du père responsable qu'il portait, ces sous-personnalités qui avaient tant dominé son existence et qui avaient fusionné avec Sidra. Mais cette fusion entravait l'approfondissement de leur vie de couple. Aussi longtemps que Hal s'identifiait au père généreux, il ne pouvait réagir correctement à la présence de Sidra et il ne parvenait pas à s'imposer des limites raisonnables. En divorçant de ses sous-personnalités primaires et du scénario relationnel qui était le leur, il devenait libre et capable de gravir l'échelon suivant. Ce divorce psychologique est le divorce que doivent vivre tous les couples tôt ou tard. Il est le plus important de tous.

La présence de la vulnérabilité dans la vie du couple

Voici un autre exemple de la manière dont le processus onirique nous renseigne sur notre vie de couple. Un médecin est venu nous consulter. Il avait épousé une artiste, son pôle opposé à tous points de vue. Tous leurs efforts de rapprochement s'étaient soldés par un échec. Il était en rupture avec ses émotions et sa vulnérabilité. Inutile de dire que l'émotion et la vulnérabilité étaient les points forts de sa femme. Au cours de l'un de nos ateliers, il raconta le rêve suivant :

> *Je marche le long d'une route et j'entends des pleurs. Je cherche l'endroit d'où ils proviennent. Au bord de la route, j'aperçois une main qui sort de terre. J'accours et je commence à creuser. Quand j'ai creusé la terre suffisamment, je découvre un petit enfant et je le prends dans mes bras.*

Qui est cet enfant qu'il découvre, qu'il est prêt à découvrir ? Cet enfant est lui-même à l'âge de quatre ans, quand il a été contraint d'« enterrer » sa vulnérabilité. Son guide onirique venait de lui procurer un symbole de la nature sensible qu'il avait dû renier. Né dans une famille dysfonctionnelle, il avait dû s'en protéger. Par la suite, il avait développé un esprit logique et rationnel qui le rassurait, quels que soient les bouleversements émotionnels qu'il ait à affronter.

Il n'est pas étonnant que la communication entre lui et sa femme ait été si difficile. Une vie de couple dépourvue de vulnérabilité est très affligeante, car il est impossible dans un tel contexte de communiquer en profondeur, là où l'âme trouve sa nourriture.

La relation de couple vue par le guide onirique

Parfois, le guide onirique de notre inconscient puise dans l'humour pour nous renseigner sur ce qui se passe dans notre vie de couple. Il y a de nombreuses années, nous avons traversé ensemble une courte phase très négative. Nous en étions fort malheureux. Hal, dans le rôle du père sévère, multipliait les reproches à l'endroit de Sidra. Il formulait des jugements critiques que Sidra esquivait allégrement. Une nuit, Sidra fit le rêve suivant :

> *Hal me lance des allumettes allumées. Je les évite et il ne m'atteint jamais. Hal explose et hurle : « Arrête de bouger comme ça. Reste tranquille pour que je puisse t'atteindre. »*

Le lendemain matin au réveil, quand Sidra raconta son rêve, nous avons éclaté de rire. L'inconscient s'était affirmé ; il était impossible à Hal de demeurer plus longtemps la proie de son négativisme. Combien de fois un rêve, ou nos rêves combinés, ont-ils mis fin à un scénario relationnel négatif entre nous ! Quel don du ciel !

Parfois, l'inconscient n'y va pas par quatre chemins pour nous montrer ce qui se passe dans la relation. Une femme rêva que son mari avait une liaison amoureuse. Puisque ce n'était qu'un rêve, elle résolut de ne pas en parler à son mari. La nuit suivante, elle fit le même rêve. Puis, à son grand étonnement, elle le refit une troisième fois.

Au lendemain du troisième rêve, la femme demanda à son mari s'il avait une maîtresse. Une fois revenu de son choc initial, il avoua. Dès ce jour, ils furent en mesure de trouver des solutions à leurs problèmes de couple. Quel guide onirique intelligent ! Il avait insisté, exigé que cette femme prenne conscience de la liaison amoureuse de son mari et qu'elle affronte ce défi de façon à pouvoir poursuivre sa route et approfondir sa relation de couple. Notre guide onirique nous force à nous débarrasser de notre ancienne peau afin que la transformation puisse avoir lieu. Quiconque travaille sur les rêves reconnaît là l'intervention inspirée de Dieu.

Une autre femme était l'épouse d'un homme qui disait posséder une vie spirituelle très riche. Il s'adonnait souvent à la méditation et reprochait à sa femme de refuser toute pratique spirituelle. Sa spiritualité était en quelque sorte très arrogante. Pendant la période où ils participèrent à l'un de nos ateliers, son épouse fit le rêve suivant :

> *Je fais la queue devant un autel. Chacune des personnes présentes dépose sur l'autel un présent pour Dieu. Plusieurs de ces présents sont magnifiquement emballés. Je n'ai rien d'autre à offrir qu'une poignée de boue : le chaos et les problèmes de ma vie. Je peine à la tenir ; elle fuit entre mes doigts. J'ai honte de n'avoir pas de plus beau cadeau à offrir à Dieu. Quand vient mon tour, je dépose la boue sur l'autel. Aussitôt, elle se répand partout. Puis, de là-haut, un immense poing s'abat sur la boue qui commence aussitôt à se solidifier. Il en émerge un gros poisson. On me l'offre et je sais que je dois le manger.*

Que voilà un rêve extraordinaire ! Cette femme n'avait jamais cru à sa spiritualité. Son mari, en revanche, avait une spiritualité profonde. Soudain, toute la vie de cette femme prit un autre sens. Ses problèmes n'étaient pas que des problèmes. Ils étaient l'essence même de sa métamorphose. Son rêve parle à tous. Il dit que Dieu vit en nous, ici et maintenant, quels que soient nos problèmes et nos imperfections. Il nous suffit de gravir les marches qui mènent à l'autel et d'offrir notre plus beau cadeau à Dieu, c'est-à-dire notre être imparfait. Sachez qu'un changement profond a marqué la relation de cet homme et de cette femme grâce à ce rêve et au message qu'il contenait.

Un autre couple a reçu un message différent. Le mari se plaignait de ce que sa femme se surprotégeait. Il s'efforçait en vain de la rejoindre. Au cours d'un atelier, elle raconta le rêve suivant :

> *Je rêve que je suis à l'intérieur d'une immense forteresse en béton. Ses murailles et ses remparts sont gigantesques. Je suis à l'abri et heureuse de la protection que ce bastion me procure. Je m'y sens en sécurité. On s'occupe bien de moi. Un jour que je regarde au-dehors, je vois l'ennemi contre lequel la forteresse me protège. C'est une pluie douce et fine, une pluie que j'aimerais sentir sur ma peau, qui pourrait me nourrir et favoriser ma croissance. Malgré tout, je suis heureuse d'être à l'abri.*

Le guide onirique de cette femme lui a envoyé une image remarquable d'elle-même. La voici, à l'abri dans sa forteresse. Qu'y a-t-il au dehors ? Une pluie douce et fine qui pourrait la nourrir si seulement elle le voulait. Plus tard, elle abandonnera sa forteresse, mais elle a encore besoin de sa protection. Qu'est-ce que la forteresse ? Sa sous-personnalité primaire, faite de rationalité, de maîtrise de soi, de discipline, du besoin absolu de renier sa vulnérabilité.

Nous voyons que les rêves reflètent parfaitement la façon dont nos sous-personnalités régissent notre vie et nos relations. Le monde du rêve est un peu l'écriture de Dieu. Lorsque les conjoints parviennent à déchiffrer ensemble cette écriture, ils accomplissent une très grande chose. La meilleure façon d'entreprendre ce déchiffrement consiste à vous révéler vos rêves. Il y a plusieurs approches possibles dans l'interprétation des rêves. Peu importe celle que vous choisissez. Sachez que votre guide onirique et votre inconscient adorent l'attention qu'on leur porte. Si vous vous occupez d'eux, ils écloront.

LES FONCEURS, LES AUTOROUTES ET L'ÂME

Pour entrer en contact avec notre nature spirituelle, nous devons ralentir le rythme de notre vie, éprouver, sentir et goûter tout ce qui nous entoure. L'image d'une course folle sur l'autoroute illustre bien l'excès de vitesse et la force de notre fonceur intérieur. Le fonceur est gouverné par une angoisse profonde qu'il s'efforce de compenser en nous poussant à réussir et en nous aidant à gagner notre vie. Quelle que soit sa motivation, il est sans merci et il se déplace à une vitesse folle. Il est indispensable que nous quittions l'autoroute et que nous empruntions les petites routes secondaires de la psyché.

Chez certains couples, les conjoints sont tous deux si occupés qu'ils ne se rendent même pas compte du fait que tout contact s'est rompu entre eux. Il y a plusieurs années, un petit garçon en thérapie avec Hal a dessiné le portrait de sa famille. Quelques-uns des personnages montaient et descendaient un escalier, d'autres glissaient de côté comme sur des roulettes. Tous se hâtaient. Il n'y avait aucun contact entre eux. C'est ainsi qu'opère le fonceur. Vous abattez une grande besogne, vous battez tous les records de vitesse, mais vous négligez votre intimité et le lien dynamique entre conjoints. Bien entendu, vous négligez aussi toutes les questions spirituelles.

Les maîtres spirituels conseillent la méditation pour apprendre à ralentir et pour accéder à notre spiritualité. Nous ne nous y opposons pas, car la méditation est souvent efficace. L'ennui est qu'elle ne résoud pas les problèmes fondamentaux du fonceur hyperactif. Elle permet simplement à la personne qui médite de souffler un peu.

Supposons que vous rouliez sur l'autoroute à 190 km/h. C'est l'heure de votre méditation. Vous freinez brusquement, vous vous rangez sur l'accotement et vous méditez pendant trente minutes. Certes, cela vaut mieux que de ne pas méditer du tout, mais qu'arrive-t-il quand vous en avez terminé ? Vous reprenez la route à 190 km/h ou même davantage, car il vous faut maintenant rattraper le temps perdu.

Le défi que doivent relever les individus et les couples consiste à affronter ce fonceur et à ralentir. Nous devons apprendre à nous ménager des moments d'immobilité ou de lenteur, ou à découvrir des façons de nous déplacer sans agitation. C'est dans l'immobilité que nous communiquons le plus profondément l'un avec l'autre et avec notre univers spirituel.

Si nous ne parvenons pas à maîtriser cette immobilité par nos propres moyens psychologiques, nous recourons souvent aux drogues ou à l'alcool qui nous permettent de ralentir provisoirement. Les drogues et l'alcool font également taire la cacophonie de voix qui se font entendre dans notre tête, en particulier notre critique intérieur qui, de concert avec le fonceur, s'acharne à nous épuiser, à nous affliger et à assurer la réussite professionnelle des psychologues et des médecins.

QUITTER L'AUTOROUTE : LE LIEN DYNAMIQUE ET L'EXPÉRIENCE DE LA SPIRITUALITÉ

Il se produit une chose étonnante lorsque vous apprenez à ralentir et à *être* ensemble. Il ne s'agit pas ici de regarder la télévision ou de lire ensemble. Dans ces activités parallèles, les conjoints *font* quelque chose. Il s'agit plutôt pour les conjoints de prendre place l'un en face de l'autre, seuls, et de laisser l'énergie circuler entre eux.

Nous vous suggérons de ne pas parler pendant au moins cinq minutes, et de parler le moins possible jusqu'à la fin de cette rencontre. Contentez-vous d'*être* ensemble, sans emploi du temps et sans attentes. Vous pouvez écouter une musique douce, mais celle-ci ne doit pas vous énergiser ni vous distraire. Elle doit vous apaiser et contribuer à la profondeur de l'échange. En ce qui nous concerne, *ces moments sont sacrés; la spiritualité peut faire son entrée et l'âme peut révéler son essence.*

Ce n'est pas non plus le moment le mieux indiqué pour faire l'amour. La sexualité crée entre les conjoints une autre forme d'intimité. Certains couples pratiquent une sexualité tantrique pour que l'âme puisse intervenir dans leur relation. Mais nous avons découvert que l'intimité profonde que suscite le rapport sexuel ne se transpose pas facilement dans la vie quotidienne; les conjoints qui suscitent l'intimité entre eux par ce moyen peuvent tout autant demeurer étrangers l'un à l'autre quand le rapport sexuel prend fin. L'intimité physique n'est absolument pas garante d'une intimité réelle et profonde et d'un lien dynamique. Mais elle peut y participer.

Nous vous demandons de vous ménager du temps pour *être* ensemble et pour constater les effets d'une telle rencontre. Vous pouvez développer votre propre méthode. Assurez-vous de faire les choses simplement, car ces moments sont des moments pour *être* et non pour *faire.* Le lien dynamique et la spiritualité sont des dons inestimables pour un couple, et l'effort qu'ils exigent de nous en vaut vraiment la peine.

LES ACTIVITÉS DE GROUPE QUI FAVORISENT LE CONTACT SPIRITUEL

Plusieurs types d'activités de groupe favorisent la spiritualité. Lorsqu'un groupe de personnes se concentrent sur la circulation d'un courant d'énergie spirituelle, elles détiennent un vaste pouvoir et peuvent stimuler des courants d'énergie d'un tout autre ordre. Vous pourriez devenir membre d'une église ou d'une synagogue, ou participer à des ateliers de formation et d'initiation à la spiritualité. Vous pourriez aussi, plus simplement, faire partie d'un groupe de personnes qui se réunit pour voyager, pour méditer ou pour prier.

Dans le merveilleux film intitulé *Champ de rêves,* une voix en provenance du champ de maïs s'adresse au personnage incarné par Kevin Costner et lui dit : « Si tu le construis, ils viendront ! » La voix est celle de son père décédé. Nous vous disons la même chose. Si vous leur ménagez du temps et de l'espace et que vous les appelez, ils (il, elle ou cela) viendront. Par « ils », nous entendons la présence de l'énergie divine. Lorsque cet appel est lancé par plus d'une personne, l'énergie qui survient est encore plus immédiate et dynamique.

À l'automne 1998, nous nous sommes rendus au Bhoutan en compagnie d'amis proches. Ce fut un voyage magique et empreint de spiritualité. Nous étions six : Joseph Heller, Kathleen Downes, Lynnaea Lumbard, Rick Paine et nous-mêmes. Nous avons médité et prié ensemble dans de nombreux temples bouddhistes et dans les anciens sanctuaires du Bhoutan. Ce fut pour nous tous une expérience extraordinaire. Seuls tous les deux, nous aurions fait un merveilleux voyage, mais nous n'aurions jamais pu atteindre le degré d'intensité que nous ont si souvent procuré ces méditations de groupe.

LES RITUELS ET L'ESPACE DU SACRÉ

L'une des plus belles choses que nous ayons faites dans notre vie de couple fut de créer des rituels destinés à favoriser notre rapport à la spiritualité ou à nous procurer son secours. Par exemple, chaque matin Sidra allume une lampe à huile et fait brûler de l'encens devant le petit sanctuaire thaï qui se trouve dans la cuisine. Quand nous nous absentons pour un long voyage, Hal fait brûler de l'encens dans le jardin du devant et dans celui qui se trouve à l'arrière de la maison, et Sidra allume la lampe et fait brûler de l'encens à l'intérieur de notre domicile.

Nous avons ménagé des lieux sacrés dans et autour de la maison. Ce sont de minitemples ou de petits autels. Laissez-vous inspirer par votre imagination pour en créer chez vous. Plusieurs personnes ont une salle de méditation. À l'extérieur, vous pourriez utiliser des sculptures, des pierres, du bois, des plantes. À l'intérieur, vous pourriez ménager des sanctuaires, des autels où regrouper certains objets qui vous tiennent à cœur ou des photos. Faites-y ensuite brûler des bougies ou de l'encens.

À certaines occasions, nous avons retiré nos alliances et nous les avons enterrées pendant quelques jours avant de les remettre à nos doigts comme lors de notre cérémonie de mariage. Nous avons renouvelé nos vœux à plusieurs reprises pour affirmer notre union. Nous prions souvent ensemble. Ce n'est pas tant une activité régulière qu'un rituel occasionnel.

La plupart des gens ont honte de leur amour de Dieu. Si vous avez honte, eh bien, soit. Ayez honte. Mais ne laissez pas cette réserve vous empêcher de faire ou de dire ce que vous devez faire ou dire pour entrer en contact avec l'univers de la spiritualité. Ne cédez pas à la cérébralité et ne vous inquiétez pas du sexe de Dieu au point de nuire à vos prières ou à vos rituels. Il n'y a rien de mal à la spéculation religieuse dans la mesure où celle-ci n'affaiblit pas votre pratique. Faites ce qui vous convient. La spiritualité est affaire de cœur et d'âme.

LE RÔLE DE DIEU DANS LA RELATION DE COUPLE

C'est dans notre étude de la relation de couple que nous avons été le plus touchés et émus par la présence du divin. L'intelligence universelle nous a donné des moyens si fabuleux pour éveiller notre conscience que, lorsque nous observons des couples dans leur apprentissage du partenariat et dans leurs revendications de tout ce qui leur revient, nous n'avons de cesse de nous émerveiller. Les joies profondes et les bienfaits que procure le partenariat sont si extraordinaires qu'ils ne peuvent pas ne pas venir de Dieu.

Nous avons découvert deux lois fondamentales à la relation de couple. La première est la loi des sous-personnalités reniées. Ce que vous détestez ou critiquez en vous-même et dans votre entourage est votre sous-personnalité reniée. Si vous ne supportez pas la manie de l'ordre de votre conjoint et que vous le lui reprochez sans répit, cela signifie que l'une de vos sous-personnalités reniées a besoin d'ordre. Si votre conjoint ne tolère pas de vous voir flirter avec les autres hommes, ce penchant pour le flirt est l'une de ses sous-personnalités reniées.

Nous pourrions développer ce raisonnement encore un peu plus : votre sous-personnalité reniée ne se compose pas uniquement de ce que vous vous reprochez, mais aussi de ce qui vous déstabilise. Si le sex-appeal de votre sœur vous fait envie, ce sex-appeal est l'une de vos sous-personnalités reniées. Si vous êtes fortement attirée l'un de vos professeurs, votre sous-personnalité est votre propre maître intérieur, ou votre spiritualité, ou quoi que ce soit qu'elle ait à vous apprendre.

Il n'y a pas que la loi elle-même qui ait pour nous une aussi profonde importance, mais aussi le fait qu'elle se manifeste avec une précision mathématique. Lorsque nous observons le comportement des sous-personnalités reniées, lorsque nous observons la manière dont ces sous-personnalités foncent sur nous comme des missiles (ce qu'elles deviennent lorsque nous les renions), nous ne doutons plus du génie mathématique de Dieu.

La seconde loi, qui témoigne si magnifiquement de ce génie mathématique, est la suivante : tout ce que vous reniez, le moi ou l'énergie que vous réprimez, vous trouvera. Vous épouserez cette sous-personnalité ; votre premier ou votre deuxième enfant l'incarnera. Votre collègue, votre belle-mère, votre chien, votre chat, votre ex-mari ou vos beaux-enfants hébergeront cette sous-personnalité. Lorsque vous êtes en conflit avec une personne de votre entourage, lorsqu'il y a négativité et jugements critiques, vous affrontez l'une de vos sous-personnalités reniées.

Si vous avez renié votre vulnérabilité, l'un de vos enfants deviendra vulnérable. Cet enfant vous bouleversera ou vous portera à vous attacher à lui irrévocablement. Cette situation perdurera tant que vous n'admettrez pas que votre enfant a quelque chose à vous apprendre et que vous devez vous réapproprier ce qui vous appartient. Dans ce cas précis, vous devrez vous réapproprier votre vulnérabilité. La méchante belle-mère que vous détestez peut vous en apprendre beaucoup. Elle est porteuse de votre indifférence aux besoins d'autrui, de votre froideur, de votre abus de pouvoir, de votre tendance à la manipulation. Tant que vous persistez à en vouloir à votre belle-mère, vous n'êtes pas lucide et vous vous empêchez de vous réapproprier les sous-personnalités qui vous font défaut et qu'elle porte en elle.

N'est-ce pas que les actes de l'intelligence universelle sont remarquables ? N'est-ce pas qu'elle a inventé des moyens fort ingénieux pour faire de nous des êtres plus conscients ? Devons-nous nous étonner si nous sommes remplis d'émerveillement devant les lois universelles immuables qui sous-tendent toutes nos relations affectives ?

Dans cette optique, la réalité spirituelle teinte tous nos rapports à autrui. La haine la plus violente peut se transformer soudainement en une expérience profonde du divin qui s'accompagne de compassion et de paix infinie. Il vous suffit pour cela d'accepter que votre conjoint puisse vous enseigner quelque chose et de vous engager à consentir les efforts nécessaires à votre évolution. Cet engagement est le fondement du partenariat. Un jour viendra où nous marcherons tous dans la même voie, car il n'y pas d'autre horizon possible !

POSTFACE

LE COFFRET DE LA FÉE DES ÉTOILES

Ensemble, nous regardons par la fenêtre se lever la lune sur l'eucalyptus qui nous protège des orages d'hiver, et nous sommes heureux de ce que nous donnent la vie et l'amour. C'est le printemps ; les jonquilles sont en fleur. C'est un moment magique, la dernière année du millénaire, une année de fins et de commencements.

Quand vous lirez ceci, nous serons entrés dans le XXIe siècle. Nous vous adressons ce message depuis le XXe et nous vous invitons à tirer un enseignement de la vie de tous les êtres qui vous ont précédés. Notre parcours, comme celui de ceux qui nous ont suivis, n'a pas toujours été facile. Nous savons que les relations affectives sont complexes et ardues. Elles exigent un effort. Elles présentent des tas de défis qu'on ne peut relever sans apprentissage. Mais l'humour nous vient en aide et, au bout du compte, le jeu en vaut la chandelle.

Nous avons une longue expérience derrière nous. Nous avons eu le privilège d'accompagner de nombreux couples dans leur périple. Nous avons été les témoins de leur tristesse et de leur souffrance, mais aussi de leurs joies extraordinaires et de leur amour profond. Il est tout à fait possible de former un partenariat amoureux, il est possible de préserver la vitalité de cet amour et d'y accueillir le divin. Non, sachez-le, le coffret de la Fée des étoiles n'est pas vide !

LIVRES ET CASSETTES PAR HAL STONE ET SIDRA STONE

Livres

Le dialogue intérieur
Hal Stone, Ph.D. et Sidra Stone, Ph.D., traduction par le Souffle d'or, Barret-le-Bas, Le Souffle d'or, 1991, 272 p.

Les relations, source de croissance
Hal Stone, Ph.D. et Sidra Stone, Ph.D., traduction de Véronique Massin, Barret-le-Bas, Le Souffle d'or, 1991, 285 p.

Votre critique intérieur: ennemi ou allié? Faites-en un atout créatif
Hal Stone, Ph.D. et Sidra Stone, Ph.D., traduction de Claudine Mafille, Barret-le-Bas, Le Souffle d'or, 1994, 253 p.

Le patriarche intérieur: êtes-vous sûre d'en être libérée? la fin d'une servitude
Sidra Stone, Ph.D., traduction de Véronique Brard, Barret-le-Bas, Le Souffle d'or, 1998, 250 p.

You Don't Have to Write a Book
Hal Stone, Ph.D. et Sidra Stone, Ph.D., Delos Publisher, 1997.

Embracing Heaven and Earth – A Personal Odyssey
Hal Stone, Ph.D., Delos Publisher, 1985.

Audiocassettes

Meeting Your Selves
The Dance of the Selves in Relationship
Understanding Your Relationships
The Child Within
The Voice of Responsibility
Meet the Pusher
Meet Your Inner Critic
The Patriarch Within
Children and Marriage
Affairs and Attractions
Our Lost Intellectual Heritage
The Pleaser
The Rational Mind
The Psychological Knower
Accessing the Spiritual Dimension
Introducing Voice Dialogue
Voice Dialogue Demonstrations
Decoding Your Dreams
Exploring the Dark Side in Dreams
Integrating the Daemonic
Visions and Prophecies
On Aging
Reflections at Sixty-Five

Audiocassettes (coffrets)
The Aware Ego
The Mendocino Series: Voice Dialogue, Relationship, and the Psychology of Selves
Making Relationships Work for You
Making Your Dreams Work for You

Vidéocassettes
The Total Self
The Inner Critic in Action
Ending the Tyranny of the Inner Patriarch
The Voice Dialogue Series (douze vidéocassettes)

*

Pour les autres titres et pour toute demande de renseignements, prière de s'adresser à :

Delos Inc.
P.O. Box 604
Albion, California 95410-0604
USA
Téléphone : (707) 937-2424 / Télécopieur : (707) 937-4119
Courriel : delos@mcn.org
Site Web : http://www.delos-inc.com

RESSOURCES ADDITIONNELLES

DYAK, Miriam, *The Voice Dialogue Facilitator's Handbook & Kit,* Seattle, Wa., L.I.F.E. Energy Press, 1999.

GRAY, John, *Les hommes viennent de Mars, les femmes de Vénus : connaître nos différences pour mieux nous comprendre,* traduction de Jean-Marie Ménard, Montréal, Logiques, 1994.

MCCLANDLESS, Jaquelyn, M.D. et Jack ZIMMERMAN, Ph.D., *Flesh and Spirit,* Las Vegas, NV, Bramble Books, 1998.

SHAMBOLIEV, Robert, *The Energetics of Voice Dialogue,* Mendocino, CA, LIFERHYTHM, 1992.

VAN DER POST, Laurens, *The Heart of the Hunter,* New York, Harcourt Brace Jovanovich, 1980.

UN MOT SUR LES AUTEURS

Hal Stone, Ph.D. et Sidra Stone, Ph.D. sont les créateurs du « Dialogue intérieur ». Ils ont signé, entre autres ouvrages marquants, *Embracing Our Selves, Les relations, source de croissance* et *Votre critique intérieur : ennemi ou allié ? Faites-en un atout créatif.* Leurs livres ont été traduits en danois, en hollandais, en français, en allemand, en italien, en norvégien et en suédois.

Depuis dix-huit ans, Hal et Sidra ont dispensé leur enseignement, tant aux États-Unis qu'à l'étranger, sur le dialogue intérieur, les relations et les sous-personnalités, de même que sur la psychologie du moi conscient. Ils ont dirigé des ateliers en Australie, au Canada, en Angleterre, aux Pays-Bas, en France, en Allemagne, en Norvège, en Israël, en Hongrie, au Mexique et en Suisse. Ce sont des maîtres inspirés qui ne manquent ni d'humour ni d'enthousiasme et qui abordent les processus de transformation dans une optique terre à terre et pratique.

Hal et Sidra sont tous deux spécialisés en psychologie clinique et possèdent de nombreuses années d'expérience en psychothérapie. Hal, qui a reçu une formation en psychanalyse jungienne, a fondé le Center for the Healing Arts au début des années 1970 à Los Angeles. Ce centre fut l'un des premiers à développer une approche holiste de la santé et à affirmer que la maladie peut contribuer au développement spirituel. Dans ces années-là, Sidra occupait le poste de directrice de Hamburger Home, un centre de traitement résidentiel pour adolescentes, axé sur la thérapie.

Hal et Sidra ont parcouru des chemins différents et connu des expériences variées. Hal est né à Detroit et Sidra à Brooklyn, mais ils se sont installés à Los Angeles au début de leur âge adulte. Ils habitent maintenant à Mendocino County, sur le littoral brumeux du nord de la Californie. Ils ont cinq enfants et trois petits-enfants.

TABLE DES MATIÈRES

Cet ouvrage a été achevé d'imprimer
au Canada en décembre 2000.

Transcontinental
IMPRESSION
IMPRIMERIE GAGNÉ